DU MÊME AUTEUR

FACE AU PORTRAIT. DE SAINTE-BEUVE À FACEBOOK, Hermann, 2012.

MATIÈRE ET ESPRIT DU JOURNAL. DU *MERCURE GALANT* À TWITTER, Presses de l'université Paris Sorbonne, 2013 (dir., avec Alexis Lévrier).

PARIS, CAPITALE MÉDIATIQUE, Presses universitaires de Vincennes, 2022 (dir., avec Sophie Corbillé et Emmanuelle Fantin).

L'ÉCRIVAIN COMME MARQUE, Sorbonne Université Presses, 2022 (avec Marie-Ève Thérenty).

ÉMILE DE GIRARDIN

ADELINE WRONA

ÉMILE DE GIRARDIN

LE NAPOLÉON DE LA PRESSE

nrf

GALLIMARD

Crédits des illustrations intérieures :
p. 25, 93, 217, 221 : Bibliothèque nationale de France / photos © BnF, Paris ; p. 35, 37 : CCO Paris Musées / Palais Galliera, musée de la Mode de la Ville de Paris.

AVANT-PROPOS

Ce livre est l'aboutissement d'une longue traque, sinueuse et à rebondissements, pour donner corps à une figure majeure du monde culturel, littéraire et médiatique du XIXe siècle, Émile de Girardin. Une personnalité à la fois centrale et escamotée qui a découragé de son vivant les velléités des biographes et fait en sorte d'éliminer pour l'avenir tout document compromettant — ou presque…

À l'origine de cette histoire, il y a, au tournant des années 2000, ce mot que me lance le directeur d'un grand quotidien : « Le journalisme dans cinquante ans ? Eh bien c'est simple, le modèle Girardin aura disparu. » C'était un test : faisais-je partie de ceux qui avaient entendu parler de ce « modèle Girardin » ? Oui, je le connaissais, ce qu'on appelle aujourd'hui le « double marché » — le fait que le journal soit financé par la publicité en étant vendu deux fois, une fois au lecteur, une fois à l'annonceur. La disparition du modèle Girardin, c'était aussi celle de Girardin lui-même. Et du temps où les journaux rendaient leurs propriétaires millionnaires. Où un quotidien faisait chanter les gouvernements. Où un patron de presse jouait la discrétion pour mieux négocier son influence. Vingt ans plus tard, alors que millionnaires et journaux quotidiens font pourtant toujours bon ménage, qui se souvient encore d'Émile de Girardin ? Les deux biographies qui lui ont été consacrées, au début et à la fin du XXe siècle, sont toutes deux oubliées, comme leur objet, qu'il est temps de découvrir à nouveaux frais.

Car les papiers d'Émile de Girardin ont été conservés, soigneusement classés, mais soustraits aux regards. Jean-Pierre Mabille est le dépositaire de ces archives. Chez lui, à Dijon, j'ai découvert un véritable trésor.

Déposé à la bibliothèque de l'Institut de France, ce fonds a mobilisé une dizaine de chercheurs. Les lettres ont constitué la première couche d'une masse documentaire bien plus conséquente. Autour de Girardin, des centaines de lettres existaient déjà, réparties de façon aléatoire dans d'autres collections de l'Institut. Les ramifications d'une existence vouée au pouvoir et à l'influence se donnaient à lire peu à peu dans la liste de ses correspondants. Cette correspondance était constituée de courts billets, griffonnés à la hâte le plus souvent et d'autant plus illisibles, mais aussi de courriers plus consistants, donnant des leçons de journalisme, de stratégie militaire au moment de la guerre de 1870, ou bien dessinant des plans de table impressionnants par la qualité des hôtes réunis. Ou encore d'échanges avec Balzac, Hugo, Lamartine, George Sand, Théophile Gautier, Alexandre Dumas, Eugène Sue, Ferdinand de Lesseps, Thiers, Gambetta, Proudhon, Louis Blanc ; ou bien avec la comédienne Rachel, l'écrivaine et pianiste Marie d'Agoult et toute une série d'actrices dont le nom était parfois déguisé derrière des pseudonymes fantaisistes. C'est tout le siècle qui gravitait autour de ce Citizen Kane de la rive droite : le milieu de la presse, bien sûr, mais aussi le monde des lettres et de la création artistique, les réseaux d'affaires, les géants de l'industrie naissante (chemins de fer, exploitations minières), les ministres et diplomates, sans oublier le demi-monde...

La traque est devenue collective. Elle m'a menée dans les fonds de la Bibliothèque nationale de France, puis j'ai cherché Girardin sur ses terres : à Bourganeuf, sous-préfecture de la Creuse, où il a été élu député six fois entre 1834 et 1851 ! Son château est encore là, mais ses occupants ne savent rien de leur illustre prédécesseur. Un collège porte bien le nom de Girardin, mais c'est à Delphine, son épouse, qu'il rend hommage. Au fil de mes pérégrinations, j'ai fini par trouver à Bourganeuf une rue Émile-de-Girardin, modeste et sans relief. C'est la seule de France. À Paris, au cours d'un *Girardin's tour* organisé grâce à une application de géolocalisation, j'ai arpenté les rues de la rive droite où se trouvaient les rédactions dirigées par le journaliste et ses logements successifs. Lieux splendides et actifs dont son souvenir est obstinément absent.

Les lettres qu'il a écrites et reçues révèlent une personnalité protéiforme : un homme à la fois tyrannique et sentimental, rendu fragile par un désir de puissance impossible à satisfaire ; un pionnier capable des intuitions les plus fulgurantes et des palinodies les moins inspirées. À mesure que la masse de documents s'amoncelait, il devenait évident que Girardin avait exigé de ses destinataires la destruction de ses courriers. Il fallait chercher plus loin et autrement.

Ce récit biographique s'est alors nourri à d'autres sources. Si la vie de Girardin me paraissait, à mesure que je m'y plongeais, de plus en plus romanesque, il m'a semblé indispensable de ne rapporter dans cet ouvrage que des faits absolument vérifiables ; cette règle s'est appliquée aussi à l'intégralité des paroles rapportées et des états d'âme évoqués. Aux archives de la préfecture de police, au Pré-Saint-Gervais, j'ai découvert d'imposants dossiers consacrés au journaliste. Il y a là les notes des Renseignements généraux, rattachés au cabinet du préfet, qui détaillent l'ampleur des malversations financières de Girardin dans les dix dernières années de sa vie. Mais il y a surtout un autre dossier, inattendu et tout aussi volumineux, émanant de la police des mœurs. Sous le titre « Affaires Girardin — Girardin contre sa deuxième femme », des centaines de feuillets manuscrits rapportent au jour le jour, pendant quatre ans, les conditions rocambolesques dans lesquelles s'est dissous le second mariage contracté par Émile de Girardin. C'est sans doute dans ces notes soigneusement calligraphiées par des mouchards payés à la page que j'ai approché au plus près la face diabolique du personnage. Mais c'est là aussi que j'ai mesuré combien il est difficile de résister à la tentation fictionnelle quand on observe une vie à la loupe, surtout si cette vie est celle d'un homme à femmes parvenu au faîte de sa puissance économique et médiatique. Dans les ratures et corrections se donnaient à lire les hésitations des indicateurs, tiraillés entre la nécessité de prouver leur professionnalisme et la séduction d'une version feuilletonesque de la réalité.

En contrepoint, d'autres voix étaient nécessaires. La multitude des interlocuteurs d'Émile de Girardin dessinait un réseau social d'une variété et d'une richesse exceptionnelles. Autant de témoins susceptibles de rapporter, dans leurs propres écrits, des scènes vécues avec le journaliste. L'enquête s'est donc enrichie de la lecture des correspondances et écrits intimes publiés par des contemporains de Girardin. Thiers, Lamartine, Marie d'Agoult, George Sand, Balzac, Hugo, Liszt, Houssaye ou Rémusat... ont tous fait de Girardin l'un des personnages de leurs conversations et de leurs mémoires.

Telle est la matière dont ce récit est fait. J'ai voulu restituer le rythme d'une vie menée tambour battant, courir assez vite pour ne pas laisser Girardin s'échapper une fois de plus, pas avant la dernière page.

I

UN DÉBUT DANS LA VIE

La tombe est nue, poussiéreuse, couverte de feuilles. Au cimetière de Montmartre, Émile de Girardin est retombé dans l'anonymat qu'il avait défié toute sa vie. Côte à côte avec sa femme Delphine, qu'on a un peu moins effacée, le Napoléon de la presse n'attire guère l'attention. Il faut frotter la pierre pour déchiffrer l'inscription : *La mort les a séparés. La mort les a réunis* ; et ce nom : *Émile de Girardin*, en lettres cursives, à peine lisibles. Ainsi peut-on devenir riche à millions, posséder les titres de presse les plus puissants de son temps, faire trembler ses contemporains, et sombrer dans l'oubli le plus complet. Cette carrière à la Rastignac est une vraie leçon d'humilité. Que reste-t-il d'un capitaine médiatique après sa mort ? On a beau parcourir tout Paris sur ses traces, il n'en reste presque rien ; quelques clins d'œil à peine plus déchiffrables que sa pierre tombale. C'est un jeu de piste où il n'y a pas de gagnant, une promenade mélancolique dans un Paris de la rive droite et des journaux défunts.

Est-ce un hasard si, là où Girardin avait installé son dernier journal, *La France*, on danse maintenant dans une boîte de nuit qui s'est longtemps appelée Social Club, et porte désormais le nom de « Sacré » ? Et si, dans les locaux de son premier titre, *Le Voleur*, rue du Helder, un hôtel plutôt décati conserve une vieille presse ?

Rue Saint-Georges, juste à l'endroit où Girardin avait créé son plus grand quotidien, s'est installée une école de journalisme, l'IPJ. De l'autre côté de la rue, une façade porte encore l'inscription d'un autre titre : *L'Illustration*. Celui-là ne lui a jamais appartenu et on dirait que c'est ce qui lui a permis de survivre dans la mémoire des lieux.

Pourquoi alors ressusciter ce fantôme que Paris a voulu escamoter ? C'est presque une vanité, un avertissement à la façon des *memento mori*. La puissance du moment n'engage en rien la postérité. Forcer les autres à s'incliner de son vivant ne préserve pas d'une vengeance par l'oubli. Mais voir cet homme venu de nulle part prendre le pouvoir sur tout Paris, amasser les capitaux, faire chanter les chefs de gouvernement et cela par la simple force du journal, n'est-ce pas mieux comprendre d'où nous venons ? La splendeur de Girardin, c'est l'explosion de la presse. Sa décadence, c'est l'oubli auquel condamne le culte de l'actualité.

Sa vie mène d'une enfance solitaire et abandonnée, au fond d'un haras normand, jusqu'au splendide hôtel du Trocadéro où il a fini ses jours. Elle ressemble à un roman balzacien, mais c'est un roman vrai.

✧

Tout commence le 22 juin 1806, dans les alcôves d'une histoire d'amour irrégulière. Personne n'aurait jamais dû savoir quel nom portait vraiment cet enfant né en cachette rue Chabanais, dans le 2e arrondissement, à deux pas du Palais-Royal. Sa mère est venue accoucher là le plus discrètement possible. C'est une de ces « maisons de naissance » où l'on vient dissimuler des enfants qu'on n'aurait pas voulu mettre au jour. La femme s'appelle Adélaïde-Marie Fagnan. Elle est la fille d'un haut fonctionnaire au Trésor, grand-bourgeois guillotiné en 1793 ; elle est aussi l'épouse d'un conseiller à la Cour, à qui on a proposé un emploi avantageux aux colonies.

Le père de l'enfant est un fringant militaire, célibataire : le comte Alexandre de Girardin a fait des étincelles à Austerlitz, l'Empereur l'a élevé au rang de baron et son nom figure sur l'Arc de triomphe. De ce côté aussi, c'est une belle lignée, brillante et illustre même. Le père d'Alexandre, le marquis René de Girardin, était connu comme le dernier ami de Rousseau. Dans son château d'Ermenonville, il avait accueilli l'écrivain à la fin de sa vie et c'est là que celui-ci est enterré. Si l'on remonte encore un peu plus loin, on trouve une ascendance italienne : les Girardin sont la branche francisée, au XVIIe siècle, des Gherardini. Émile de Girardin, lui, est déclaré sous un faux nom : Delamothe, patronyme emprunté à la femme de ménage de sa mère. « Sa naissance fut une honte à ses parents », écrira plus tard Marie d'Agoult, cette femme musicienne qu'il a cru pouvoir arracher à son illustre amant Franz Liszt, « l'isolement et l'abandon tracèrent le cercle dans lequel il lui fut permis de vivre. »

Pour Émile, c'est à la fois une infamie et un moteur d'une puissance extraordinaire : « J'ai fait du malheur de ma naissance la méditation de toute ma vie », confiait-il. Volonté de revanche sociale, recherche de la notoriété, désir de puissance, mais aussi revendication d'une filiation matriarcale et du droit des enfants à mener leur recherche en paternité : tout cela, qu'il passera sa vie à poursuivre, est comme livré en bloc dans ce mauvais départ. Le 22 juin restera pour lui un jour à marquer d'une pierre noire, une date maudite, et toute sa vie il s'étonnera qu'on puisse lui fêter son anniversaire.

Mais il y a encore autre chose, un mélange curieux de montré et de caché. L'acte d'état civil atteste la naissance de l'enfant et la dissimule à la fois. Rue Chabanais, les parents d'Émile se montraient et disparaissaient, présents comme par éclipse. Après quelques mois, ils placèrent leur fils chez une nourrice connue pour accueillir les enfants du beau monde, une pension enfantine de luxe, boulevard des Invalides. Chez cette Mme Choisel, Émile allait rencontrer ses premiers amis, comme un premier salon des refusés. La célèbre Mme Tallien, trois fois mariée, y avait laissé ses cinq enfants, nés Cabarrus, de son nom de jeune fille. Avec l'un d'eux, Édouard Cabarrus, se nouera une amitié pour la vie : le bon docteur Cabarrus fera binôme avec le froid Girardin, les chroniques mondaines ne se lasseront pas de ce paradoxe. Aux côtés d'un Girardin inaltérable, glacé et poli comme l'acier, décrit comme un homme aux lèvres fermées, on s'étonnera de toujours trouver ce doux Cabarrus qui soigne tant de grands noms et semble si digne d'affection.

Voilà la première enfance d'Émile de Girardin. Un début dans la vie assez banal pour l'époque. Pour lui, une histoire qu'il ne cessera de vouloir réécrire.

✧

Ce n'est pas assez de cacher l'enfant, il faut l'éloigner de Paris. Émile avait moins de dix ans quand on l'envoya en Normandie. C'est qu'Alexandre de Girardin, son père, s'était marié. Il ne pouvait prendre le risque de compromettre des noces voulues, paraît-il, par Napoléon, avant la chute de 1814. Pour plus de sûreté, on modifia l'état civil ; la naissance était désormais déclarée en Suisse. Près d'Argentan, Émile fut confié à un certain Darel, un militaire qui avait fait la guerre sous les ordres de son père. Et qui se débarrassa à son tour de l'enfant en le confiant à son frère, palefrenier au haras du Pin, dans l'Orne, « parce qu'il avait mauvaise mine », se justifia-t-il. On a du mal à se représenter cette enfance exilée loin de Paris et des promenades aux Invalides. Girardin n'en a jamais dit grand-chose non plus. Au même âge, ses contemporains Hugo ou Sand écrivaient à leurs parents ; on a conservé leurs lettres. Il semble bien qu'Émile n'ait eu personne à qui en adresser.

Le haras est splendide. C'est un immense bâtiment en forme de fer à cheval, construit sous Louis XIV pour sélectionner les races équines ; tout au long du XIXe siècle, des courses prestigieuses s'y tiennent régulièrement. Pour Émile, c'est surtout une expérience déchirante. Il l'écrira plus tard : cet exil lui apprit que, plus douloureux encore que la perte de ses parents, il y a l'abandon par ceux qui vous ont donné la vie. C'est aussi le début d'une éducation plutôt désordonnée, entrelacée d'amitiés durables. Au collège d'Argentan, il rencontre Charles Lautour-Mézeray, qui est issu de la bonne société locale : son père est le maire d'Argentan. C'est un jeune homme ambitieux lui aussi, beau garçon et fantasque, qui sera connu dans Paris comme « l'homme au camélia » ; ses tenues extravagantes — toujours un camélia blanc à la boutonnière — feront les beaux jours des cafés du boulevard. Pour Émile, Charles est tout de suite un allié précieux, un dandy bien né doté de toutes les ressources qui lui manquent. À eux deux, ils forment un genre de couple mal apparié. On peut difficilement faire plus différent. Charles est grand, Émile petit et grêle ; l'un est loquace, beau parleur, l'autre taiseux et sera toujours très mauvais orateur ; Émile est horriblement myope, peut-être même louche-t-il, selon certaines photographies, alors que Charles a le regard bien ouvert et séduit au premier coup d'œil — sa beauté faisait rêver Balzac qui s'en inspira pour plusieurs personnages de bellâtres antipathiques.

Émile était encore collégien quand il comprit quel milieu était vraiment le sien. Le choix du département de l'Orne, pour son déracinement, n'était en réalité pas tout à fait hasardeux ; le haras du Pin jouxtait le château du Bourg dont les propriétaires étaient liés à sa famille, du côté paternel comme du côté maternel. La châtelaine est sa marraine — mais comment peut-on choisir une marraine à un enfant dont on ne reconnaît pas la naissance ? L'enfant fréquente le château et surtout sa bibliothèque ; une occupation plus conforme à son rang que les leçons prodiguées par un palefrenier plutôt rustaud.

On n'en sait guère plus ; mais la légende s'est emparée des miettes d'information ; on imagine Émile lisant en désordre tout ce qui lui tombe sous la main. Sainte-Beuve, par exemple, romance à souhait : il raconte l'enfant déposé dans un panier sur la place du village, un jour de marché ; puis recueilli au château car son linge fin révélait des origines élégantes ; enfin accédant à une bibliothèque contenant des dizaines de milliers de volumes — Sainte-Beuve écrit dix mille, puis griffonne deux fois pour arriver à « quarante mille ». Girardin lisait tout cela pêle-mêle avec avidité, imagine-t-il, et si ces lectures romanesques et métaphysiques n'ont pas fait de lui un écrivain, c'est parce que, plus tard, invente Sainte-Beuve, Émile « devait tuer le René en lui ». Tout le monde n'a pas vocation à devenir un personnage de Chateaubriand.

Roman des origines, mais pas vraiment, donc, pour autant, origines du roman.

✧

Il manque tant d'éléments dans cette enfance confisquée, qu'il est tentant d'inventer. Il faut dire que l'histoire commence vraiment, comme dans les romans balzaciens, quand le jeune homme de province monte à Paris. Émile a dix-huit ans et ce qu'il a deviné de ses véritables origines lui donne la rage de se faire connaître et même reconnaître par ceux qui l'ont abandonné. Avant toute chose, il faut quitter Argentan, surgir de l'obscurité, cela devient une obsession. Pour être célèbre, Girardin se dit prêt à tout ; il s'imagine gratter avec ses ongles cette terre normande où on l'a éloigné, pour y trouver de l'or, comme on fouaille les entrailles d'une mine.

Le marchepied lui est fourni par les châtelains du Bourg. Dans leur salon, un soir, Émile éblouit les convives en lisant une pièce de sa main ; il attire l'attention de la belle Mme de Senonnes, habituée des lieux. C'est une de ces femmes au visage ovale qui ont tant inspiré Ingres (le peintre a fait son portrait, on peut l'admirer au musée de Nantes). Sans doute Marie de Senonnes sait-elle ce que cela veut dire que d'inventer sa biographie ; divorcée d'un marchand de tissus lyonnais, elle s'est fait passer à ses débuts pour une jeune Romaine. Ses toilettes somptueuses donnaient le change ; Ingres a restitué cet art de marier velours, tulle et dentelle. Alors qu'elle approchait la trentaine, Marie a épousé le vicomte de Senonnes, son amant depuis des années, et pris un nom à la hauteur de son éclat. Au château du Bourg, la vicomtesse prend Émile sous sa protection et lui fait confier une charge à Paris par son mari, qui est secrétaire général des Musées royaux. Rien de très glorieux, tout juste un emploi de bureau au sous-secrétariat de la maison du Roi ; mais c'est une première entrée dans le monde parisien et surtout, pour Girardin, la porte de sortie pour fuir la vie de province. L'installation à Paris est d'abord très modeste. Émile ne peut compter que sur un petit pécule transmis par son père, 1 200 francs de rentes sur de mystérieux fonds espagnols ; l'emploi à la maison du Roi, lui, n'est pas rémunéré.

Son premier logement parisien a tout de la vie de bohème, la vraie, celle de la pauvreté et des repas esquivés, mais on ne peut s'empêcher d'y lire un présage de l'avenir fastueux qui l'attend. On est en 1824 quand Émile emménage au numéro 28 de l'avenue des Champs-Élysées. C'est presque encore la campagne : une zone à peine habitée, un peu malfamée, où l'on trouve surtout des bals et des guinguettes dans des baraques de bois. On compte alors à peine dix maisons entre le rond-point et la place de l'Étoile ; un tel vide qu'en 1807 Napoléon a pu organiser sur l'avenue un gigantesque repas pour remercier, après le traité de Tilsit, les dix mille grognards de la Garde impériale. Moins de vingt ans plus tard, quand Girardin reviendra vivre dans le même quartier, ce sera pour acquérir un hôtel particulier aux faux airs de temple grec. Comme si le décollage des Champs-Élysées et le sien avaient quelque chose en commun ;

l'histoire d'une certaine modernité, où ce qui se négocie, c'est d'être visible, brillant, imposant. À coups de défilés, d'Expositions universelles, de somptueux restaurants et de journaux prospères.

Pour le moment, la priorité pour Émile est de conquérir son propre nom. Il vivote quelque temps dans sa chambre du rez-de-chaussée. Quitte le secrétariat de la maison du Roi quand son protecteur le vicomte de Senonnes tombe en disgrâce, pour devenir commis chez un agent de change. Il n'y fait pas très forte impression, réussit même à perdre la moitié de ses économies dans des placements hasardeux. Il tente alors sa chance dans l'armée et s'engage. Mais sa condition physique est jugée trop faible ; là encore, on le refuse. Quel camouflet pour le fils d'un brillant militaire !

Est-ce ce début difficile, un de plus, qui l'a convaincu de jouer à la marge ? Puisque la société normée de la Restauration ne voulait pas de lui, Girardin prit la tangente. Il était né hors la loi, tous les coups étaient permis. Très vite, le monde des lettres s'imposa comme le terrain idéal.

✧

Girardin a vingt ans quand il publie son premier livre, un vrai coup de force. Le volume paraît sans nom d'auteur et son titre est un prénom : *Émile*. Clin d'œil appuyé à Rousseau, l'hôte célèbre du grand-père Girardin ; en soi, déjà, une revendication d'hérédité. C'est une autofiction par lettres : le narrateur s'appelle Émile, il confie à Mathilde, la femme qu'il aime, l'histoire de son enfance abandonnée, et de sa jeunesse solitaire, hantée par le malheur de n'avoir pas de parents. L'écolier est brillant, le lycéen remporte tous les prix, mais personne ne vient assister à son triomphe. Quand d'autres sont embrassés par leur mère fière de leurs succès, Émile se cache pour pleurer. Et toute sa jeunesse est condamnée à cela : étouffer ses sentiments, comprimer ses affections, endurer comme enterré vivant ce manque d'amour. Trembler en entendant prononcer le seul mot de famille. Jusqu'à la rencontre avec Mathilde, un ange consolateur qui peut réparer toutes les blessures. Ce récit plein de larmes poursuivait un but précis : Girardin voulait se faire connaître, forcer la porte de l'aristocratie. Il voulait aussi dénoncer la condition scandaleuse des enfants nés bâtards. Émile entonne un couplet qui sera sa vie durant celui de Girardin : l'enfant illégitime est la victime d'une aberration — le mariage et même le patriarcat qui imposent le statut des bâtards. Il faut abolir le patriarcat. Avec le matriarcat, tout serait plus simple, plus de problème de filiation. Qu'on reconnaisse l'iniquité du Code civil et qu'on autorise au moins les enfants abandonnés à mener leur recherche en paternité.

Émile, par Émile, fait du bruit. Pour le journaliste Jules Janin, une jeune plume en pleine ascension, c'est tout simplement un chef-d'œuvre. À la une du *Figaro*, il fait un long éloge du livre. Dans le monde des lettres, on s'interroge et on spécule sur cet auteur anonyme qui veut manifestement en découdre. L'éditeur de Girardin était au départ assez confidentiel : le volume a été publié par la veuve Desauges qui tient un cabinet de lecture au Palais-Royal. Mais, très vite, le manuscrit change de mains ; on le réédite plusieurs fois et il finira chez Michel Lévy, l'éditeur de Lamartine, Baudelaire et Flaubert. Pour Girardin, la publication a quelque chose d'une seconde naissance. Comme si le succès du livre lui donnait pour la première fois le droit de porter son nom : car, à partir de la troisième édition, *Émile* est signé Girardin. Le jour de sa majorité, le 22 juin 1827, Émile a décidé de forcer la loi et de prendre le nom de son père. Alexandre de Girardin le laisse faire.

La fin d'*Émile*, le roman, est tragique. Le mariage avec Mathilde est sur le point d'aboutir ; mais le père de la jeune femme exige qu'un tribunal accorde à Émile le droit de porter le nom paternel. Le jugement est rendu : la cour refuse. Émile s'évanouit, tombe dans un délire fiévreux, perd la raison. On lui passe la camisole de force ; après huit mois d'internement, il finit par succomber à son chagrin.

Émile est mort, Girardin est né, il a vingt et un ans : voilà donc où en sont les choses. De l'avis de ses amis, son père devrait prendre garde à cet ambitieux jeune auteur. Les deux hommes se sont rencontrés, à plusieurs reprises, en cachette de la belle-famille d'Alexandre. Mais, devenu grand veneur du roi sous la Restauration, le splendide militaire ne peut prendre le risque de se brouiller avec la famille de son épouse, elle aussi très haut placée. « Tu ferais bien de le reconnaître, lui conseille un marquis de son entourage, sinon, c'est lui qui ne voudra pas te reconnaître plus tard et tu le regretteras. » Car l'ascension ne fait que commencer.

✧

Tout, en effet, s'accélère l'année suivante. Bientôt on ne pourra plus suivre. D'abord, Émile déménage ; le rez-de-chaussée des Champs-Élysées n'est vraiment plus à sa hauteur. L'une de ses voisines, un soir où elle a trop bu, manque d'assassiner sa propre fille ; le jeune Girardin n'écoute que son courage et porte secours à l'innocente. Légende dorée ? La mère et la fille se disputaient l'amour de leur jeune voisin. Ces deux Anglaises, d'une rare beauté se souvient-on, avaient lu *Émile* et son auteur était devenu leur héros. La fille, Clémentine Horn, est rapatriée à Londres par son père ; une idylle se noue avec Girardin, à distance — mais cette correspondance enflammée a disparu, comme beaucoup d'autres.

Grâce à sa notoriété naissante, Émile se voit aussi proposer un nouvel emploi, au ministère des Beaux-Arts. La magie du nom opère enfin : c'est à celui de Girardin, rue Saint-Nicolas-d'Antin où il vit désormais, que lui parvient le courrier du ministre. Sans doute son père a-t-il dit un mot pour faciliter cela. Voilà Girardin « inspecteur des beaux-arts » ; la fonction est essentiellement honorifique, mais elle lui ouvre les salons. Peu à peu, il entre dans le tout-Paris ; on le croise dans les cafés les plus en vue, au Café anglais ou bien chez Tortoni, boulevard des Italiens. Il n'est ni très causant, ni très avenant. Mais on sent qu'il va devenir quelqu'un. On y est : c'est la sortie de l'ombre.

Au printemps de 1828, Girardin crée un journal, le premier d'une très longue série. L'impulsion de départ est venue de Charles Lautour-Mézeray. Le beau jeune homme de province n'arrivait à rien tout seul, il était apparemment quasi illettré ; aucune administration, aucun journal ne voulait de lui. Émile, lui, avait commencé à placer quelques articles, son premier livre lui avait ouvert des portes. Mais, financièrement, la littérature ne tenait pas ses promesses et il avait besoin lui aussi de nouveaux débouchés. La période était difficile pour les écrivains ; la Révolution avait déchaîné les ambitions et, des jeunes gens comme Émile et Charles, il y en avait plein les rues. Le marché du livre était exsangue. Les volumes étaient chers et se vendaient mal. Un livre, c'était pour un ouvrier le tiers de son salaire mensuel. D'où les cabinets de lecture : on payait pour accéder au lieu et on consultait sur place, en se réchauffant autour d'un poêle. Dans ces conditions, même un ouvrage qui faisait du bruit avait du mal à se vendre. On pouvait le rééditer, changer de boutique, les ventes plafonnaient. Du côté des journaux, à l'inverse, les choses bougeaient. Il s'en créait sans cesse de nouveaux, certains journalistes devenaient des stars. Mais les tirages étaient très faibles, à peine 5 000 exemplaires pour les plus réputés et la censure était impitoyable.

Girardin et Lautour-Mézeray se concertent. On doit pouvoir trouver moyen de ruser et d'exploiter cette nouvelle manne. Ils repèrent une faille dans le système : rien ne protège les auteurs contre le vol quand ils publient dans les journaux. Les deux amis ont trouvé leur filon : ils empruntent on ne sait trop comment quelques centaines de francs et lancent leur journal. Son nom : *Le Voleur*. Son slogan : « une feuille fabriquée avec de la colle et des ciseaux ». Le contenu sera intégralement pillé dans les colonnes des autres journaux.

Sans vergogne, les propriétaires du *Voleur* dépensent toute leur mise de départ dans la publicité et les annonces et font imprimer à crédit. Ils claironnent partout que leur invention est d'utilité publique : grâce au *Voleur*, le lecteur gagnera du temps, on sélectionnera pour lui le meilleur de ce qui se publie ailleurs. Et le programme est riche, promet le prospectus : littérature, sciences, beaux-arts, industrie, connaissances utiles, esquisses de mœurs, mémoires et voyages ; journaux, revues, ouvrages inédits, publications nouvelles, biographie, tribunaux, théâtres et mode... Les abonnés sont démarchés avant la parution du premier numéro. Et cela fonctionne : les associés festoient avec les 10 000 francs reçus par la poste de leurs futurs lecteurs. Ils invitent à les rejoindre un artiste qui n'a pas encore percé, Henry Monnier, bientôt l'inventeur du bourgeois M. Prudhomme et des vignettes accompagnant les *Petites misères de la vie conjugale* de Balzac.

Monnier dessine l'image en tête du journal : un homme assis dans un fatras de papier, lunettes sur le nez, plume à la main, sourcils froncés. Quelques vers de Voltaire la commentent ironiquement : « Au peu d'esprit que le bonhomme avait / L'esprit d'autrui par complément servait. / (...) Il compilait, compilait, compilait. » Le succès est immense et immédiat : 2 500 exemplaires en quelques mois et, pour les fondateurs, un revenu de 50 000 francs par an, soit cent fois la somme investie au départ ! De quoi susciter critiques, remous, et surtout imitations. Toute une famille de journaux va se créer sur le même modèle, on fera feu de tout bois pour décliner l'invention de Girardin : *Le Pirate*, *Le Forban*, *Le Compilateur*, ou encore *Le Butineur*, *L'Abeille littéraire*, *Le Cabinet de lecture*, *Le Glaneur*. Le marché sera vite saturé. Il a beau n'avoir que vingt-deux ans et faire ses premiers pas dans les affaires, Girardin montre les dents. La coupe est pleine quand, un an après le lancement du *Voleur*, un imprudent annonce la création d'un *Voleur politique et littéraire*. Girardin envoie ses avocats avant même la parution du premier numéro. Le procès fait bien rire dans les autres journaux ; c'est le *Voleur* volé... Girardin est débouté.

Reste l'essentiel : il a imposé son nom, sa volonté de puissance et maintenant, il a les moyens d'exister publiquement.

1828. — N° 1er. CE JOURNAL PARAIT TOUS LES SAMEDIS. 5 AVRIL.

Les abonnemens, lettres, paquets et ouvrages doivent être adressés, francs de port, à la Direction du Journal, rue Saint-Nicolas-d'Antin, N° 2 *bis*.

On ne s'abonne pas pour moins de trois mois. Tous les ouvrages dont il sera remis deux exemplaires seront annoncés immédiatement.

Au peu d'esprit que le bonhomme avait
L'esprit d'autrui par complément servait.
Il compilait, compilait, compilait.
VOLTAIRE.

Prix pour l'année. . . . . 22 fr.
pour trois mois. . . 6 fr.

On s'abonne à Paris à la Direction du Journal ; et dans les Départemens, chez tous les principaux libraires et directeurs de poste.

Le prix de l'abonnement pourra être adressé en un mandat sur la poste.

LE VOLEUR.

AVIS.

Nous sommes au siècle des trafics. La religion et la liberté ont leurs cours qui fluctuent, et les consciences leur tarif établi. — Tel qui est malade d'une ambition rentrée, et veut obtenir une place de préfet, aujourd'hui fait avec solennité le serment d'abnégation politique, et tel autre se cachant sous le masque, essaie de la littérature pour s'enrichir, et proclame avec emphase un manifeste d'incorruptibilité.

Nous n'abuserons ni de la facilité des promesses, ni des mots à effet de *principes* et de *doctrines*. Nous n'avons pas à faire de profession de foi littéraire... C'est au caractère de notre journal à s'établir de lui-même !

Il se publie à Paris, dans le courant de chaque mois, 136 journaux quotidiens ou périodiques, dont :

13 Consacrés aux matières politiques,
9 —— aux matières religieuses,
15 —— à l'industrie et aux annonces,
66 —— aux sciences diverses,
5 —— à l'éducation,
4 —— à la bibliographie,
16 —— à la littérature et aux théâtres,
2 —— aux modes,
6 —— revues mensuelles et de littérature étrangère.

C'est un choix de tout ce que ces feuilles contiendront de saillant, de neuf et d'intéressant en tout genre, que nous nous sommes proposé de faire. Etrangers à toute espèce de coterie en nous réunissant, nous ne nous sommes point imposé de ces opinions convenues qui mettent les systèmes à la place de la bonne foi : *le Voleur* pillera partout où il trouvera à prendre ; mais si pour ces articles, légers canevas que l'esprit a brodés, nous avons plus de confiance dans notre goût que dans notre propre talent, nous n'avons cru devoir confier qu'à nous seuls le soin de ceux dont le mérite est surtout dans une analyse exacte, et une juste critique ; nous nous sentons, pour entreprendre cette tâche, assez forts d'une impartialité dont nous ne prenons l'engagement qu'avec notre conscience.

PARIS.

L'incertitude du temps interdisant le plaisir des promenades, la foule continue toujours de se porter au salon, d'où la Sainte-Thérèse, de M. le baron Gérard, qui attirait avidement tous les regards, vient d'être enlevée.

Le tableau d'Harold, par M. Horace Vernet, ne lasse pas l'attention ; cependant on s'accorde à trouver que l'Edithe à la rousse chevelure manque de naturel et d'expression dans la pose ; mais ce ne sont pas de ces vastes compositions sur lesquelles tous les éloges et toutes les critiques ont été épuisés, qu'il faut maintenant s'entretenir ; ce qu'on ne saurait trop remarquer, c'est le grand nombre de véritables chefs-d'œuvre qui se trouvent parmi ces tableaux qu'on désigne sous le nom de tableaux de genre, et qui, écrasés comme ils le sont au Louvre, obtiennent à peine un regard : le nombre de ceux qui sont dignes d'être distingués est si grand, que nous nous refuserons le plaisir d'en citer aucun.

La même foule s'était transportée aux concerts de l'École royale de musique... Et où trouver en effet un orchestre dont le chef, aussi habile que M. Habeneck, ait pour simples soldats des violons distingués comme *solos*, des Vidal, des Tilmann, des Battu ? Et où trouver des chœurs composés des premiers prix de Rome, des Halévy, des Leborne, des Panseron, etc. ? Il est beau de voir se réaliser le vœu d'Alexandre, et de contempler une arène où les simples lutteurs sont des rois.

Le premier *concert spirituel* de l'Opéra a eu lieu... Peu de toilettes brillantes, peu de monde... En général, la première de ces soirées est sacrifiée au succès des suivantes. — Attendons.

L'indécision du temps, et ce mot de *bon ton*, qui exerce à Paris une puissance absolue, n'avaient permis qu'à un très petit nombre de personnes de se montrer le premier jour à Longchamp. Le second est toujours le plus brillant, et le troisième le plus nombreux.

Plusieurs femmes élégantes avaient commandé pour Longchamp des chapeaux de paille de riz, à passe très-grande et entièrement doublés de gros de Naples cerise, rose vif, ou bleu turquoise. Ces chapeaux, destinés à être posés obliquement, ont le côté droit de la passe un peu relevé, et à droite, sous la passe, de longues plumes blanches.

Un grillage en rouleaux de gros de Naples tient lieu de dessus de forme à quelques chapeaux de paille de riz.

D'autres chapeaux de paille de riz ont la passe légèrement aplatie sur les oreilles, et bordée d'une haute blonde ; autour de la forme sont des pattes ou des triangles en gros de Naples vert, lilas ou bleu, bordés de liserés et de blonde ; leur garniture est complétée par une branche d'aubépine qui descend du côté droit de la forme, jusqu'au milieu de la passe à gauche.

On fait dans tous les magasins de modes un fréquent emploi de jonquilles doubles, de narcisses et de lilas warin. Les jonquilles et les narcisses se placent par paquets, un à droite, un à gauche de la forme du chapeau ; le lilas se pose sur le devant.

Nous avons vu beaucoup de chapeaux de crêpe crêpé, jaune, bleu pâle ou lilas, qui avaient par devant, sur le milieu de la forme, une demi-guirlande. Les larges rubans qui fixent les fleurs sont rayés de couleurs en harmonie avec ces fleurs.

Les collets des habits comme des redingotes, sont coupés de manière à se renverser sur l'épaule quand on ouvre l'habit ou la redingote.

Les nouveaux gilets sont fond blanc ; ils ont, en bleu, de petites croix ou des feuilles de vigne.

Il y a une nouvelle nuance verte à la mode, ce n'est ni le vert anglais, ni le vert américain ; son nom est *vert-[illegible]*. On l'emploie en étoffes de soie dans les magasins de modes. La caisse de la plupart des équipages nouveaux qu'on remarquait à *Longchamp*, était vert-d'eau ou aigue-marine. Le train, peint en vert de la même nuance, est rechampi en ponceau ou en bleu de roi.

Quelques dames ont des bourses de peau blanche, pareille à celle de leurs gants. Chaque face offre un bouquet peint ou brodé en soie plate.

Nous ajournerons, à notre prochain numéro, nos observations à l'égard de cet article, que nous empruntons au *Journal de Paris*.

THÉÂTRE DE MADAME.

YELVA, *ou* L'ORPHELINE RUSSE, vaudeville de MM. Scribe, Villeneuve et Desvergers.

Pour satisfaire les goûts d'un public blasé, et qui veut du nouveau quand même, nous avons vu exploiter la mine féconde des misères humaines, on a représenté devant nous des aveugles, des sourds, des somnambules, des bossus, charmans personnages qui figureraient beaucoup mieux dans un hôpital que sur le théâtre.... Cela *fait de l'argent.* (Argot des planches.) Ce mot répond à tout.......

Le vent souffle de l'infirmerie et nous apporte *la Muette*..... Tâchons de faire connaissance avec elle...... Au premier acte, nous nous trouvons à un cinquième étage du quartier du Luxembourg, avec un seigneur russe, le comte de Chéricoff, qui a la plus haute opinion de ses moyens de

2

DELPHINE OU LA GLOIRE À DEUX

Girardin avait choisi son camp : il serait de son temps, expliquait-il dans *Le Voleur*, il vivrait avec le siècle des trafics, où tout a un cours et fluctue ; où même les consciences ont leur tarif établi. Devenu directeur d'un journal et toujours inspecteur au ministère des Beaux-Arts, il avait de quoi vivre. Les abonnés affluaient, au point qu'il fallut augmenter les tirages et même agrandir le format du journal. Après une dizaine de numéros, *Le Voleur* annonça qu'il paraîtrait désormais au format du *Times* (37,5 sur 60 centimètres) et se gargarisait d'être le plus grand des journaux français.

L'univers de Girardin se met en place. Il peut déménager de nouveau et quitter la rue Saint-Nicolas-d'Antin pour suivre *Le Voleur* rue du Helder, toujours rive droite, à deux pas du boulevard des Italiens. Ses fréquentations évoluent également. On le croise de plus en plus souvent dans un salon phare du romantisme : chez Sophie Gay et sa fille Delphine. Debout, derrière le fauteuil de Delphine, Lamartine le remarque, frappé par son air de jeune homme, sa petite taille et sa charmante figure. Il lui semble presque adolescent. Girardin restait quasiment muet, on ne lui parlait pas non plus. Mais Delphine se tournait souvent vers lui et il semblait occuper dans la maison la place d'un familier, naturelle et discrète.

✧

Sophie et Delphine Gay régnaient alors sur la vie littéraire parisienne ; mais elles se débattaient à coups de poème, de déclamation et de mondanité contre les revers de fortune. Sophie, la mère, était une écrivaine spirituelle qui avait connu de grands succès sous le Directoire ; on la décrivait comme imprudente, libre, brillant autant par ses écrits que par sa conversation. Elle adorait faire du bruit, ceux qui ne l'aimaient pas la trouvaient même trop sonore. Des beaux jours de l'Empire elle gardait le geste et l'accent, persifle Marie d'Agoult : « tout un air d'état-major, une poussière d'escadron, un éclair de sabre au soleil ». C'était une des « merveilleuses » du début du siècle, fille et femme de financiers, vivant sur un grand pied entre Aix-la-Chapelle, où son mari exerçait sa charge, et la rue des Mathurins, où ils avaient acquis un bel hôtel particulier. Mais au moment où Girardin la rencontre, elle est veuve et en pleine dégringolade sociale. Elle qui a publié sous l'Empire des romans que même Napoléon lisait, elle qui recevait fastueusement à la Chaussée-d'Antin, a dû déménager dans un entresol de la rue Gaillon, au milieu du bruit et de la poussière des boulevards. Sous la Restauration, elle ne peut plus compter que sur sa plume et sur son réseau d'auteurs célèbres.

Sa fille est son plus grand espoir, une dernière chance de célébrité domestique, comme aime à dire Lamartine. Sophie Gay, ajoute-t-il un peu méchamment, s'est transformée en piédestal de sa fille. Delphine est à la fois belle et spirituelle, formée à bonne école, promenée de salon en salon dès son plus jeune âge, admirée par Chateaubriand et Mme Récamier. La beauté et l'inspiration lui ont mis une double auréole au front, lit-on dans les journaux. Lamartine a romancé sa première rencontre avec elle sur le mode de l'apparition : le poète voyageait en Italie, entre Rome et Florence où il devait prendre un emploi de diplomate, quand on lui annonça que deux Françaises souhaitaient faire sa connaissance. La scène est mémorable : au milieu des cascades et des rochers de Terni, dans le vertige des eaux se dévoile la beauté grandiose d'une figure idéale, souple et de haute taille ; la tête pensive, le bras admirable, le profil légèrement aquilin, les cheveux d'un blond sévère et le sein gonflé d'impression. Delphine est à demi assise sur un tronc d'arbre, les larmes aux yeux — c'est une pluie de l'âme qui brille à ses paupières, s'exalte Lamartine. Véritable sibylle inspirée, elle évoque à ses yeux, trait pour trait, une version féminine de l'Apollon du Belvédère.

Delphine est née en 1804, deux ans avant Girardin ; quand ils se rencontrent, elle a vingt-quatre ans et, s'il est en pleine ascension, elle a connu de son côté plusieurs déconvenues. À dix-huit ans, elle a fait une entrée fracassante dans le monde des lettres. Aidée de sa blondeur et de ses yeux bleus, placée par son prénom sous le patronage de Mme de Staël, elle déclama en réponse à un concours de l'Académie un poème sur le « dévouement des médecins français et des sœurs de Sainte-Camille dans la peste de Barcelone » ; le sujet était imposé et ne l'inspirait pas assez pour traiter l'ensemble du programme. Mais le succès fut total ; bien qu'inachevé, l'envoi de Delphine fut gratifié par le jury académique d'un « prix extraordinaire ». Du jamais-vu pour une femme, surtout si jeune ! La presse s'enthousiasma et même Chateaubriand écrivit son admiration.

La jeune femme enchaînait les succès, consciente de ses atouts. À Mme Récamier, elle dédia un poème intitulé *Du bonheur d'être belle* où se lisait toute sa confiance dans un avenir qui ne pouvait qu'être radieux : « Mon front était si fier de sa couronne blonde / Anneaux d'or et d'argent tant de fois caressés / Et j'avais tant d'espoir quand j'entrai dans le monde / Orgueilleuse et les yeux baissés ! » Ses pièces étaient déclamées dans les salons, puis publiées et distribuées à tous les fidèles des cercles romantiques. En 1828, sa mère vient même d'obtenir pour elle une pension royale : après Marceline Desbordes-Valmore, elle est la deuxième femme à bénéficier de ce mécénat jusque-là réservé aux hommes. Plus tard, à la première d'*Hernani*, l'arrivée de Delphine au Théâtre-Français fera une telle impression, selon son grand ami Théophile Gautier, que le vacarme provoqué par les vers de Victor Hugo s'interrompra et se transformera en salves d'applaudissements, toutes les têtes tournées vers elle.

Pourtant Delphine souffre, comme Émile, du manque de reconnaissance sociale : beauté et talent ne suffisent pas à compenser la ruine familiale et plusieurs projets de mariage ont échoué. La déconvenue la plus amère est venue de son amour déçu pour Alfred de Vigny. La mère du poète s'est fermement opposée à ce qu'elle considérait comme une mésalliance ; malgré des échanges de vers ardents et exaltés, Delphine s'est vu préférer une aristocrate anglaise, plus riche et mieux née. Leur liaison a sans doute continué pourtant, en marge d'un mariage peu réussi, et il a fallu plusieurs années pour que la jeune femme fasse le deuil de cette relation douloureuse.

✧

Si Girardin était déjà un fidèle du salon de Sophie Gay, il mena aussi sa cour par journal interposé. *Le Voleur* devint le lieu où se forma peu à peu, avec Delphine, un couple médiatique.

Cela se tramait dans les pages d'annonces. Girardin joua d'abord l'autopromotion. Ses propres livres prenaient une bonne partie de l'espace publicitaire ; chaque semaine, on rappelait la réédition d'*Émile* puis celle de son livre suivant, *Au hasard — Fragments sans suite et histoire sans fin*. Le mystère de la signature était savamment entretenu : « par l'auteur du *Hasard* », précisait l'annonce d'*Émile* ; mais *Au hasard*, lui, était présenté à la ligne suivante sans nom d'auteur… À la rubrique « Musique », la seule œuvre annoncée dans le premier numéro du journal était une romance, *N'aimez jamais*, « par M. Émile de Girardin ».

Puis le journal fit l'éloge, dans un long article signé par la seule lettre E., d'un livre signé par Mme Sophie Gay. La mère préparait la voie pour la fille. *Théobald — Épisode de la guerre de Russie* se distinguait par sa réussite, selon ce mystérieux E., qui se désolait que la production parisienne soit par ailleurs si médiocre. Le livre avait paru plusieurs mois auparavant, certes, mais il avait fallu, expliquait le critique anonyme, toute la prudence nécessaire pour examiner l'œuvre d'une auteure au nom si célèbre. Un mois plus tard, la une du *Voleur* publiait *L'Inconstant*, poème curieusement signé « *Mlle* Sophie Gay ». Bien sûr, c'était encore du vol : cette élégie raillant un homme infidèle avait paru plusieurs années auparavant dans l'organe du romantisme, *La Muse française*, où tous les membres du cénacle avaient publié leurs premiers essais, de Victor Hugo à Nodier et Vigny. Mais voler dans ces conditions, en rajeunissant l'auteure au point qu'elle avait l'air d'être demoiselle comme sa propre fille, cela relevait plutôt du compliment. Enfin arriva Delphine : une mention discrètement glissée dans la rubrique bibliographique signalait *J'ai rêvé*, une romance dont les paroles étaient de M. Émile de Girardin et la musique de F. Massini — l'ensemble étant dédié à Mlle Delphine Gay.

D'abord *N'aimez jamais*, puis *J'ai rêvé* : comme une déclaration discrète, glissée à la façon d'un rébus dans la rubrique bibliographique. À travers les lignes, on imagine une de ces soirées musicales et poétiques où l'on célèbre le rêve et l'idéal dans le froufrou des robes de bal. Au milieu des grands noms de la poésie romantique, entre Balzac, Vigny et Lamartine, il faut se représenter Émile de Girardin tentant sa chance dans un mélange d'audace et de froideur, à coups de romances à la mode. De fait, Girardin ne ménage pas ses efforts pour assurer la brillante muse de son admiration, et ce devant tous les abonnés de son journal. Il faut dire qu'en ce même printemps 1828, Delphine semble subir des assauts de toutes parts. *Ma réponse*, un poème publié à cette époque, décline la liste de ces soupirants, sous le patronage d'une citation de La Bruyère qui pouvait être encourageante pour un candidat comme Émile : « Une femme insensible est celle qui n'a pas encore vu celui qu'elle doit aimer. » Parmi ces amoureux éconduits il y avait un bel indolent narcissique et obsédé par la mode (Lautour-Mézeray ?), un jeune ambassadeur infidèle et trop grave (Lamartine ?), un tribun de vingt ans, rhéteur ambitieux (Thiers ?). Aucun de ces hommes trop heureux ne pourrait l'attendrir, confie Delphine ; il lui faut des larmes, pour pouvoir les tarir : « L'attrait du malheur peut seul me captiver. » On imagine l'espoir que ces lignes peuvent susciter chez l'auteur d'*Émile*, déjà abreuvé d'injustice et riche surtout de ses ambitions. Deux ans plus tard, le mois même de leur mariage, une élégie de Delphine confirmera comme en cadeau de noces cette heureuse rencontre entre celle qui rêvait de consoler et celui qui avait déjà trop souffert : « Que j'aimai ce front calme… et ce cœur agité / Et par tant de malheurs, sa jeunesse ennoblie / Ce mélange de grâce et de sévérité / D'esprit et de mélancolie ! / Au monde avec courage il dérobait ses pleurs ; Moi, je les devinai sous sa fierté frivole ; / Je dis : “L'amour coupable a causé ses malheurs : / Oh, qu'un amour pur le console !” »

Dans *Le Voleur*, Girardin est prêt à se démasquer si cela peut faire avancer sa cause et sa cour. Une rubrique intitulée « Poésie », fin novembre 1828, fait apparaître pour la toute première fois son nom complet — sans particule toutefois. « Émile Girardin » frappe fort : il s'agit de comparer les productions poétiques de l'année en militant pour la reconnaissance des femmes poètes. Marceline Desbordes-Valmore vaut largement à ses yeux (jaloux ?) Lamartine ; mais surtout, dans une sorte de match vengeur, Girardin oppose Vigny à Delphine Gay. De son rival, le romantique aristocrate Vigny, Girardin estime que c'est un nom encore peu connu, et que son talent de poète reste largement à prouver quand on a lu son roman *Cinq-Mars* (Vigny l'a publié en 1826). Alors que le poème *Made-*

leine, signé Delphine Gay, est sans modèle dans toute la production française, selon Girardin, et ses élégies sans égales. Il faut dire que la lecture de *Madeleine*, poème en douze chants, dans le salon de la comtesse de Chastenay, a fait événement. Stendhal, qui en a sans doute été témoin, s'en souviendra ; dans *Le Rouge et le Noir*, Julien Sorel entend lors d'un dîner à la préfecture de Besançon une jeune fille « justement célèbre » déclamer *La Madeleine* ; le jeune héros en oublie pendant quelques heures les tortures de son ambition.

Girardin n'avait pas fini sa cour ; à la fin de l'année 1828, il n'y a qu'un texte dans la rubrique « Poésie » du *Voleur* : c'est *L'Écho des Alpes*, une ode dédiée aux religieux de l'hospice du Mont Saint-Bernard et signée Mlle Delphine Gay. Un long hommage à ces moines charitables et héroïques qui ont vu successivement passer, depuis leur retraite alpine, Hannibal et ses éléphants, César et ses lauriers, Bonaparte et ses armées congelées — et finalement Delphine en personne qui date de septembre 1827 ce poème rédigé dans l'hospice même. Telle est donc la scène. Delphine traverse les Alpes après de glorieux prédécesseurs et laisse en Italie Lamartine, qu'elle a failli séduire, pour intégrer le monde mêlé, effervescent et si moderne de la presse parisienne : on entend presque les clairons accompagner ce nouvel acte qui s'ouvre dans la vie de Girardin.

✧

Une fois le couple formé, la vie de Girardin prit un tour frénétique. L'alliance avec Delphine, c'était l'entrée de plain-pied dans le Paris romantique et une nouvelle activité mondaine.

Tout cela se convertit rapidement en valeur économique. D'abord, Girardin a trouvé en Delphine une collaboratrice de premier ordre ; comme auteure, elle ne quittera plus les pages de ses journaux, jusqu'à sa mort ou presque. Mais c'est plus largement tout son monde qu'Émile engloutit dans l'univers médiatique.

Dès ses premiers numéros, *Le Voleur* proposait une chronique consacrée à la mode. On y suivait les saisons des couleurs et des fleurs portées au chapeau, le défilé des manches gigot, du gros grain de Naples, du *perkale* vert et du cuir de Russie, l'évolution des rayures sur les pantalons masculins et même l'art de tendre le bras aux dames. Lautour-Mézeray, le « lion de Paris » comme on appelait alors les dandys, signait souvent ces colonnes quand elles n'étaient pas volées à d'autres titres, il y affûtait sa plume, prenait de l'assurance.

Girardin restait embusqué, dans son journal comme dans les soirées de la Chaussée-d'Antin ; mais il observait lui aussi, silencieux et lisse, la redingote ajustée, la taille bien prise, les traits incroyablement juvéniles, selon les premiers portraits qu'on trouve de lui à cette époque. Sur l'un d'entre eux, on le voit assis dans un fauteuil, en pantalon à carreaux et veste boutonnée serré, un lorgnon accroché à son cou par une longue chaîne, le bras calmement replié, l'air conquérant, légèrement ironique. Il ne lui fallut pas beaucoup de temps pour trouver comment réinvestir l'argent gagné avec le lancement du *Voleur*. Si la mode faisait tant parler, si l'on pouvait écrire des lignes et des lignes sur les goûts du jour, s'il devenait si crucial de suivre tous les autres en ayant l'air unique, alors il y avait là des affaires à faire. Ce serait le cœur de son nouveau journal.

Ici entre en scène un personnage tout à fait savoureux qu'Émile a rencontré dans les milieux aristocratiques fréquentés par Delphine. C'est la duchesse de Berry, jeune veuve de l'héritier des Bourbons. Depuis l'assassinat de son mari lors d'un entracte à l'Opéra, la duchesse vivait seule avec ses deux jeunes enfants entre l'aile Marsan des Tuileries, son château de Rosny et les plages de Dieppe, qu'elle avait mises à la mode. Lorsqu'elle était à Paris, son goût pour les vêtements, la danse, les bals masqués en faisait l'incarnation d'un art de vivre élégant et futile. On raconte qu'elle collectionnait les paires de gants, les éventails ornés, les chapeaux, au point que ses fournisseurs peinaient à satisfaire toute autre clientèle. Petite, mince, les cheveux blonds et bouclés, elle faisait la joie des peintres de cour et son train de vie ressuscitait quelque chose de Marie-Antoinette, sa tante par alliance. Girardin lui proposa de patronner son nouveau journal. Ce serait un hebdomadaire qui s'appellerait justement *La Mode* et se consacrerait à trois sujets, comme l'exposa plaisamment son futur directeur : la mode, la femme, la femme à la mode. La duchesse accepta d'associer son nom et son image à cette nouvelle publication. Cela n'engageait que des symboles ; mais le marché était déjà concurrentiel : face au *Journal des dames*, *La Mode* revendiquait la modernité, le culte de la *fashion* et Girardin déploya pour cela les grands moyens.

✧

La Mode, « Revue des modes, galerie de mœurs, album des salons », paraît pour la première fois en octobre 1829. La rédaction s'installe rue du Helder, à quelques pas des locaux du *Voleur* et de l'appartement de Girardin.

Émile semble vouloir rectifier son image de brigand ; ici, il vise le haut de gamme. Le journal est épais et les fascicules s'ornent de délicats dessins commandés à une amie de Delphine, Valentine Delessert ; puis Girardin fait appel à Gavarni, un dessinateur encore inconnu dont il devait lancer la carrière. Ces planches font beaucoup pour l'attrait du journal ; le trait gravé, souvent rehaussé à la gouache ou à l'aquarelle par quelques aplats de couleur, fait défiler la galerie aimable de femmes et d'hommes pleins de grâce, seuls, en couple, par paire d'amis, assis, ou parfois saisis dans une démarche légère. Les étoffes sont souples et lumineuses, les femmes ont souvent les joues roses et les cheveux retenus dans de curieux petits chignons sur les côtés ou en grappes bouclées comme dans les portraits de jeunesse de George Sand. Toute la grâce et le mouvement du monde moderne, car le don de Gavarni, comme disaient les frères Goncourt, était de « tachygraphier » la ville.

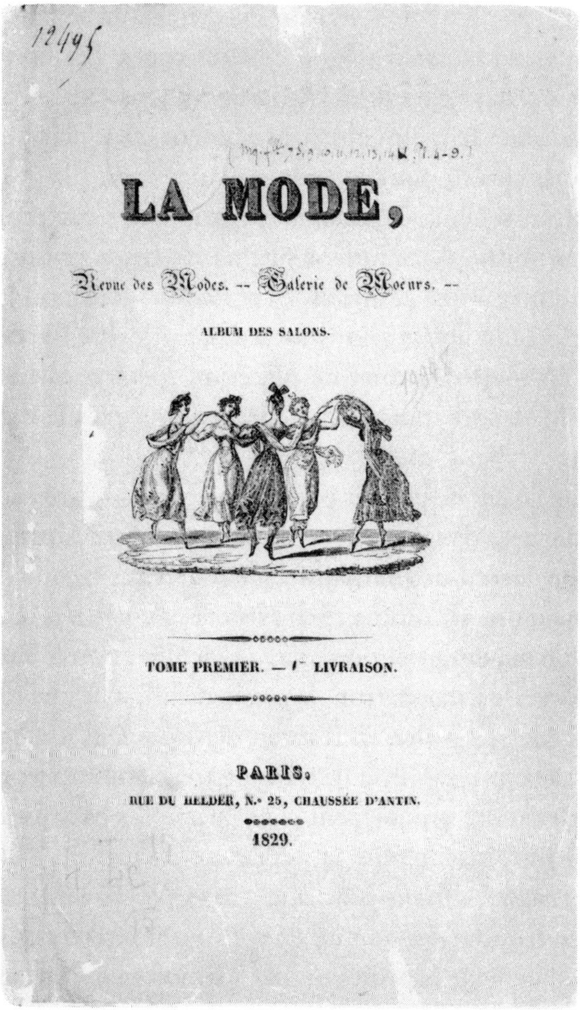
LA MODE,

Revue des Modes. -- Galerie de Moeurs. --

ALBUM DES SALONS.

TOME PREMIER. — 1re LIVRAISON.

PARIS,

RUE DU HELDER, N.o 25, CHAUSSÉE D'ANTIN.

1829.

La Mode fait miroiter le monde des grands noms, tel celui de Mme de Staël dont les premiers numéros publient une correspondance inédite avec l'illustre comédien Talma. Quel que soit le sujet, tout est prétexte à nommer les grandes familles ; comme si le simple fait d'inscrire noir sur blanc ces nobles patronymes confortait l'étiquette de Girardin lui-même, qui se fait un plaisir d'exhiber sa signature dès les premières pages. Les fantaisies des belles aristocrates égayent les chroniques qui visent à créer autour de la mode une véritable culture : comment on se marie en Chine, quels coloris choisir pour son chapeau quand on a la peau un peu rouge (ici un schéma en triangle pour associer correctement les couleurs primitives), comment soigner les fleurs qui orneront sa serre et donner à son jardin un tracé de bon goût ; ou bien comment se récréer dans les salons — la description de l'art du calque pratiqué en société permet de placer au passage un hommage à « S.A.R. MADAME, duchesse de Berry » qui excelle dans cet art ingénieux.

De même qu'il ne perdait pas une miette des conversations brillantes échangées dans les salons de la Chaussée-d'Antin, Girardin ajustait son regard de journaliste sur toutes ces façons d'être qui transforment une vie ordinaire en existence *fashionable*. Ce qui supposait, selon lui, une attention toute particulière portée aux femmes. En la matière, le jeune patron de presse manifestait une inclination qui ne fit que se confirmer. Il rêvait dans *Émile* d'une société qui donnerait aux mères le droit de transmettre leur nom à leurs enfants, ce qui réglerait mécaniquement le problème des bâtards. *Le Voleur* rectifiait l'histoire littéraire en replaçant les auteures femmes aux premiers rangs. *La Mode* proclame à toutes les pages la supériorité du goût au féminin, les hommes ne se voyant réserver que de brefs articles rapidement expédiés — par exemple sur l'art de se raser, en gérant au mieux la rencontre entre la moustache et le menton barbu (la solution : en laisser une partie sur chaque moitié de la lèvre supérieure et une autre sur le menton, mais en prenant soin de bien la couper auprès des coins de la bouche, où il vaut mieux qu'elle cesse...). Il faut rattraper le retard, claironne le magazine, les auteures femmes sont bien trop peu représentées ailleurs et leur gloire mérite mieux. Girardin lui-même se fait passer pour une femme. Il publie

en effet sous pseudonyme les *Contes d'une bonne grand-mère*, une courte nouvelle qui fait un peu froid dans le dos : la narratrice raconte la mort de sa petite-fille un an après son mariage, juste après avoir donné naissance à son premier enfant. La jeune mère s'appelle Clothilde. Signe avant-coureur de malheurs à venir : ce sera le prénom du seul enfant reconnu à sa naissance par Girardin, près de vingt ans plus tard, une petite fille qui mourra à six ans.

Quand il racontait la vie parisienne, les goûts du jour, le jeu des élégances, Girardin explorait aussi de nouveaux débouchés commerciaux. En se plongeant dans ces froufrous, il inventa le publireportage et eut encore une fois l'habileté de présenter cela comme un service rendu aux lecteurs et aux fournisseurs. Si *La Mode* fait la promotion des plus belles étoffes de Paris ou de Lyon, donne les noms de bijoutiers les plus en vue, explique-t-il, c'est pour satisfaire les exigences de ses lectrices, des femmes à la mode. En coulisses, il y avait les livraisons gratuites d'articles de luxe et les achats d'annonces à tarif avantageux. Prenons la soie : il y en a des centaines de variétés, rien de plus banal. Mais à l'automne 1829, il fallait avoir lu *La Mode* pour savoir que ce tissu se déclinait désormais en CAMOLINE (en capitales), « qui s'utilise aussi bien en robe du soir qu'en robe négligée du matin » ; et que le magasin des Dames à la mode, rue Neuve-des-Petits-Champs, n° 59, proposait à ses clientes un stock conséquent de ces ravissantes étoffes.

De nouveau, Girardin avait inventé une formule : *La Mode* fut un succès, le nombre d'abonnés augmenta rapidement. Il en tira assez de revenus pour songer aussitôt à réinvestir dans de nouvelles entreprises. C'est un véritable moteur qui s'était enclenché : chaque idée en entraînait une autre, l'argent n'était placé que pour être repris une fois qu'il avait fructifié. « Une idée par jour » sera le slogan d'un des journaux de Girardin en pleine révolution de 1848, et la formule fera le bonheur de caricaturistes.

La mode, écrit le journaliste Jules Janin dans *La Mode*, est « la science de l'homme heureux » ; est-ce cela qui a tant fasciné Girardin et l'a retenu dans la fabrication d'un journal abandonné après tout juste dix-huit mois ? Heureux, de fait, il ne semblait pas vraiment l'être. Grave, pensif, concentré, c'est ainsi qu'on le décrivait dans les salons. Lautour-Mézeray pérore, Delphine brille, Sophie Gay claironne, Girardin poursuit un but assez obscur, en quête de quelque chose qu'il ne parvient pas à obtenir et qui l'entraîne vers de nouveaux terrains de chasse.

3

BALZAC, LE FRÈRE ENNEMI

L'époque du lancement de *La Mode* fut aussi celle d'une rencontre décisive : les pas de Girardin croisent alors pour la première fois ceux d'un autre jeune et talentueux ambitieux, qui aurait pu être son double ou son frère aîné, mais qui sera surtout un ombrageux partenaire. Sans doute Sophie et Delphine ont-elles joué les intermédiaires pour que Balzac entre dans la vie de Girardin. L'écrivain a presque trente ans déjà et ses débuts dans la vie ont été plus que chaotiques. Comme Girardin, il a une revanche à prendre sur une société qui a condamné sa famille, des notables provinciaux, à la médiocrité, presque la pauvreté. Comme lui encore, il aspire à une noblesse qu'il s'arroge en ajoutant la particule au nom hérité de son père, Balzac, déjà le produit d'une pirouette avec l'état civil, puisque François Balzac était né Balssa. Honoré (de) Balzac veut lui aussi devenir quelqu'un, dans une société où, écrit-il, « la noblesse, c'est 500 000 francs de rente ou une illustration personnelle ».

Dans les années 1828-1829, Balzac tire le diable par la queue ; et ce n'est pas faute d'avoir tenté toutes sortes d'entreprises plus ingénieuses et plus infructueuses les unes que les autres. Il fait le même diagnostic que Girardin sur les besoins de son époque. Il y a, écrit-il dans un savant mémoire consacré à l'état de la librairie, une augmentation de la masse lisante et intelligente parmi ses contemporains. La Révolution a aiguisé le goût pour la lecture et, une fois réduite à l'ennui par l'Empire et le retour de la répression, toute « l'imagination européenne se nourrit de sensations qu'elle demande à la littérature comme le Turc demande des rêves à l'opium ». Balzac veut raconter le présent, son histoire récente si agitée, et inventer des moyens de rendre le livre plus accessible ; il veut surtout trouver de quoi vivre dans un moment où la littérature ne rapporte quasiment rien. Les libraires-éditeurs, pour lui d'incompétents marchands de salades, font faillite sur faillite, les livres ne se vendent qu'en très petit nombre, car ils sont encore bien trop chers ; et lui consume sa jeunesse à calculer le montant de ses dettes, dans les moments de liberté que lui laisse son travail acharné.

Le goût du luxe, l'intérêt pour la mode, l'attirance pour la vie mondaine précipitèrent la rencontre entre Balzac et Girardin. Le besoin d'argent chez Balzac rendait les choses plus pressantes encore. Il avait cinq ans de plus que Girardin et déjà une dizaine de livres à son actif. Ses penchants intimes le menaient à hanter les salons, où il faisait retentir un rire généreux et tonitruant. On sait par sa correspondance et la comptabilité véritablement obsessionnelle retrouvée dans ses archives que Balzac était follement épris de décoration, de tapis, de paravents, de miroirs, de vêtements hauts de gamme et d'accessoires divers, telle une canne devenue légendaire par son énorme pommeau, en or enrichi de turquoises, gravé aux armoiries de la famille Balzac d'Entragues — sans aucun lien avec la sienne. Il traînait en outre derrière lui de cuisants ratages commerciaux : Balzac échouait où Girardin réussissait, et même si l'inverse était aussi vrai, la presse allait offrir au romancier une véritable solution de survie.

Quelques années avant leur rencontre, Balzac s'était lancé dans l'édition avec le projet aussi génial que précoce de proposer les œuvres complètes des écrivains classiques en volumes maniables, illustrés et de prix modéré. Il emprunta de l'argent à un ami de son père pour fabriquer les premiers tomes, consacrés à Molière et à

La Fontaine. Les livres ne se vendirent absolument pas et Balzac finit par liquider l'affaire en bradant les volumes au prix du papier. Sa sœur Laurence avait sans doute vu juste quand elle le grondait en l'appelant « monsieur l'entrepreneur ». « Lorsqu'on commence avec rien dans cette partie, lui écrit-elle, il faut pour y faire fortune être une bonne bête ; qui depuis le moment du réveil jusqu'à l'heure du repos n'a qu'une idée : faire bonne mine aux gens, vanter sa marchandise et la vendre à bénéfice. » On croirait lire le portrait-robot de Girardin, et davantage encore dans la suite de cette lettre étonnamment lucide : « Ton imagination ira son train, tu te verras avec trente mille livres de rentes et lorsque l'esprit se met en campagne et fait mille projets, cela renvoie le jugement et la raison ; tu as une bonté et une droiture qui ne te mettront jamais en garde contre les coquineries des autres, que tu croiras aussi francs que toi et de la même loyauté. »

Il fallait que Balzac soit gravement ruiné pour qu'il se résolve à solliciter celui qui, en termes de coquinerie, n'avait jamais cherché à cacher son jeu. De fait, aux dettes contractées pour devenir éditeur s'étaient ajoutées celles entraînées par une deuxième tentative : Balzac s'était lancé dans l'imprimerie, espérant ainsi, par une sorte de concentration proto-industrielle tâtonnante, maîtriser la chaîne de fabrication du livre. Alfred de Vigny le rencontra à cette occasion, en lui confiant l'impression de son roman *Cinq-Mars* pour sa troisième édition ; le portrait qu'il en donne n'est pas très charitable : « C'était un jeune homme très sale, très maigre, très bavard, s'embrouillant dans tout ce qu'il disait, et écumant en parlant parce que toutes ses dents d'en haut manquaient à sa bouche trop humide. » L'imprimerie fut encore un échec cuisant, qui alourdit les dettes de Balzac. Il avait déjà investi, à perte, plusieurs dizaines de milliers de francs essentiellement empruntés à des relations familiales et à son premier amour, Mme de Berny, ange et « soleil moral » de l'écrivain, de vingt-deux ans son cadet.

Ce qui ne le découragea pas de continuer ses expériences dans le domaine des affaires : à peine un an plus tard, Balzac décida de racheter une fonderie typographique dont le propriétaire venait de faire faillite ; il pensait économiser ainsi sur le coût très élevé des caractères dont, comme imprimeur, il devait faire l'acquisition à chaque nouvelle publication.

Comme il l'écrit à un admirateur, sa déception comme écrivain — « le public m'a brutalement prouvé ma médiocrité » — l'avait convaincu d'oublier l'homme de lettres et de devenir « l'homme de lettres de plomb ». Il avait pour cela accepté une fois de plus l'aide de Mme de Berny qui engloutit à son tour une somme considérable dans l'entreprise, liquidée après six mois calamiteux. La mère de Balzac elle-même y laissa des plumes, elle qui dès le départ s'inquiétait de voir son fils torturé par des ambitions plutôt déplacées : « Du courage, Honoré, lui écrit-elle, de l'énergie jusqu'au bout ; à ton âge, l'avenir est encore devant toi. » Entre les lignes apparaissent ses interrogations sur la voie choisie par l'écrivain : « Si tu ne retrouves pas une grande fortune, ce qui est en doute, tu trouveras peut-être une grande réputation, de la gloire : pouvons-nous jamais deviner ce que nous réserve le sort. »

Tout juste rescapé de ces expériences catastrophiques, endetté pour plusieurs décennies, Balzac revient malgré tout à l'idée d'écrire. Il est aiguillonné par Henri de Latouche, rédacteur au *Mercure de France* et futur directeur du *Figaro*, spirituel et féroce Berrichon qui aidera George Sand dans les débuts de sa carrière. Au printemps 1829, Balzac achève la rédaction du premier roman publié sous son nom, mais sans particule, *Le Dernier Chouan* (plus tard réintitulé *Les Chouans*). Succès critique modéré, revenus commerciaux plus que décevants. Seuls 450 exemplaires sont vendus la première année ; l'auteur est tellement démuni qu'il n'est pas même en mesure d'en acheter pour les offrir à ses proches. Le constat s'impose : Balzac doit changer quelque chose à sa façon de vivre.

✧

On imagine la silhouette bien reconnaissable de Balzac, 1,58 mètre, le teint rouge et un embonpoint irrégulier, croiser dans le salon de Sophie Gay celle de Girardin, si évanescente et muette. Introduit sans doute par Latouche dans l'appartement de la rue Gaillon, Balzac y rencontra aussi Lamartine qui se souvient de « son costume qui jurait avec toute élégance, habit étriqué sur un corps colossal, gilet débraillé, linge de gros chanvre, bas bleus, souliers qui creusaient le tapis, apparences d'un écolier en vacances qui a grandi pendant l'année et dont la taille fait éclater le vêtement : voilà l'homme qui valait à lui seul une bibliothèque de son siècle ».

De salon en salon, Balzac observait les mœurs de son temps, recueillait les conversations, se frottait aux grandes plumes du romantisme puisqu'il fit dans ces mêmes années la connaissance de Victor Hugo. La vie parisienne l'absorbait assez pour que Latouche se plaigne de ne jamais le trouver chez lui, rue Cassini, appartement loué tout près de l'Observatoire au nom de son beau-frère pour échapper aux créanciers : « Vous habitez dans les rues, les carrefours, le logement de tout le monde, excepté le vôtre ? » Balzac n'était pas, contrairement à Girardin, un témoin discret mais un convive bruyant et attachant ; hébergé pendant quelques semaines en Bretagne pour se documenter sur la résistance vendéenne, il fascina la baronne de Pommereul qui raconta comment, une fois débarrassé de son « vilain chapeau », elle tomba sous le charme de son grand front « où il y avait un reflet de lampe, de ses yeux bruns remplis d'or, de tout son ensemble, ses gestes, où il y avait tant de confiance, tant de bonté, tant de naïveté, qu'il était impossible de le connaître sans l'aimer ».

Balzac distrayait Sophie tout autant que Delphine. À Girardin, il apparaît très vite comme une nouvelle ressource à exploiter, car l'esprit de sa conversation comme ses fantaisies vestimentaires font de lui une figure paradoxale de la *fashion*. Le journaliste commence par lui ouvrir les colonnes du *Voleur* ; deux courtes fictions y paraissent à l'hiver 1829, sans nom d'auteur évidemment, puisqu'elles sont volées. À cette règle du jeu déloyale, Balzac a fini par se résoudre pour gagner sa vie par la plume en attendant la gloire : « Les artistes font des tableaux pour vivre qu'ils ne signent pas, écrit-il à son amie Zulma Carraud, et des tableaux qu'ils exposent au salon pour se faire un nom. J'en suis là. » Pendant que le romancier rédige pour des libraires des ouvrages alimentaires, souvent en collaboration avec d'autres auteurs désargentés qui parfois l'escroquent au passage, Girardin multiplie les tours de passe-passe qui consolident son emprise sur le marché de la presse. Des deux côtés, ils font l'épreuve de ce qu'on appelle déjà l'industrie littéraire. Pour Balzac, cela peut se résumer ainsi : « La littérature est, par le temps qui court, un métier de fille des rues qui se prostitue pour cent sous. » Vu par Girardin, c'est l'art du bluff, de l'autopromotion, de l'intimidation. Un art lucratif, si on sait bien s'y prendre.

Face à la concurrence, par exemple, Girardin déployait toute une série de parades particulièrement redoutables. Parfois il fallait en venir au procès, voire aux mains quand le duel s'imposait. Mais il perfectionna aussi dès ces premières années à la tête de deux journaux un jeu savant avec ce qui se transformait dans le droit des sociétés. Comme toujours, cela tournait autour de l'affichage ou de l'escamotage de son nom ; une ruse qu'il poursuivrait toute sa vie. Le développement des sociétés par actions et l'invention des sociétés anonymes étaient pour lui une véritable aubaine. Directeur de *La Mode* avec Lautour-Mézeray, il était encore à la tête du *Voleur*. Mais il avait entre-temps fait en sorte de déléguer à d'autres la responsabilité sociale de ce premier journal, ce qui sécurisait son nouvel investissement. En quelques mois, il avait aussi réussi à étouffer dans l'œuf plusieurs nouvelles tentatives d'imitation, en rachetant purement et simplement les concurrents, réduits à une page de supplément offerte aux abonnés du *Voleur*.

En un an, à force d'intuitions justes et de manœuvres douteuses, Girardin va passer de deux à quatre journaux placés sous sa direction. Et dans tous ces titres, Balzac prendra sa part.

✧

Il y avait plus d'une centaine de titres de presse en 1829 quand Girardin et Balzac engagèrent leur houleuse collaboration. Beaucoup étaient fragiles, éphémères, confidentiels ; d'autres très institutionnels, à teneur politique et partisane, n'étaient pas faits pour un écrivain aussi fantaisiste que Balzac. Les deux journaux lancés par Girardin semblaient, eux, partis pour durer. Ils avaient quelque chose de moderne : Selligue, l'imprimeur du *Voleur* et de *La Mode*, fut l'un des premiers à importer en France les presses Stanhope, qui avaient fait leurs preuves en Angleterre, pour le *Times*. Ces machines firent entrer des moteurs à vapeur dans les journaux de Girardin ; la littérature serait leur carburant.

Pendant quelques mois, Balzac essaye sans succès d'obtenir un rendez-vous avec Girardin. Son intermédiaire, l'élégant et influent Jules de Rességuier, poète publié dans *La Mode* dès les premières livraisons, ne parvient pas à mettre la main sur le journaliste, qui est à la campagne. Sans doute Émile avait-il suivi Delphine et Sophie dans leur villégiature de Villiers-sur-Orge, la Maison rouge. Balzac y serait bientôt admis en hôte privilégié, formant avec le couple ce qu'il appellerait, dans ses bons jours, « la trinité de Villiers ». En attendant, Balzac s'enferme pour écrire ; il a mis en route deux projets parallèles, la *Physiologie du mariage* et les *Scènes de la vie privée*. « On ne court pas deux chefs-d'œuvre à la fois », s'inquiète Latouche. Il n'avait pas tout à fait tort : alors qu'il avait obtenu des engagements éditoriaux presque corrects, Balzac prenait du retard et se retrouvait étranglé par les délais : « La plus belle fille du monde ne peut donner que ce qu'elle a, plaidait-il auprès de son éditeur ; mais je ne suis que le très humble serviteur de la muse et cette catin-là a des moments d'humeur. »

C'est alors que le système Girardin entra dans sa vie. Avant toute chose, c'était une question de temps, de vitesse même. Les journaux parvenaient aux lecteurs bien plus vite que les livres, surtout quand le marché de l'édition était encombré par de nombreux intermédiaires peu compétents et que les cabinets de lecture entravaient le commerce de librairie. *Le Voleur* pilla la *Physiologie du mariage* moins d'une semaine après sa parution en volume. L'ouvrage fut d'ailleurs littéralement dépecé par différents journaux ; *L'Album Grandjean,* « journal des coiffures et des modes », alla même jusqu'à voler, pour l'offrir en étrennes à ses lectrices, le chapitre déjà volé par *Le Lutin,* autre journal compilateur qui avait inventé un nouveau titre, « Portrait de femme ». Le journal de Girardin n'était pas le seul, mais il fut l'un des plus constants dans ce tronçonnage, dix fois en quelques mois, en général sans mentionner la source et en recalibrant au besoin les fragments assemblés. Autant de revenus perdus pour Balzac ; mais c'était aussi une façon d'entrer dans la danse et de participer enfin à une affaire qui fonctionnait. Et puis tous ces journaux qui s'arrachaient ses textes faisaient plus pour sa réputation qu'un grand livre qui ne se vendait pas.

Être volé, finalement, c'est déjà être repéré. Et le tourbillon commence pour Balzac qui est entraîné dans la cadence de Girardin. On sent dès le départ que le tempo ne va pas lui convenir. Les morceaux pillés par *Le Voleur* sont repris par *La Mode* — autant de temps gagné pour la fabrication des deux titres, autant de contenu fourni clés en main à un journal par un autre, manœuvre d'autant plus facile que l'imprimeur est le même. En échange, des publicités pour la *Physiologie du mariage* paraissent dans la colonne des annonces : Girardin a dû traiter avec l'éditeur. C'est cela, le siècle des trafics :

la valeur Balzac est à ses débuts. Girardin la teste, puis décide d'investir. L'essentiel est alors de faire vite, avant que le goût du jour ne passe et que d'autres noms ne s'imposent. À la fin de l'année 1829, il commande à Balzac pour *La Mode* le premier texte signé de son nom. C'est la magie propre à la revue *fashionable* : *La Mode* a ce pouvoir de transformer ceux qui y publient en gens du monde ! *El Verdugo*, nouvelle qui sera intégrée dans *La Comédie humaine*, paraît quelques semaines plus tard avec la signature (à particule) d'Honoré de Balzac.

L'auteur sans le sou intègre l'écurie du jeune Girardin, aux côtés d'autres plumes qui nourrissent de bonne littérature la revue des salons. Il faut bien le reconnaître, le bon goût défendu dans *La Mode* s'étendait au-delà des seuls chiffons et la liste des écrivains impliqués dans les premiers mois est impressionnante : Charles Nodier, Victor Hugo, Eugène Sue, Jules Janin et bien sûr Delphine Gay. Girardin avait su repérer chez Balzac une sensibilité à l'air du temps, aux objets, au style, parfaitement compatible avec l'univers qu'il était en train d'inventer pour ses journaux. L'acheteur compulsif de chandeliers et de meubles du meilleur acajou, celui qui pour se défendre de ses dépenses expliquait à sa sœur que « le goût ne se paye pas », se plie aussi avec virtuosité à l'exercice de la forme brève, imposé par le journal.

Ses chroniques sont étincelantes, spirituelles, elles flattent le lecteur tout en se moquant de lui, exactement comme on doit le faire pour briller dans un salon. Sur « Les mots à la mode » par exemple, Balzac livre quelques secrets à moitié fantasques, issus de sa fréquentation du tout-Paris. Lui qui se plaignait dans une lettre à Delphine que « les milliers de quintaux de plaisir qu'on peut récolter dans le monde ne paient pas les billets de la fin du mois » a trouvé, exceptionnellement, comment monnayer sa compétence d'écrivain mondain. « S'occuper de ces mots qui répondent à tout, qui résument tout, vous sauvent d'une discussion et sont comme une monnaie avec laquelle on paie argent comptant » est un sujet de la plus haute importance : « Un homme au courant de la mode des mots se trouve armé d'un immense pouvoir. » Art difficile également car « il faut un tact immense pour deviner ce qu'un mot a de vie, et seul le monde élégant peut sentir l'heure, le jour, la minute, à laquelle le mot est mort ou devient ridicule ». Il faut par exemple dire « il y a du drame » partout sauf au théâtre ; s'écrier « c'est nature » à tout propos, faute de quoi on aura l'air « d'arriver du Monomotapa », et surtout veiller à éviter les mots qui se terminent en -té (objectivité, subjectivité, fugitivité, etc.) ou en -ion (affectation, sensation, inspiration, etc.) si le maître de maison se prend d'envie de parler philosophie en -isme : « Sinon, avertit Balzac, vous pouvez être perdu à jamais, ou passer pour un sot. Les jours de pleine lune, toutefois, vous devez prendre un langage plus clair et dire : le sensualisme s'enfonce par la sensation dans le monde sensible. »

Cette mue médiatique de Balzac ne se fit pas sans mal toutefois. Il y avait quelque chose de miraculeux à être payé à la remise de l'article et non à la publication. Mais d'emblée Girardin imposa un rythme de travail que Balzac ne respecterait pas plus qu'il ne tenait les promesses faites à ses éditeurs. La première lettre de Girardin à Balzac donne le ton ; sous l'en-tête du *Voleur*, quelques lignes griffonnées d'une plume manifestement impatiente lui enjoignent de corriger « en toute hâte » les épreuves qu'il lui adresse et s'inquiètent du retard pris pour l'envoi d'un autre article — la critique d'un livre de Jules Janin qu'il faut à tout prix et rapidement valoriser puisque c'est encore un auteur « maison ». Balzac n'est pas moins agacé : il a griffonné à son tour la lettre en tous sens, rageusement, et fait du verso du courrier le support de comptes frénétiques et de morceaux de prose plus ou moins vengeurs. En travers, barrant le nom du journal, on déchiffre : « Quand la Seine déborde, ils nous parlent de l'estime, quand le pain est cher ils veulent un futur auteur. Des naïfs... »

Ce n'est que le début d'un véritable feuilleton. Bientôt, Girardin cherchera Balzac dans tout Paris, en attente de copie : « Êtes-vous parti, êtes-vous de ce monde M. de Balzac ? » Entre eux, cela ira loin : tout en reconnaissant à Balzac « ses idées pleines d'or », Girardin, excédé par les reproches d'ingratitude que lui oppose l'écrivain, pourra devenir cinglant — « J'ignore si jamais devant vous j'ai laissé tomber le mot : ingrat. Dans tous les cas, je ne comprends pas que vous en ayez gardé le souvenir, car je n'ai pas conservé la mémoire qu'un service m'ait jamais donné à votre égard ce droit d'abuser du passé. » Il ne faut pas le chercher sur la question des brevets et des droits d'auteur, car très vite Girardin sort les dents et alors, au diable l'élégance : « Je n'ai pas plus de fatuité en littérature qu'en amour, répond-il à Balzac qui lui reproche de lui avoir volé une idée de journal, je ne viole ni les femmes ni les auteurs qui défendent leur honneur ! Vous avez raison ; ce ne serait pas digne de moi. » Et pour clouer le bec à celui qui n'a toujours pas compris qu'il ne réussirait jamais dans les affaires, voici ce qu'il dégaine : « C'est ce que tous les parvenus disent à leurs amis, et je ne vous savais pas parvenu. » Sourcilleux, sanguin, colérique, généreux aussi, Balzac se brouillait facilement avec ses amis et les poursuites judiciaires faisaient partie de ses routines. Avec Girardin cela frôlera le duel : « Je me brouille à peut-être me battre avec Émile de Girardin, mais avec bonheur », écrit-il à Mme Hanska ; ou bien, quelques jours plus tard : « j'ai dit adieu à cette taupinière des Gay, des Émile de Girardin et compagnie ».

Rompre, ils en étaient tous deux incapables, durablement en tout cas. Leur collaboration était bien trop rentable ; absolument nécessaire à ce besoin de réussir qu'ils avaient chevillé au corps. En la matière, Girardin était sans doute le plus lucide, lui qui se montrait capable de signer ses lettres les plus vénéneuses par cette formule apocryphe : « amitiés d'ambition ». Ils avaient devant eux des révolutions à mener en commun.

✧

À la veille de juillet 1830, Girardin et Balzac s'affairaient de concert dans ce monde mêlé du journalisme et de la littérature. Il y avait des places à prendre et des affaires à saisir. « Les Césars versaient le sang, offraient des hommes », note, désabusé, Balzac qui poursuit dans *La Mode* son enquête drolatique sur les goûts du jour — intitulée cette fois « De la mode en littérature » —, « nous, nous consommons des intelligences. » Il y a bien une loi du marché dans le monde des idées, l'essentiel est de savoir adapter l'offre à la demande : « Il faut aujourd'hui à ce public fantasque des feux d'artifice en littérature, comme un monde élégant et toujours paré, comme des boutiques brillantes et des bazars magiques. »

À chacun sa fécondité. Balzac enchaîne les articles, harassé et harcelé comme il le sera jusqu'à sa mort précoce à cinquante ans (« j'ai travaillé horriblement et mes débauches sont des volumes », écrit-il en ce printemps 1830 à Zulma Carraud) ; Girardin, à un rythme presque comparable, multiplie les journaux. Souvenons-nous : il n'a pas encore vingt-cinq ans ! Mais le journalisme était son idée mère, se souviendra son associé Hippolyte Auger, et avec lui elle a fait beaucoup d'enfants. Chaque nouveau titre enrichissait le système Girardin car le dernier journal créé capitalisait sur les acquis des précédents, qui eux-mêmes trouvaient dans le nouveau venu un débouché permettant de republier des contenus gratuits. À grand renfort de promotion croisée, d'équipes mutualisées et avec l'appui intéressé de l'imprimeur Selligue, Girardin testait ainsi plusieurs formules à la fois. Il savait aussi moduler avec habileté les conditions de son engagement, ne prenait des risques qu'en les mesurant au préalable. On le comprend à voir ces différents montages : le jeune patron de presse était suffisamment repéré pour être sollicité par toutes sortes de candidats à la création d'entreprise.

Trois mois après avoir lancé *La Mode*, il compte au moins deux journaux de plus à son actif, autrement dit, le début d'un petit empire médiatique. Mais cette fois Girardin agit plutôt en coulisses, réservant à ses deux premiers titres l'essentiel de son énergie et de son influence naissante. Les deux journaux en question, il faut l'avouer, n'ont pas la puissance ni la robustesse de ses propres inventions. Ils sont comme les tâtonnements expérimentaux d'écrivains, d'investisseurs, d'imprimeurs qui cherchent à résoudre une énigme irritante : pourquoi les livres, et tout ce qui se publie, rapportent-ils si peu d'argent, alors même que le nombre de lecteurs, la masse lisante et intelligente décrite par Balzac, s'est accru comme jamais ? « À Paris, tout le monde lit, raconte un journaliste allemand réfugié en France en 1830 : le cocher sur son siège en attendant son maître, la fruitière au marché, le portier dans sa loge, le garçon boucher s'essuie la main sanglante pour ne pas salir la feuille qu'il tient, et le pâtissier ambulant laisse se refroidir ses gâteaux pour lire la gazette. »

C'est une question de prix, sûrement, ou plus largement de débouchés. On lisait à cette époque quarante fois plus de livres qu'on n'en achetait ! L'équipe qui crée *La Silhouette* est bien placée pour le savoir : ils sont imprimeurs-lithographes, hommes de lettres, dessinateurs, artistes, parmi lesquels Charles Philipon et Henry Monnier. Ils sont jeunes, talentueux, sans le sou et pourtant ils ont la certitude que leur production pourrait toucher un public plus large. Le dessin d'actualité faisait partie de la vie politique depuis la Révolution, on était friand de ces chroniques amusantes et irrévérencieuses, qui étaient un peu moins visées par la censure que les livres ou les journaux. Et puis la lithographie rendait les planches plus faciles à reproduire ; acheter des estampes était désormais un passeport pour la bourgeoisie.

Si le marché piétine, c'est que le circuit est encore trop long entre celui qui dessine et celui qui achète l'image ; trop d'intermédiaires, trop d'intérêts prélevés à chaque étape. Le lancement de

La Silhouette, « Journal des caricatures, beaux-arts, dessins, mœurs, théâtres, etc. », repose sur ce pari : fournir chaque semaine un journal qui mettrait l'image au centre et le texte en accompagnement, le tout pour un tarif raisonnable, sans céder sur la qualité artistique ni littéraire. Il s'agit de « périodiser » la caricature, comme Balzac le fera dire à son Illustre Gaudissart. En Angleterre, l'expérience avait été tentée avec succès. Au sein de la petite équipe qui crée *La Silhouette*, Henry Monnier, l'auteur de la vignette du *Voleur*, a vécu plusieurs années à Londres ; il compte appliquer en France les recettes apprises à cette occasion. Leur association est totalement désargentée ; ils se partagent les actions de départ sans être capables d'en verser le premier sou. C'est le genre de coup de dés que rend possible la société en commandite. Ils ont évidemment besoin de renfort, d'où leur appel à Girardin et son comparse Lautour-Mézeray qui entrent au capital et laminent tous les autres intérêts sur leur passage. En échange, *Le Voleur* déclenche la machine de guerre des publicités pour ce nouveau titre, déguisées en articles, *La Mode* annonce dans les formes le lancement d'un journal qui chroniquera la mondanité en images. Le premier numéro paraît le 24 décembre 1829 : c'est un parfait cadeau de Noël pour un lectorat aisé et cultivé — il peut s'y reconnaître dans le miroir ironique d'un premier dessin intitulé « Boutades », qui décrit les « Étrennes 1830 » dans une série de saynètes par quartiers de Paris.

Pour la partie littéraire, les associés pensent à cet auteur qui perce dans les salons et les journaux : le directeur de *La Silhouette*, Victor Ratier, rend visite à Balzac et le convainc de participer à l'aventure. Il y publiera une dizaine de textes, dont de petits morceaux descriptifs qui seront bien utiles une fois recyclés dans *La Comédie humaine*. Balzac signe aussi un magistral plaidoyer en trois volets pour les artistes. La chute est mémorable : « Les sauvages et les peuples qui se rapprochent le plus de l'état de nature savent respecter les êtres *à seconde vue* et chez eux les artistes ont une place au festin, sont protégés par tous. Mais ce phénomène est rare chez une nation civilisée, et le plus souvent quand une lumière brille, on accourt l'éteindre ; car on la prend pour un incendie. »

Balzac et Girardin seront associés d'encore plus près quelques mois plus tard. Est-ce l'évidente mauvaise étoile du premier qui fera connaître au second son premier échec commercial ? Alors qu'il pilote déjà *Le Voleur* et *La Mode*, Girardin lance, cette fois sans Lautour-Mézeray, un journal qui est encore un coup de bluff médiatique. L'idée est de créer une feuille se présentant comme le supplément littéraire des principaux journaux politiques — sans avoir évidemment sollicité l'accord ni même l'avis des titres concernés. *Le Feuilleton des journaux politiques* fait ce calcul : ceux qui lisent la presse politique sont vraisemblablement des électeurs ; on est en régime censitaire, donc ces électeurs sont assez riches pour acquitter le cens et doivent pouvoir aussi acheter des livres, malgré leur coût élevé. Bref, ces lecteurs de journaux, parce qu'ils sont électeurs, sont aussi des lecteurs de livres. Girardin aimait ce genre de syllogismes, qu'il était capable de déployer dans des éditoriaux à rallonge. Il sait aussi que les journaux politiques sont coincés dans un espace étriqué car la censure pèse sur le prix de la page, si bien que tout ce qui concerne la culture et la littérature est réduit à presque rien. L'équipe montée par Girardin offrira à ces journaux leur supplément et, comme son titre l'indique, *Le Feuilleton des journaux politiques* ne sera que l'humble appendice de cette presse prestigieuse.

Retour au brigandage, en fait, mais c'est un four : on claironne dans le prospectus du nouveau journal les noms des principaux titres qu'il est censé compléter. Aucun d'entre eux ne relaie l'information. *Le Feuilleton* ne survit pas au-delà du onzième numéro. Girardin n'y a pas perdu grand-chose. Il a fait en sorte de déléguer totalement la rédaction et même la gestion, a placé des proches à la tête du journal, en se réservant la propriété financière, qui n'est en rien entamée par l'arrêt de la publication. Balzac, lui, a pu expérimenter brièvement les fonctions de rédacteur en chef et en a profité pour s'autopublier : un très grand article intitulé « De l'état actuel de la librairie » fait le point sur la situation du marché du livre. Un véritable rapport, lucide et documenté. L'énigme demeure : comment pouvait-on voir si clairement les choses et échouer aussi systématiquement dans tous ses projets ? *Le Feuilleton des journaux politiques* voulait reprendre les rênes du marché : annoncer la parution des nouveaux livres, les critiquer et même les vendre à prix cassé. Idée trop bonne et trop neuve pour ne pas irriter tous ceux qui profitaient du système. S'y ajoutèrent les disputes à l'intérieur de la rédaction. Balzac et Girardin devaient passer à autre chose.

4

LE MOMENT 1830

La chute de la Restauration, les Trois Glorieuses, le retour de la monarchie : autant d'événements que Girardin traversa avec une distance prudente. C'était la dernière fois. Car bientôt il serait aux premières loges. Les mues se succédaient. Le jeune capitaliste qui n'avait pas froid aux yeux prenait de l'étoffe ; il allait changer de terrain de chasse, passer aux choses sérieuses, laisser la littérature pour la politique. Au départ, la position de Girardin était assez délicate ; comme s'il était tiraillé entre des tendances contradictoires. Au printemps 1830, il dirige plus ou moins directement quatre titres de presse. Chacun affiche une couleur différente et le tout est bariolé. *Le Voleur* est plutôt libéral ; *La Mode* est un organe aristocratique, proche des légitimistes et du pouvoir en place ; *La Silhouette* est clairement antigouvernementale ; enfin, *Le Feuilleton des journaux politiques* héberge quelques plumes saint-simoniennes très exaltées. Le pragmatisme est la seule règle de conduite de Girardin. Et le pouvoir n'a pas de couleur. Mais, dans ce moment où ses appuis sont encore fragiles, le dilemme est le suivant : d'un côté, le tournant de 1830, avec ce nouveau libéralisme qui s'annonce, est une vraie chance pour quelqu'un qui investit dans la presse ; d'un autre côté, le milieu dont il voudrait tant faire partie — celui des particules et des grands noms — s'accommode parfaitement du règne assoupi de la Restauration et de la conservation des acquis.

Pendant les journées de juillet 1830, le père d'Émile, Alexandre de Girardin, reste au plus près du roi Charles X, statue vacillant sur son socle. Il est son grand veneur et l'accompagne à la chasse, que le roi tient absolument à maintenir, sur ses terres de Rambouillet, alors même qu'à Paris on s'agite de plus en plus dangereusement contre la politique du ministère Polignac. Delphine, de son côté, navigue dans les salons les plus proches du pouvoir ; sa mère soigne ses relations avec les têtes couronnées, elle doit à Charles X la pension de sa fille. On avait même rêvé pour la belle « Muse de la patrie » un mariage morganatique avec le roi. L'élégance, la politesse aristocratique, l'esprit de conversation, Delphine a tout appris auprès des nobles amies de sa mère.

Hortense de Beauharnais, fille de Joséphine et mère du futur Napoléon III, lui a autrefois glissé à l'oreille lors d'une promenade autour du lac de Constance les conseils qu'elle avait elle-même reçus de Mme Campan, confidente de Marie-Antoinette. Delphine s'en souviendra quand elle tiendra salon à son tour. Il y a cette loi curieuse, par exemple, qui définit les sujets à aborder en fonction du nombre de convives : à partir de douze personnes à table, on doit parler voyages, littérature ; à huit, beaux-arts ou sciences ; à six, politique et philosophie ; à quatre, choses sentimentales. Seul l'entretien en face à face permet à chacun de parler de soi, car, explique Hortense, « le tête-à-tête appartient à l'égoïsme ». Tout ce monde est évidemment peu enclin au renversement dynastique ; on prête même à Delphine une saillie plutôt intempestive en ces temps de montée de l'opposition. Dans une soirée où elle conversait avec l'académicien Villemain, Delphine se serait agacée : « Je voudrais qu'il vînt un bon despote fermer la bouche à ces bavards de la Chambre. » Pourtant, en juillet 1830, Delphine tombe en défaveur ; dans un poème très officiel (*Te Deum*) qui célèbre la victoire d'Alger — c'est la première colonisation — elle a imprudemment glissé un mot désavouant le culte du drapeau blanc, étendard des légitimistes : « L'Arabe a mordu la poussière / D'un drapeau triomphant qu'importe la couleur ! » Dès le 20 juillet, le ministère de l'Intérieur annonce qu'il lui retire sa pension.

On ne plaisante pas avec les drapeaux. Quelques jours encore et Blanqui exaltera les barricades au centre de Paris : « En avant, soldats de la liberté ! L'armée des ténèbres et de la tyrannie va se dissiper comme la poussière devant les plis de notre glorieux drapeau. »

✧

Au cœur de l'été 1830, le régime de Charles X court à sa perte. Les dernières élections ont amené une majorité écrasante de députés d'opposition ; le roi ne trouve rien de plus habile que de dissoudre la Chambre, renvoyant de nouvelles élections au mois de septembre. Il signe sa propre fin avec cinq funestes ordonnances rendues publiques le 24 juillet. La première déclare tout bonnement que « la liberté de la presse périodique est suspendue ». Les presses et les caractères typographiques ayant servi à la fabrication des journaux pourront être saisis et mis sous scellés. Polignac, chef du gouvernement, paraît sûr de son fait et rassure le roi qui s'inquiète des réactions du côté des journalistes et des députés : « Bah ! bah ! Sire, avec des seringues on fera rentrer tous ces misérables dans leurs tanières. » La tournure que prendront les événements lui donnera très vite tort.

Devant ce qui ressemble de plus en plus à une révolution, Girardin paraît tergiverser. Les journaux sont pourtant en première ligne et parmi eux *Le National*, quotidien tout juste créé qui devient l'organe de la mobilisation. Plus de députés, puisque la Chambre est dissoute ; la presse est le seul lieu où s'exprime l'opinion. Et elle manifeste une exaspération croissante vis-à-vis d'un régime en fin de course. Girardin, lui, hésite encore, au plus fort de la crise : s'il se bat avec les autres journalistes pour défendre la liberté d'expression, qu'en sera-t-il de ses investissements et de ses finances ? Après tout, son début d'aisance est encore fragile et la plupart de ses relations récentes. Il faudrait réussir à y voir plus clair et mieux comprendre où se situe le pouvoir en ces jours troubles : côté Cour, auprès des têtes couronnées et de la noblesse héréditaire, ou côté jardin, là où les fortunes imposantes des nouveaux banquiers favorisent la montée d'une bourgeoisie libérale ?

Où est Girardin quand *Le National* appelle frontalement et solennellement les citoyens, en particulier les « écrivains de journal », à la désobéissance ? Dans un manifeste sonore, sous le titre « Protestation », Thiers fustige un gouvernement qui viole la légalité et qui de ce fait dispense de lui obéir. On est le 26 juillet 1830 et cette diatribe qui déclenche l'insurrection est signée par quarante-quatre journalistes ; on n'y voit pas le nom de Girardin.

Que fait Girardin quand les Français décident de prendre les armes pour défendre leurs libertés ? Quand le directeur de *La Silhouette*, Victor Ratier, repousse depuis son balcon rue de Richelieu les assauts de la garde royale et qu'un des rédacteurs du *Voleur*, à la tête de toute une troupe, fait feu sous la colonnade du Louvre ? Quand Philipon, dessinateur vedette de *La Silhouette*, ne se déplace plus sans son pistolet à la ceinture, le fusil à l'épaule ? Il fait presque peur, raconte-t-on, il est partout, tire partout, tue partout.

On n'a guère de trace de Girardin pendant la fin du mois de juillet. Il ne semble pourtant pas avoir quitté Paris, contrairement à Balzac qui passe tout l'été 1830 avec Mme de Berny, en Touraine, dans cette charmante maison des bords de Loire, la Grenadière, qu'il a louée pour écrire enfin au calme. « Si vous saviez ce que c'est que la Touraine, écrit-il totalement à contretemps à Victor Ratier, on y oublie tout. Je pardonne bien aux habitants d'être bêtes, ils sont si heureux ! » Absent de Paris lui aussi, Sainte-Beuve se lamente dans sa correspondance d'avoir manqué de peu l'occasion de se montrer courageux : « Je suis arrivé trop tard d'Honfleur ; trop tard, car mon lot était de mourir d'une balle honorablement, mais il est écrit que je manquerai en tout ma destinée ! »

Girardin, lui, si l'on veut croire à ses récits d'après-coup, s'est montré véritablement héroïque lors des journées de Juillet. En tout cas, c'était un héroïsme discret. Une fois le régime renversé et le nouveau roi des Français intronisé, il ne lui faut pas plus d'une semaine pour réclamer au général Gérard, le nouveau ministre de la Guerre, une reconnaissance officielle pour ses faits de gloire. Voilà ses prouesses : d'abord, la défense de sa rue et de son quartier. « Je fus l'un des premiers à cheval le mercredi 27, première des trois glorieuses journées, écrit Girardin, et je vous ai constamment suivi le 27 et le 28. » Il a aussi, dit-il, obéi aux ordres de La Fayette dès le déclenchement des événements et mis ses chevaux à disposition des révolutionnaires. Il a même frôlé l'exécution : « Arrêté deux fois comme suspect, place de la Bourse et caserne de la Pépinière, explique-t-il, il m'a fallu défendre ma vie et je l'aurais infailliblement perdue sans mon titre de neveu de Stanislas Girardin. » Opportunément, la particule est ici oubliée, tout comme le lien plus compromettant avec son père Alexandre qui a passé toutes ces journées tumultueuses à Saint-Cloud, auprès du roi Charles X.

C'est d'ailleurs cette autre ascendance qui est avancée de façon un peu plus tortueuse pour motiver la gratification : « Peut-être n'avez-vous pas oublié la proposition de Charles X que je fus chargé de vous transmettre vendredi 29 ? » Girardin aurait donc joué les intermédiaires entre le roi déchu et le nouveau pouvoir. Fallait-il s'en vanter ? Le message confié à Émile par son père de la part de Charles X visait à assurer la transmission du règne au descendant légitime, le duc de Bordeaux encore enfant, en organisant une période de régence. Quel révolutionnaire que cet Émile, avec ou sans particule, capable de s'adapter aux circonstances à la vitesse de l'éclair ! D'ailleurs, la faveur demandée n'en est pas vraiment une : « je ne sollicite pas de place », explique-t-il, avant de décrire sa « fortune engagée dans la propriété de divers journaux qui ont toujours autant qu'il a été dans leur nature concouru aux derniers événements ». Ce qu'il souhaite, c'est une médaille : « Je suis informé qu'un certain nombre de croix seront distribuées et j'ose en solliciter une. »

La démarche échoue : pas de décoration pour Girardin. Il a senti le vent tourner un peu tard ; assez tôt cependant pour donner à sa propre carrière un virage assez spectaculaire.

✧

Septembre 1830 : on entre dans la « Restauration restaurée », comme l'écrit Balzac dans *La Mode* en grinçant des dents. Le roi est déchu, vive le roi ! Dans ce nouvel ordre des choses, il y a des places à prendre. La presse a le vent en poupe, elle a su s'imposer comme contre-pouvoir. Assez raisonnablement toutefois pour rassurer ses investisseurs : les banquiers ont prêté la main au mouvement, Laffitte double La Fayette. Le directeur du *Temps* s'est autodésigné préfet de Paris, les rédacteurs du *Constitutionnel* ont décidé du sort du régime, le quartier des journaux, épicentre des barricades, est avec la Bourse toute proche le cœur battant du nouveau Paris qui compte.

Girardin est rassuré lui aussi. Comme patron de presse déjà très doué en affaires, il voit un boulevard s'ouvrir devant lui. Avec la confirmation que l'époque appartient à ceux qui savent monnayer l'air du temps. Toute une partie du beau monde aristocratique se tient à l'écart de Paris, craignant les répliques des secousses de juillet. C'est un peu la crise de l'élégance et il faut réinventer les règles du bien-vivre. Pour le moment, Girardin doit donner des gages. En octobre 1830, il lance encore un nouveau journal. À combien en sommes-nous ? Cinq, six, sept peut-être, si les archives ne cachent rien, ou bien plus encore, qu'il aurait fait créer par d'autres que lui.

Le nouveau titre doit jouer le rôle d'un passeport pour un avenir politique radieux. En octobre 1830 paraît donc *Le Garde national*, « Moniteur constitutionnel des 40 000 communes de France ». Nouvelle frappe opportuniste : le journal est dédié à l'éloge des bataillons citoyens qui ont fait la révolution de Juillet. La Garde nationale, héritage de 1789, avait été dissoute sous la Restauration. Elle s'est reformée spontanément en juillet 1830, avec des armes et des uniformes d'abord parfaitement hétéroclites. La Fayette, héros de la révolution américaine, en a pris la direction.

Girardin a été nommé brigadier de la Garde nationale après la bataille, au mois d'août, et s'est même vu enrôler dans deux lieux à la fois, Paris et Villiers-sur-Orge. Il entonne à l'automne dans son nouvel organe le couplet patriotique d'un révolutionnaire du lendemain. « La Garde nationale compte assez de faits remarquables pour que chaque jour on puisse en évoquer un, le remémorer et le célébrer dans ses motifs et ses conséquences », annonce le prospectus du *Garde national*. Les rois peuvent tomber, Girardin garde le cap et conserve les recettes éprouvées. L'autopromotion croisée, d'abord, d'un titre à l'autre : la publicité pour le *Garde national* occupe plusieurs colonnes dans *Le Voleur*. Et surtout, une politique de la table rase, façon Attila médiatique : il y avait déjà depuis quelques jours un journal portant le nom de *Garde nationale*, au féminin, sans doute subventionné par le ministère. Le *Garde* de Girardin l'asphyxie littéralement ; trois mois plus tard, il l'absorbe. Mais il ne lui survivra pas plus de quelques semaines ; le temps pour les deux fondateurs — Girardin et l'inévitable Lautour-Mézeray — de s'assurer le patronage de tous ceux qui désormais vont diriger le pays : à la une est publiée la composition du « conseil de direction » qui réunit toute une brochette de membres de la Garde, sergents, colonels, grenadiers et chasseurs, quelques députés. Le journal se place sous la garantie de « trois mille signatures de pairs de France, députés, magistrats, chefs de l'armée, principaux commerçants ».

Le premier numéro propose un jeu-concours. Il s'agit de répondre par un discours en prose à la question suivante : « Prouver l'utilité de la Garde nationale non seulement comme gardienne de la fortune et de la tranquillité publique, mais comme le plus sûr moyen de diminuer les charges de l'État et de faire respecter l'indépendance nationale. » Récompense du gagnant : une médaille d'or de 500 francs à l'effigie du général La Fayette, portant en exergue ces mots : *Émulation nationale*. Efficace publicité politique, mais l'échec commercial du journal, lui, n'était peut-être pas au programme. S'y ajoutent les difficultés financières traversées par les autres titres de Girardin. Et puis la crise est générale ; qui peut payer un abonnement de journal quand le chômage explose, qu'on ne sait pas de quoi demain sera fait et que la consommation est en berne ? *La Mode* en fait tout particulièrement les frais : non seulement les salons se sont interrompus, mais la tonalité légitimiste est devenue fortement intempestive et les beaux fournisseurs du faubourg Saint-Germain peinent à trouver preneurs. L'art de la toilette n'est plus une priorité, beaucoup de riches Parisiens se cloîtrent dans leurs châteaux de province ; « tout le beau monde de Paris se cache, écrit un aristocrate étranger, on va à pied ou en fiacre, tant on a peur de choquer le peuple ».

Qu'à cela ne tienne. En quelques mois, Girardin a tiré les leçons de la crise. Sa carrière doit être politique ; il faut s'imposer au Parlement. Il vend *La Mode* et, avec le capital ainsi libéré, se propulse un peu plus loin au cœur du pouvoir.

5

UN BEAU MARIAGE

Sautons un demi-siècle : dans *Bel-Ami*, la carrière du journaliste Georges Duroy passe par les femmes, d'où ce surnom. Maupassant imagine son apothéose, dans les dernières pages du roman : un mariage en fanfare avec la fille d'un ministre, à l'église de la Madeleine, le tout-Paris massé au pied du parvis surélevé. En face, la Concorde et le Palais-Bourbon. Girardin a rêvé exactement cela : un beau mariage, une alliance brillante, qui assoie sa domination sur le nouveau Paris. Avec Delphine, c'est tout le romantisme qui lui est offert dans la corbeille de noces. Peu de fortune, certes, mais il en fait son affaire. Même Georges Duroy ne peut se vanter d'avoir épousé une Muse. La cérémonie a lieu le 1er juin 1831. Girardin aurait sans doute adoré célébrer le mariage à la Madeleine, mais elle est encore en plein chantier. Il devra se contenter de l'église Saint-Roch ; un cadre moins ostentatoire, dans un Paris plus vétuste et un peu étriqué. Malchance, c'est un jour de pluie. L'assistance est nombreuse toutefois. Ont-ils conscience, tous ces invités du monde de la presse et des lettres, de participer à un rituel de réparation ?

En épousant celui que sa cousine Sophie Allart appelle « le petit faon », cet homme discret et sombre, Delphine tournait la page des espoirs déçus. Lamartine, consulté par Sophie Gay sur ce mariage, l'avait rassurée. Peut-être voulait-il aussi se faire pardonner ses propres hésitations. « Le jeune homme a une de ces physionomies qui domptent les hasards, lui dit-il, et dans le pays de l'intelligence, la plus riche dot est la jeunesse, l'amour et le talent. » Se marier avec Delphine, pour Girardin, c'est faire un pas de plus vers la respectabilité. Mais comme il la payait cher ! Sa situation était devenue plus précaire, les journaux peinaient à retrouver leurs lecteurs avec les turbulences politiques. L'argent tiré de la vente de *La Mode* avait été remployé au lancement, avec Lautour-Mézeray, d'un nouveau journal féminin, *La Vogue*. Le titre était encore en avance sur son temps et annonçait des magazines du futur, en papier glacé et polychromie. Il fallait occuper le terrain de la presse libérale pour dames, puisque *La Mode* se spécialisait décidément dans l'opposition légitimiste. Mais le succès ne fut pas au rendez-vous et le journal rapidement vendu. Lassé de ces aléas, Girardin avait cherché un emploi administratif qui lui assurerait un peu de sécurité. Lui qui se vantait de ne pas demander de place finit par aspirer à quitter Paris le temps que les affaires se stabilisent. Il n'est plus un inconnu à la Chambre où deux rapports signés de son nom sur la liberté de presse ont fait sensation, au point que *Le Moniteur* les mentionne. Lui-même les conservera soigneusement : car le *motto* qu'il y entonne — libérer les journaux, c'est favoriser les affaires, c'est neutraliser l'opposition par le nombre — deviendra un véritable refrain tout au long de sa carrière, jusqu'au vote de la loi de 1881 qui assurera définitivement la liberté d'expression en France.

Girardin a l'oreille de Casimir Perier, le chef du gouvernement, qui connaît son père et que la ferveur de ces plaidoyers libéraux intéresse. Il obtient de lui une nomination comme sous-préfet à Langres. Mais, sitôt connue, l'affectation est annulée : la comtesse de Girardin, épouse du père d'Émile, Alexandre, s'y oppose formellement. La blessure est cruelle pour Girardin. Il a beau se démener pour exister aux yeux du public, accumuler les journaux et élargir son réseau, sa famille ne veut vraiment pas de lui. Se marier, c'est un peu recréer son hérédité. Chez Maupassant, Georges Duroy trouve une solution simple, sur l'instance de Madeleine, sa première femme, pour sortir de l'anonymat : il s'invente une particule, puis deux et une terre familiale. En quelques coups de plume, son nom passe-partout prend la hauteur de ses ambitions : il devient Georges du Roy de Cantel. Émile prit lui aussi les choses à bras-le-corps ; il était hors de question d'épouser Delphine, la plus en vue des femmes de lettres, avec un nom aussi plat que Delamothe. Leur couple, lit-on dans la presse, était « l'alliance de deux paquets de plumes ». Le nom et la particule n'étaient pas négociables.

Code civil, article 70, version de 1803 : « Celui des futurs époux qui serait dans l'impossibilité de se procurer son acte de naissance pourra le suppléer en rapportant un acte de notoriété délivré par le juge de paix du lieu de sa naissance, ou de son domicile. » Voilà à quoi s'emploie Girardin en avril 1831. D'abord, effacer la tache de cette fausse identité : auprès du tribunal de la Seine, il déclare que « son père et sa mère lui sont inconnus, quelques recherches qu'il ait faites pour les découvrir, ainsi que pour savoir le lieu de sa naissance et se procurer l'acte de l'état civil qui la constate ». Page blanche. Espace libre ouvert à la réécriture.

Code civil, article 71 : « L'acte de notoriété contiendra la déclaration faite par sept témoins de l'un ou de l'autre sexe, parents ou non parents, des prénoms, nom, profession et domicile du futur époux, et de ceux de ses père et mère, s'ils sont connus : le lieu, et, autant que possible, l'époque de sa naissance ; et les causes qui empêchent d'en rapporter l'acte. Les témoins signeront l'acte de notoriété, avec le juge de paix. » Girardin réunit donc sept témoins : plusieurs membres de la maison du Roi, où le jeune Émile a fait ses premiers pas parisiens ; Charles Lautour-Mézeray, homme de lettres, domicilié rue du Helder, numéro 20 — c'est l'adresse de Girardin lui-même, celle du *Voleur* et de *La Mode*. S'y ajoute un « propriétaire », Sébastien-Benoît Peytel, acquéreur récent de parts dans *Le*

Voleur, futur notaire, plus tard assassin de sa propre femme. Et puis surtout, M. Honoré de Balzac, « sans profession ».

Un troisième acte d'état civil donc, et cette fois, à vingt-cinq ans, Girardin obtient enfin le droit de porter le nom de son père. Pas de réaction du côté d'Alexandre, qui laisse faire. Désormais, le nom de plume est aussi le nom des deux époux. Au même moment, George Sand doit faire le chemin inverse et pour écrire renoncer à celui de son mari, afin d'apaiser le courroux de sa belle-mère, la baronne Dudevant : « J'espère bien que vous ne mettrez pas le nom que je porte sur des couvertures de livres imprimées ? »

Une fois marié, le couple Girardin quitte Paris dans la foulée ; l'appartement de la rue du Helder est trop étroit pour autant de talents conjugués. C'était aussi une sorte de tradition aristocratique ; la comtesse d'Agoult décrit dans ses *Mémoires* cette habitude anglaise qui entre en usage en France au tournant des années 1830, de « s'exempter de toute représentation le jour de son mariage » et d'aller vivre hors de la capitale les premiers temps de son union. Les mariages à la française, dit-elle : « Un arrangement, un calcul : deux fortunes qui se joignent pour créer une fortune plus grande, deux crédits qui s'associent pour fournir un crédit plus grand. » Delphine emmène Girardin à la Maison rouge, une propriété que Sophie Gay essaye tant bien que mal de conserver malgré son naufrage financier. Pendant quelques mois, à Villiers-sur-Orge, Émile de Girardin fomentera son retour en fanfare à Paris. Dans le monde des lettres, on est partagé entre désolation et curiosité. « Delphine mariée : ô Muses ! » Telle est la conclusion assez énigmatique de Chateaubriand.

✧

« Delphine se trouve fort heureuse d'être aimée à son goût par un mari spirituel et bon. » À Villiers-sur-Orge, Sophie Gay ne cache pas sa satisfaction. Dans une lettre à sa fille, Euphémie, elle décrit ce mariage inespéré, ce gendre plein de promesses. Seule ombre au tableau : ces « maudites révolutions qui mettent toutes les existences en question ».

Cette idylle bucolique et familiale avait pourtant tout d'un sursis. Sophie hébergeait les jeunes mariés dans un domaine qui ne lui appartenait plus vraiment et n'était que la survivance d'un passé plus glorieux. Elle l'avait acheté sous l'Empire, du temps où les fonctions de son mari Sigismond lui assuraient un train de vie plus que confortable. Les chroniques de la Restauration bruissaient alors des soirées mémorables qu'on passait entre beaux esprits dans cette propriété du sud de Paris, bâtie en pierre recouverte de briques, d'où ce nom, la Maison rouge. Le domaine avait d'abord été acquis par Mme du Barry à qui on devait — grand orgueil de Sophie Gay — les panneaux de bois marqueté ornant le salon. Un site ravissant, se souvient l'un des fidèles du lieu : cette grosse maison, seule aile subsistant d'un château disparu, domine un terrain en pente, qui descend vers une rivière après un pont-levis. Une allée de peupliers offre une galerie idéale pour les déambulations poétiques, le soir, au clair de lune. À Villiers, Sophie pouvait jouer les châtelaines ; c'était tout un pan du faubourg Saint-Germain qui s'y retrouvait, car d'autres figures du tout-Paris possédaient des propriétés dans le voisinage. Entourée de ses filles, elle jouait aussi à la fermière ; on imagine les jolies scènes de genre que prodiguaient ces muses jamais avares de vers et d'épigrammes, au milieu des vestiges de l'Ancien Régime. Mais, en 1830, elle n'avait plus les moyens de subvenir à l'entretien de la propriété et s'est résolue à la vendre. Tout se passa bien d'abord, puisque l'acquéreur l'autorisa à en conserver l'usufruit quelques années ; c'est ce qui permit aux jeunes mariés d'y passer leurs premiers mois de vie conjugale, plus d'un an après l'acte de vente. Puis les choses se gâtèrent ; Sophie et sa « langue de feu » se retrouvèrent mêlées dans un procès qui dura plusieurs années et défraya la chronique.

L'été 1831 a dû être particulièrement brillant. La présence d'Émile attire de nouveaux convives. Le fidèle et trop rare Balzac va et vient, de Paris à Villiers, et de Villiers à Longpont, un kilomètre plus loin, où il visite la duchesse de Castries. Ce sont des distractions indispensables, écrit-il, pour préparer auprès du grand monde le lancement de *La Peau de chagrin*, ce roman qui lui coûte ses nuits et ses jours, à grand renfort de café. « Je ne connais rien de plus propre à me délasser de mes *travaux forcés* que l'amitié d'Émile et votre cercle joyeux », écrit-il à Sophie Gay, alors même qu'il décline une invitation. À eux trois, Balzac, Émile et Delphine, la « trinité de Villiers », forment une alliance particulièrement active, qui ne ménage pas son énergie pour faire reconnaître sa grâce et son esprit. Un trio tumultueux, en réalité ; même en cette lune de miel de l'été 1831, Girardin poursuit Balzac — s'il ne vient pas à Villiers, Émile le convoque quasiment à Paris, où il fait des passages réguliers. « Que devenez-vous ? lui écrit-il au mois d'août. Et *La Peau de chagrin* ? » Pendant que le romancier se démène pour placer des critiques dans tous les journaux possibles, de *L'Indicateur* (de Bordeaux) au *Courrier du Pas-de-Calais* — quitte à les rédiger lui-même, car les exemplaires sont distribués au compte-gouttes et les journalistes rechignent à les payer de leur poche —, Girardin, lui, consulte, ausculte, prépare son nouveau projet. Villiers est un camp de base d'où il programme la suite de ses opérations ; il s'y tapit en conquistador.

✧

Créer des journaux a quelque chose d'un art de la guerre. Et ce n'est pas seulement une métaphore. Quelques mois avant son mariage, Girardin a perdu un procès pour contrefaçon. *Le Voleur* était poursuivi par la *Revue britannique*, qui s'estimait dévalisée par la publication de plus de vingt-cinq articles repris sans autorisation. Au tribunal de commerce, Girardin plaida lui-même sa cause.

Vraiment, il n'avait pas peur des paradoxes. Il venait de soumettre deux rapports vibrants à la Chambre des pairs, pleins de leçons de morale : il y décrivait la presse comme un flambeau éclairant la société, organe de tous les intérêts et de tous les partis ; le mot « honorable » revient à toutes les pages. Et le voilà plaidant en personne une cause indéfendable face à un avocat chevronné. Le verdict ne fut pas très surprenant ; Girardin perdit le procès et fut condamné à verser des dommages et intérêts. Cela sonna la fin de son investissement dans *Le Voleur* ; il devait être vraiment aux abois pour se résoudre à vendre ses parts, lui qui avait pour règle de conserver le plus longtemps possible des leviers d'action partout où cela pouvait s'avérer rentable. On l'imagine même saisi d'une colère qui le dépasse ; car la vente de son capital ne se fit pas du tout dans les conditions espérées. Tout ce qu'il retira de ses actions disparut dans le règlement des dettes accumulées chez le propriétaire du local du journal, rue du Helder. Dans les pages du *Voleur*, alors qu'il faisait appel du jugement, Girardin se déchaîna contre l'avocat de la *Revue britannique*. Des propos d'une telle violence que ce maître Dupont le provoqua en duel : ils se battirent en février 1831. Rien de grave apparemment ; tous deux survécurent et les journaux se gardèrent bien de rapporter l'événement.

Marié et replié en Essonne, Girardin pense à une riposte qui est un pas de côté. Il faut trouver pour la presse une nouvelle formule. Quelque chose qui ne froisse pas le pouvoir politique, car le nouveau régime n'a pas l'air beaucoup plus libéral que le précédent. Une idée qui n'expose pas trop non plus aux poursuites ; Girardin a maintenant un nom, presque une famille et il doit tenir les promesses que Sophie Gay a bien voulu voir en lui. L'essentiel est de se ranger du côté des vainqueurs. Or, ceux qui profitent le mieux de cette bascule monarchique, ce sont des gens un peu comme lui : moins des héritiers que des bourgeois, soucieux de faire fortune, des banquiers, des avocats, des notables. On commence à parler d'américanisme, l'argent devient la valeur montante. Pour Girardin, l'équation est vite faite : qui dit circulation des biens dit circulation des idées. Il l'écrit assez clairement : il faut penser « le libre échange intellectuel » comme corollaire du « libre échange commercial ». Et donc voir les journaux comme un magasin d'idées, les pages comme autant de rayons proposant des marchandises de plus en plus variées.

A-t-il fait le voyage à Londres, pour voir ce qui est testé par un certain Lord Henry Brougham, fondateur de la *Society for the Diffusion of Useful Knowledge* (la Société pour la diffusion de savoirs utiles) ? Par ses réseaux et ses conversations de café, il a dû avoir écho en tout cas de cette expérience : la création d'un journal, *Library of Useful Knowledge* (Bibliothèque de savoirs utiles), qui s'adosse à un groupe d'abonnés-sociétaires. Tous ces actionnaires sont réunis par une conception ouvertement utilitariste du savoir : ce fameux *useful knowledge*. C'est le principe du « magasin » — on dirait aujourd'hui magazine. Lord Brougham et son associé Charles Knight plaident pour l'abaissement des « taxes sur le savoir ». Ils créent aussi le premier journal à bon marché ; *The Penny Magazine* prend tout simplement le nom d'une pièce de monnaie et le succès est phénoménal.

Commercialiser les connaissances : l'idée traîne un peu partout depuis quelque temps. Scientifiques et vulgarisateurs s'y sont attelés avec plus ou moins de succès. Girardin s'en empare avec une énergie qui écrase toute concurrence. Étant lui-même autodidacte, il sait ce que cela représente d'arracher son éducation seul et en désordre. Sur ce principe est lancé à l'automne 1831 le *Journal des connaissances utiles*. On peut se représenter la stupeur d'un certain comte Charles-Philibert de Lasteyrie, philanthrope et agronome, directeur depuis cinq ans du *Journal des connaissances usuelles et pratiques* (nom complet : « Recueil des notions immédiatement utiles aux besoins et aux jouissances de toutes les classes de la société, et mises à la portée de toutes les intelligences »). Comme toujours, Girardin voit grand et vise haut. Ce nouveau journal est la tête de pont d'une entreprise beaucoup plus vaste : il s'agit d'investir partout où il faut des savoirs et de l'industrie. Pour l'heure, la priorité est de réunir non seulement de bonnes plumes, mais aussi des capitaux, en allant chercher plus loin que les seuls actionnaires. Voici le montage : les abonnés seront sociétaires d'une fondation de droit privé, la Société nationale pour l'émancipation intellectuelle. Girardin a démarché furieusement, en plus haut lieu. Il a fait le siège de la Chambre des députés et obtenu cent huit signatures de soutien, dont celle de Guizot — un nom qui est un véritable investissement d'avenir. Plusieurs pairs de France ont accordé leur appui. S'y ajoute un impressionnant réseau sur tout le territoire national : avant de lancer le journal, Girardin a recruté les abonnés en leur proposant de participer à cette société au nom ronflant. La campagne publicitaire est phénoménale. Une véritable fortune y est investie, cela fait scandale, on n'a jamais vu cela : prospectus en tout genre, affichettes laissées chez les libraires, placards publicitaires dans les journaux.

Le lancement prend l'allure d'une véritable opération d'administration publique ; les fonctionnaires sont les premiers visés par Girardin et son équipe car ils peuvent convaincre leurs collègues et administrés. Tout abonné qui en recrute à son tour plus de vingt-cinq se voit accorder le statut de correspondant, qui donne droit à des réductions. Et la majorité des trois cents correspondants sont des employés des préfectures, des douanes, des postes. Le système Girardin quitte la Chaussée-d'Antin pour s'adresser, promet le journal, aux classes intermédiaires et industrieuses. On l'appellera le « Napoléon de la presse » : cette campagne-là est d'ambition nationale.

✧

Cette fois nous y sommes, la fortune de Girardin est faite. Le *Journal des connaissances utiles* affole les compteurs. Le nombre d'abonnés explose et le contenu est à la hauteur des ambitions du jeune propriétaire — il n'a toujours que vingt-cinq ans ! Pour un coût jamais vu tant il est bas, le mensuel propose des articles plutôt austères et d'une fiabilité garantie par les grands noms dont Girardin s'est entouré. Le comte Charles-Philibert de Lasteyrie lui-même, apparemment sans rancune, s'occupe de la rubrique éducation et toutes sortes d'aristocrates prennent en charge les différents domaines. Au rayon médecine, on trouve le célèbre docteur Koreff, l'ami de Humboldt et Schlegel, qui soigne tous les romantiques et même la Dame aux camélias.

Dès sa deuxième année d'existence, le mensuel plastronne ; son sous-titre enfle, il devient le journal « indiquant à tous les hommes qui savent lire leurs devoirs, leurs droits, leurs intérêts, comme citoyen, père de famille, juré, garde national, contribuable, électeur communal, conseiller municipal, électeur et éligible, consommateur, propriétaire, fermier, fabricant et commerçant ». Un véritable manuel de vie pratique où l'on peut trouver à la fois les secrets de la fabrication du sel de cuisine, un remède contre les brûlures, la recette pour produire sa propre poudre dentifrice, ou un moyen pour retarder la germination des pommes de terre. Chaque mois sont publiés des extraits des lois les plus récentes, commentées dans un style qui doit les rendre accessibles à tous (rubrique « Le droit mis à la portée de tout le monde »). Des schémas accompagnent les articles plus techniques — « nouvelle fermeture de sûreté pour les portes », ou « moyen simple de ramoner les cheminées dans les campagnes sans exposer la vie de celui qui se tient au bout de la cheminée, pour peu qu'il perde l'équilibre ».

Girardin envoie sur les routes de France le secrétaire général du journal, Laurent-Joseph Boutmy, pour vérifier que les abonnés sont bien livrés partout car le service des postes est parfois fantaisiste. Étonnant personnage que ce Boutmy, dont le fils Émile — filleul de Girardin — fondera en 1871 l'École libre des sciences politiques

(Sciences Po). Ancien instituteur converti au journalisme et à l'affairisme, Laurent-Joseph Boutmy est l'homme à tout faire de Girardin ; pour le *Journal des connaissances utiles*, il doit activer partout en France le versement de certains abonnements qui se font attendre. Mais cette tournée de 4 500 lieues est plus ambitieuse encore : le but est de repérer les besoins locaux, notamment éducatifs et institutionnels, ou agricoles. Car la mission des membres de la Société nationale pour l'émancipation intellectuelle est immense : « résoudre le problème de l'éducation morale, politique, agricole et industrielle du peuple des villes et des campagnes ». À Charenton-le-Pont, par exemple, le maire décide d'organiser un cours gratuit dont les leçons seront puisées dans le journal ; le maire de Montbarrey, dans le Jura, fait de même et on ne saurait trop encourager ces initiatives, estime le journal : « Quand on a la volonté du bien, il faut surmonter la crainte de paraître ambitieux en se rendant utile, et accepter de s'exposer à l'envie, puisque nul n'échappe à la médisance. »

On voit bien comment le montage inventé par Girardin facilitait toutes sortes de fructueuses glissades : avec l'argent des sociétaires, aidé par une gigantesque machine à diagnostiquer les besoins et les opportunités du moment, il investit dans différentes entreprises parfois rocambolesques. On le voit financer une école d'agriculture en Bretagne, à Coëtbo, gratuite pour les nécessiteux, qui promeut des méthodes tellement novatrices qu'elles feront la joie des caricaturistes, à défaut de donner des preuves en termes de production. Il soutient une invention censée révolutionner la technique du portrait — le physionotrace, qui fait long feu —, puis se trouve engagé dans d'obscures transactions financières autour du lancement d'une exploitation minière à Saint-Bérain, en Saône-et-Loire — opération aussi douteuse que profitable, qui se soldera par un interminable feuilleton judiciaire.

Ce nom de Girardin pour lequel il a tant combattu est maintenant celui d'un homme d'affaires, pris dans le tourbillon d'une société transformée par la révolution industrielle. En quelques mois, il a gagné les moyens de s'installer de nouveau au cœur du Paris qui monte, rive droite évidemment. Rue Saint-Georges, dans un quartier en pleins travaux, il acquiert un hôtel particulier à la hauteur de son nouveau statut. Delphine pourra y dominer avec lui les conversations, et le couple Girardin entame son règne pour les vingt ans à venir.

6

UN SALON DE LA RIVE DROITE

Ce fut un arrachement pour Sophie Gay : laisser partir sa fille Delphine, joyau de son salon. Pendant les longs mois de travaux rue Saint-Georges, le couple Girardin vit encore avec Sophie à Paris, dans le logement exigu de la rue de Choiseul. On y croise Balzac, mais jamais assez : « Dites au petit Émile que je suis toujours son ami », écrit-il quand il ne peut répondre aux invitations pressantes qui lui sont régulièrement adressées par les « hermites », mère et fille. Le tout-Paris observe avec intérêt l'installation de ce couple inhabituel, fondé sur un partage de puissance et de notoriété. Delphine peut sembler éclipser, du haut de son imposante stature de Muse, le pâle et frêle Girardin. Une pièce anonyme circule dans les journaux : elle est signée « Aristophane » et campe Victor Hugo visitant l'atelier de Curtius, le fabricant de cires. Hugo y reconnaît Balzac, « blêmi par l'orgie », Jules Janin, « à peine convalescent d'une ambition rentrée », et puis « la belle *Muse de la Patrie* », « avec son bienheureux époux, qui se pend à sa robe pour aller à la postérité ». Hugo approuve cette composition : « Il est de fait que le nom d'Émile de Girardin ne manque jamais de s'accoler à celui de Delphine Gay !
— Est-ce qu'il vient aussi se faire couler en cire, le mari ? »

Cette position de « mari de » est plutôt bien pensée. Émile brille par procuration et trouve beaucoup de bénéfice à demeurer en coulisses. Delphine est un signe extérieur de richesse, comme leur nouvel hôtel de la rue Saint-Georges. Tout se passe au mieux. Sophie Allart, la cousine de Delphine, le raconte à une de ses amies dans une lettre de la fin de 1832 : « Delphine, Émile et son journal vont très bien. Ils viennent d'acheter voiture, chevaux, maison, tout cela grâce aux *Connaissances utiles* à 4 francs par an. Vous voyez par ce qu'elles produisent au journaliste qu'elles sont aussi fort agréables. »

Après un court passage par la rue Louis-le-Grand, le couple emménage donc dans ce bâtiment de la fin du XVIIIe siècle, unanimement célébré pour sa grâce néoclassique. On est séduit par la ravissante cour circulaire qui occupe tout le bas de la rue Saint-Georges, et par le faste de l'aménagement intérieur, tout de marbre, de boiseries et de bronze. Delphine quitte sa mère, mais sa sœur, la comtesse O'Donnell, est désormais plus proche d'elle, qui vit au numéro d'à côté ; les yeux noirs de cette Élisa sont déjà légendaires et fascinent plus d'un écrivain, le fringant Eugène Sue en particulier. Quant à Émile, il est désormais le voisin de quelques noms qui comptent particulièrement pour lui : James de Rothschild habite à deux pas, ainsi que le banquier Laffitte, qui a l'honneur rare de vivre dans une rue à laquelle on a donné son nom. Symbole éloquent, le tout jeune patron de presse se rapproche au plus près des barons de la banque et le monde des lettres suit avec joie cette migration.

Delphine aurait rêvé que sa mère s'installe avec elle dans cette nouvelle maison. Mais les choses se sont envenimées, la jalousie de Sophie vis-à-vis d'Émile est attisée par des amis mal intentionnés. La séparation s'est finalement imposée, brutale et subite. Delphine en fut bouleversée et Sophie s'effondra. Elle sortait avec difficulté de son lit pour dîner en ville et Marceline Desbordes-Valmore en garde un souvenir épouvanté : « Elle est accablée de douleur et pleure plus qu'elle ne parle. Delphine l'a quittée depuis cinq jours. Leurs destinées sont séparées, la voilà seule loin de cette gloire qui la consolait de toutes les siennes mourantes. »

✧

Rue Saint-Georges, c'est tout un partage des rôles qui s'installe ; le couple Girardin pourra changer de décor, l'alliance a désormais trouvé son équilibre et une dynamique de conquête irrésistible. On ne sait pas s'il est vraiment question de bonheur conjugal. Sous la gaieté mondaine indispensable à toute conversation de salon, Delphine dissimule une mélancolie tenace dont les poètes Lamartine et Vigny sont les confidents discrets. « Êtes-vous heureuse ? » lui demande tout à trac son ami Alphonse, quelques mois après son mariage. Rien n'est moins sûr et il fouette son courage : « Soyez un million de fois heureuse et toujours poète. » Émile, de son côté, est trop affairé à réussir pour s'attarder à la question du bonheur. À force de sillonner Paris et de démarcher à droite et à gauche, il manque de se casser vraiment le cou et se tire avec une jambe fracassée d'un accident de tilbury. Delphine est blessée à la main et Balzac s'inquiète pour elle — « cette main ne me sort pas de la tête ».

Mais l'important, en ce mois de mars 1832 où Paris se calfeutre contre l'épidémie de choléra, c'est ce chiffre qu'Émile ne perd pas une occasion de révéler à la cantonade : « J'ai dépassé quarante mille » (abonnés au *Journal des connaissances utiles*). Dans les hôpitaux, on compte les malades : « Douze cents par jour », rapporte en avril le comte Apponyi, attaché de l'ambassade d'Autriche ; le docteur Koreff ne sait plus où donner de la tête, Broussais s'affaire autour du président du conseil Casimir Perier, qu'il ne parviendra pas à sauver malgré force sangsues et glace pilée. « On ne comprend rien à cette maladie, les médecins sont au bout de leur latin », s'inquiète Apponyi. « Le *Journal* compte en ce moment cent trente mille abonnés, triomphe Delphine en décembre, et cela sans charlatanisme ! »

Le salon de Mme Gay de Girardin s'impose très vite parmi les lieux qui comptent. Ce n'est pas la simple réplique de celui de sa mère ; les temps ont changé et la rue Saint-Georges est au cœur de cette évolution. Le cercle s'est élargi au monde de la politique, bien au-delà des noms à particule. Guizot et Thiers font partie des habitués. On y parle toujours littérature ; à Balzac et Hugo se joignent assidûment Théophile Gautier, bientôt Alfred de Musset et surtout Eugène Sue qui possède un talent comique apparemment indépassable. Delphine est devenue, selon sa rivale Marie d'Agoult, une des « trois blondes » qui dominent Paris. On sent que le rythme a changé lui aussi : la calme muse des premiers romantiques est emportée par l'excitation affairiste qui règne à la Chaussée-d'Antin. À Lamartine, elle raconte les succès de son jeune mari et son exaltant projet d'école agricole : « Vous seul pourriez comprendre l'idée gigantesque qu'il va exécuter, je crois que vous seriez enthousiasmé de son plan. Il faudrait des pages pour vous raconter tout son projet ! » « Restez poète », lui écrivait Lamartine ? Il n'est plus temps, car rue Saint-Georges on dirait que la prose l'a emporté pour de bon : l'année même de son mariage, Delphine publie pour la première fois un roman, *Le Lorgnon*, premier texte signé de son nom d'épouse. Ce ne sera pas le dernier. On ne sort pas indemne de cette vie avec un homme pour qui les mots sont pesés au comptant.

Girardin prend-il le temps de s'asseoir au milieu des brillants convives de son salon ? On peut en douter : quelques mois après le *Journal des connaissances utiles*, il crée encore une rafale de titres. Avec une même stratégie : exploiter le créneau de l'éducation, cette nouvelle obsession de la monarchie de Juillet. Vigny l'écrit à sa façon : « L'amélioration de la classe la plus nombreuse et l'accord entre la capacité prolétaire et l'hérédité propriétaire sont toute la question politique actuelle. » En bref, le peuple monte en graine et l'y aider peut rapporter gros. Le nombre (de lecteurs) fait la force. À chaud, comme poussé par l'urgence de valoriser au plus vite les bénéfices amassés, Girardin court un véritable troupeau de lièvres à la fois.

✧

On dirait que la fortune de Girardin ne survit que dans le mouvement. Les abonnés-sociétaires du *Journal des connaissances utiles* sont encouragés à verser une « souscription volontaire » ; pas moyen de les y contraindre. Il faut les convaincre quasiment au jour le jour, présenter leur investissement comme un geste à la fois rentable et philanthropique. Face au choléra, qui en 1826 a fait son apparition en Inde avant de gagner l'Europe quatre ans plus tard, la Société nationale pour l'émancipation intellectuelle développe par exemple une sorte de mutuelle : sa « caisse de prévoyance », idée pionnière, soutiendra les familles d'abonnés qui se trouvent privées de ressources à la suite du décès d'un de leurs membres. L'institut agricole de Coëtbo, lui, doit accueillir gratuitement les enfants (mâles) des abonnés.

Girardin n'a pas du tout le temps de tomber malade. Il est bien trop occupé à faire le bien, et surtout à le faire savoir. Est-il sincère ? Le comte Apponyi a failli le croire : le croisant dans une élégante soirée chez la marquise de La Bourdonnaye, il échange avec lui quelques mots qui le laissent perplexe. « Ce blond qui est le mari de Delphine Gay est aussi le même qui publie le *Journal des connaissances utiles*, explique-t-il à l'un de ses amis. Il m'a dit dernièrement qu'il ne publiait ce journal que dans l'intérêt du pays et que, par conséquent, il n'était pas trop sûr d'en tirer des bénéfices. » Mais il apprend peu après, « de très bonne part », que les frais de publication ne représentent que la moitié des recettes rapportées par la vente ; l'affaire est donc évidemment rentable. Il est vrai que les bénéfices sont immédiatement réinvestis dans toutes sortes de projets qui bravent la quarantaine imposée contre l'épidémie. Delphine doit en avoir la tête qui tourne, elle qui s'inquiète pour ses proches et surtout pour Balzac, encore plus invisible que d'habitude. Le pauvre est souffrant : pas du choléra, mais d'un curieux abcès au visage qui le contraint au confinement. « Figurez-vous, lui écrit-il après coup, que j'ai été, moi si beau, cruellement défiguré pendant huit jours, et cela m'a paru curieux d'être plus laid que je n'étais. »

Girardin lance coup sur coup : un nouveau journal à destination des instituteurs, le *Journal des instituteurs* ; une série de livres à bon marché qui remporte un succès massif exactement là où Balzac avait échoué, Le Panthéon littéraire ; une collection de cartes géographiques abordables, l'Atlas portatif de France ; un vrai « magasin » à l'anglaise, le *Musée des familles* (« Lectures du soir »), qui aligne les signatures prestigieuses de Jules Janin, Charles Nodier, Victor Hugo, sans oublier l'inévitable Sophie Gay ; enfin un intrigant *Almanach de France* dont l'ambition — « Santé, bien-être, savoir pour dix sous » — s'avère payante : plus d'un million d'exemplaires vendus en quelques mois. La Société nationale pour l'émancipation intellectuelle chapeaute tout cela ; pour l'*Almanach*, qui délivre deux fois par an toutes sortes de calendriers, échéanciers et autres tableaux statistiques, la rédaction s'adosse à trois « conseils de perfectionnement » qui listent des dizaines de noms hautement recommandables. À la lettre D, on ne peut manquer celui, en majuscules, DE GIRARDIN (Émile), « secr. de la Soc. pour l'émancipation intellect. ».

Ce n'est pas tout. Girardin brasse large, rien ne l'arrête dans ces trafics de papier ; il glisse tout naturellement vers les affaires de banque. Il ira loin dans ce sens, pas loin de la prison même, mais pour l'heure son action est encore modeste et d'allure toujours désintéressée : au fondateur des Caisses d'épargne, Benjamin Delessert, il propose d'apporter un important appui logistique. Pas directement des fonds, mais du matériel, qui permettra de soulager les investisseurs et de propager le principe d'une épargne populaire. Reconnaissance vibrante du banquier Delessert devant ses administrateurs : « Nous devons faire une mention particulière des soins que M. Émile de

Girardin s'est donnés dans le *Journal des connaissances utiles* pour propager les caisses d'épargne : il en a fréquemment entretenu ses lecteurs et il a fait des efforts pour encourager la formation de ces caisses dans les villes où il n'en existait pas et leur a offert de leur fournir gratuitement une collection de registres, de livrets et des imprimés nécessaires. »

Voilà Girardin adoubé au rang des personnes « qui concourent à atteindre le but commun de propager l'esprit d'ordre et d'économie ». Bien. Mais tout le monde n'est pas dupe. Une sorte de cellule d'observation se constitue du côté des journaux de caricatures ; on ne le lâchera plus jusqu'à sa mort et même au-delà.

La prochaine étape sera électorale.

7

L'ÉTERNEL CANDIDAT

À force de vouloir le bien pour tous, de se soucier d'éducation, d'agriculture et d'épargne, de militer pour la liberté de la presse et l'amélioration des réseaux de communication, à force de vouloir monter toujours plus haut, avec toujours plus de fortune et d'influence, Émile de Girardin en venait forcément à viser les lieux où les choses se décident : il lui fallait une place en politique. Lui se voyait sûrement déjà ministre ou chef de gouvernement. Il y a des blocages que seule une carrière politique peut lever, tels le tarif des taxes, le montant des subventions publiques, le contrôle des participations industrielles, les tours de passe-passe juridiques, la censure évidemment. Diriger des journaux, diriger les hommes, pour Girardin c'est un peu la même chose. Lui qui ne sait pas prendre la parole en public ne fait pas la différence entre un article publié et un discours prononcé à la Chambre. Il le dit tout à fait clairement à Lamartine, après l'avoir félicité chaudement pour un article donné au *Journal des connaissances utiles*. Le poète hésite, à tort selon lui, entre politique et littérature : « Il vous serait facile d'occuper la place réservée dans un gouvernement représentatif à tout homme de génie auquel il ne manque ni raison ni conscience. » Ce qui manque à Lamartine, selon Girardin, c'est un journal, c'est là où l'on travaille le mieux l'opinion : « Le public est souvent dédaigneux, plus souvent encore oublieux, il est rarement injuste. Les journaux sont le pain quotidien de l'esprit, comme pour la cuisson du pain il faut un four chauffé à l'avance, pour l'effet d'un article il faut cette publicité dont l'ardeur est entretenue par la périodicité. »

En ce qui concerne Girardin, devenir député n'est pas si simple. Il n'appartient à aucun parti, il n'a pas non plus d'attache régionale, et son charisme semble douteux. On est loin du magnétisme de Lamartine, dont les contemporains admirent le visage inspiré, les cheveux « frissonnants », les gestes parfaits et surtout un verbe qui fait autorité. Quand il parle, c'est « comme un dieu qui vaticine » en lui. Rien de tel chez Girardin : effacé, avec la retenue du petit faon, le regard légèrement oblique, l'apparence juvénile, il a la manie de se taire et de dissimuler ses pensées — tout cela n'en fait pas le candidat idéal. À son actif, il y a toutefois la richesse et surtout la propriété, conditions à toute candidature en régime censitaire. Sans oublier un réseau politique dont Thiers est le rouage essentiel.

Girardin se lance, il choisit Bourganeuf, dans la Creuse. Pourquoi là ? Le génie du lieu, une attache sentimentale ? Les raisons de ce choix sont sûrement stratégiques et Thiers a dû y jouer un rôle : ministre de l'Intérieur, il garde la main sur les nominations. Mais la principale raison de Girardin est liée à ce calcul : la circonscription de Bourganeuf est l'une des plus petites de France. Le nombre d'électeurs y est spectaculairement faible : moins de cent cinquante ! Que représente ce chiffre de cent cinquante pour un patron de presse habitué à compter les abonnés par dizaines de milliers et que le démarchage n'a jamais effrayé ? Il pourrait presque faire du porte-à-porte. Au cœur de l'été 1833, sa campagne commence. D'abord en sous-main, pour éliminer la concurrence : Girardin fait jouer ses relations pour que soit proposée au député en place à Bourganeuf une fonction de président de la cour d'appel de Limoges. Dès l'automne, il n'a plus de rival, la voie est libre. Puis il crée un journal ; *Le Chercheur* commence à paraître à Bourganeuf dans l'année 1834.

C'est un hebdomadaire dominical qui flatte les lecteurs creusois avec de belles signatures issues des salons parisiens — la duchesse d'Abrantès, amie de cœur de Balzac, y publie de courtes nouvelles.

Reste un obstacle majeur ; mais Girardin n'y voit qu'un détail. Juste un nouveau compte à régler avec l'état civil.

✧

Sous la monarchie de Juillet, le droit de vote avait été étendu mais restait conditionné par la fortune et par l'âge. Il fallait avoir vingt-cinq ans pour voter et trente pour être élu. Selon ses trois actes d'état civil, qui concordent sur ce point, Émile Delamothe/Girardin est né le 22 juin 1806. Les élections législatives ont lieu, hasard du calendrier, la veille de son anniversaire, le 21 juin ; nous sommes en 1834 et le jour du vote Girardin aura vingt-huit ans moins un jour. Il est décidément trop jeune.

Une poignée de témoins plus fidèles que sincères défile une fois de plus au tribunal de la Seine ; il y a Laurent-Joseph Boutmy, l'associé en affaires de Girardin, le comte O'Donnell, neveu de Delphine, et surtout plusieurs anciens pensionnaires de la famille Choisel, qui attestent avoir connu Émile dans cette pension des Invalides en 1804. Il avait alors — ils en font le serment — au moins dix-huit mois. Ces déclarations ne convainquent pas tout à fait les juges, qui enquêtent, hésitent puis finissent par produire le certificat nécessaire, un mois avant le scrutin : « L'époque de la naissance du sieur Émile de Girardin est et demeure fixée à la fin de 1802. » Girardin gagne quatre ans d'un coup : il a trente-deux ans et est éligible. Mais le ver est dans le fruit : un doute demeure sur la véritable date de naissance du candidat, puis de l'élu. En septembre 1834, *Le Figaro* consacrera toute une page à « Quatre procès de M. Émile de Girardin, membre de la Chambre des députés » — quatre poursuites dont il se tire quasiment indemne, bien qu'un avocat souligne pertinemment que « le système de M. Émile de Girardin consiste à faire semblant de vouloir payer tout le monde et à ne payer personne ».

Ce système Girardin s'exporte donc à Bourganeuf. Il lui faut une adresse locale pour valider la candidature. Avec l'aide de Boutmy, le couple fait l'acquisition d'une propriété située sur les hauteurs de la ville, au-dessus du Verger, l'une des trois rivières traversant Bourganeuf. Ce n'est pas tout à fait un château mais un peu plus qu'un manoir, une grosse maison qu'on appelle aussi le Verger. À la veille du scrutin, les journaux diffusent des extraits de la circulaire envoyée par Girardin aux électeurs. Au moins, on ne pourra pas lui reprocher de formuler des promesses impossibles à tenir : « Je dois vous en prévenir, Messieurs (*les femmes sont évidemment hors jeu*), mes opinions ne seront pas systématiques. Je ne m'en tiendrai qu'à mes idées et je leur serai d'autant plus fidèle que, si je suis élu, elles auront obtenu vos suffrages. »

Malgré tout, Girardin est élu très largement : 110 voix sur 130 suffrages exprimés ; il entame sa carrière parlementaire, qui sera aussi longue que hasardeuse.

✧

C'est encore une nouvelle installation pour les Girardin. Leur vie se partage désormais entre l'hôtel de la rue Saint-Georges à Paris et le Verger, à Bourganeuf. Cela n'a pourtant rien d'une villégiature : Girardin délocalise et intensifie l'agitation permanente qui est son mode de vie ordinaire.

Tout porte à croire que le couple avait alors largement dépassé l'époque de sa lune de miel. En mai 1832, Sophie Gay invitait encore les proches à fêter le premier anniversaire du mariage de sa fille ; au poète Jules de Rességuier, elle proposait ainsi de venir célébrer « le bonheur de jeunes mariés qui ont la bonhomie de s'aimer aujourd'hui comme ce jour-là », et de « leur dire qu'il est ridicule de dépasser ainsi les mois de miel ». On pouvait alors feindre de croire à un mariage heureux. « Vendredi soir nous célébrons en famille l'anniversaire de ce mariage auquel vous assistâtes, écrit plus sobrement Delphine à Balzac. Venez, nous ne pouvons nous passer de vous. » Alibi inventé par Balzac pour décliner une fois de plus l'invitation : il avait été victime à son tour d'un accident de tilbury et violemment « mis en contact avec les héroïques pavés du susdit juillet ». « Je regrette bien vivement de ne pas pouvoir célébrer ce doux anniversaire, écrit-il, mais comme j'espère ne pas mourir encore j'aurai le bonheur de vous voir aussitôt que je pourrai sortir. »

Un an plus tard, les choses avaient changé. D'abord, Delphine tomba malade : elle qui avait échappé au choléra était atteinte de la petite vérole. À son tour de passer plusieurs semaines confinée et défigurée. Elle fut soignée par sa sœur Élisa O'Donnell et le docteur Cabarrus, l'ami d'enfance de Girardin. La Muse en sortit épuisée, guérie mais « aveugle et laide », comme elle l'écrit à Lamartine. Faut-il voir un lien avec la maladie si, à l'été 1833, Girardin ne vivait plus avec Delphine rue Saint-Georges ? Il passa plusieurs mois hors de Paris, avec la comtesse de La Bourdonnaye — celle-là même chez qui le comte Apponyi l'avait rencontré. Tout Paris le savait et le taisait. On en trouve à peine l'écho discret dans la correspondance entre Delphine et Balzac : début juillet, elle invita son ami pour son dernier lundi de la saison — le salon de la rue Saint-Georges avait son jour et c'était celui-là. « C'est lundi prochain mon dernier jour. Émile part pour la Bretagne la semaine prochaine. » Quatre mois plus tard, Balzac retourna rue Saint-Georges et l'annonça à son amie Zulma Carraud, qui avait pris en grippe le couple Girardin et supportait mal les liens qui l'unissaient au romancier : « Le mari de Delphine revient de Bretagne. » Les Bourdonnaye avaient leur fief à Pontivy et Girardin y avait disparu tout l'été. Les liaisons de Girardin ne faisaient que commencer. Comment aurait-il pu s'en tenir à un seul foyer, une seule femme, alors qu'il ne concevait la réussite que dans le nombre et l'accumulation des conquêtes ? La prouesse de Girardin était de parvenir à garder ces autres vies dans l'ombre. Bien plus tard, il aura la police des mœurs à ses trousses et les archives parleront pour lui, mais en 1834, quand il est élu député de Bourganeuf, les apparences sont sauves. Delphine est bien mélancolique, certes, et son dernier recueil, *Napoline*, plein de larmes et de tristesse, multiplie les allusions à peine voilées aux déceptions traversées.

Dans l'immédiat, d'autres révélations compliquent l'ascension de Girardin. À peine élu, il se voit contester son mandat. Le bricolage qui a rendu possible sa candidature revient au grand jour, une nouvelle enquête est ouverte devant la Chambre des députés au moment de la vérification qui suit immédiatement l'élection. Le cas de Bourganeuf n'est pas le seul à susciter la contestation, toute une série de résultats sont passés au crible. Mais le nom de Girardin est le seul qui provoque, dès qu'il est prononcé, bruissements et échos scandalisés au sein de l'Assemblée. Les députés, d'emblée, se méfient. On leur annonce que l'élection de Girardin est validée après examen par un bureau chargé de l'enquête.

Plusieurs parlementaires se lèvent, manifestent à grand bruit, réclament lecture des pièces examinées et des jugements rendus : — « Mais quel est ce jugement ?... Lisez-le ! lisez-le ! » — on est près de l'interruption de séance. Face au sage rappel par un élu de Loire-Inférieure que « le droit et le devoir de la Chambre est de demander lecture de tous les documents pouvant éclairer sa religion dans l'intérêt de la morale publique », le président de séance cède et lecture est donnée du nouvel état civil. Il faut faire intervenir la claque ; Odilon Barrot et Charles Dupin, habitués du salon de la rue Saint-Georges, s'en chargent : « Où est la difficulté ? Nous ne voyons pas la difficulté. » Et l'incident est clos. « Le deuxième bureau propose l'admission s'il n'y a pas d'opposition », déclare le président, sans susciter de barouf supplémentaire.

La victoire est provisoire : les candidatures de Girardin à Bourganeuf se succéderont à un rythme tout à fait anormal, largement indépendant du calendrier électoral. Il est obligé de revenir devant les électeurs six fois en moins de quinze ans, presque tous les deux ans si on calcule bien, sans jamais aller au bout de son mandat. Son élection sera invalidée à plusieurs reprises, on lancera contre lui des poursuites en série qui le contraindront à démissionner pour se défendre, avant de solliciter de nouveau le suffrage des électeurs. Il est élu cinq fois sur six et remporte des voix de plus en plus nombreuses, à mesure que sa notoriété s'installe dans le public. Le système Girardin progresse donc à ce rythme : un chaos organisé qui emporte la mise à force d'énergie et de détermination. Ses mandats de député le rapprochent du pouvoir, même s'il est constamment desservi par ses maladresses et des propositions d'amendement qui sont rejetées sans même être soumises aux voix. Quand il veut par exemple soutenir un projet de loi favorisant l'ouverture de caisses d'épargne partout en France, il le fait avec une telle brusquerie que le président de séance passe au plus vite la parole aux orateurs suivants. Mais, dans le domaine qui est vraiment le sien, la presse et ses transformations, il n'a pas fini de frapper de grands coups. Le plus spectaculaire est encore à venir.

8

« LA PRESSE » OU LE COUP DE MAÎTRE

Il faut passer quelques mois pour en venir au coup de maître de Girardin. On est en 1836. Depuis deux ans, le député de la Creuse défraie la chronique et il n'a pas chômé : outre l'animation de toutes les entreprises médiatiques et éditoriales qui gravitent autour de la Société nationale pour l'émancipation intellectuelle, il s'est enfin fait entendre au Parlement.

Le 28 juillet 1835, alors que l'on célébrait l'anniversaire des Trois Glorieuses, un petit groupe de comploteurs menés par Fieschi, mi-escroc mi-soldat nostalgique de l'Empire, avait déchaîné contre le roi Louis-Philippe une machine infernale (vingt-cinq canons de fusils fixés sur un cadre de bois) depuis une fenêtre du boulevard du Temple. Le roi réchappa à l'attentat mais il y eut dix-huit morts, dont Mortier, glorieux maréchal d'Empire. Un vrai carnage en plein Paris, qui fit quarante-deux blessés ; Fieschi lui-même était couvert de sang quand il fut arrêté, sans aucune difficulté. Quelques jours plus tard, la Chambre se réunit pour une séance exceptionnelle et vota des lois sécuritaires qui restreignaient la liberté de la presse.

Girardin soutenait le régime en place. Il était encore dans ces années-là proche du ministre Thiers qui défendait avec Guizot et de Broglie, ministre de l'Instruction publique, ces mesures de rétorsion. Mais, quand on attente à la liberté d'expression, Girardin perd toute notion de prudence et de stratégie, et sa prise de parole à l'Assemblée fut vibrante. Cette fois, personne n'interrompit sa harangue. *Le Moniteur* restitue l'intégralité d'un discours qui est une véritable leçon de journalisme. Sur plus de six colonnes serrées, Girardin propose un contre-projet de loi qui entre dans la cuisine des journaux ; les élus qui l'écoutent subissent le détail d'un budget équilibré entre frais fixes et frais progressifs, le fonctionnement des taxes, les contraintes stériles de l'encadrement législatif voire policier. Depuis ses premiers rapports de 1830, son credo n'a pas changé : l'État doit miser sur la pluralité des journaux, qui assure une saine concurrence et l'expression de toutes les opinions, plutôt que sur la réduction du nombre de titres qui met le pouvoir à la merci d'un petit nombre de rédacteurs. Et puis il faut briser l'hégémonie de la presse parisienne, lutter contre la centralisation, faire en sorte que tous les départements disposent d'un ou de plusieurs journaux, comme c'est le cas, expose Girardin, aux États-Unis ou en Angleterre. Les grands mots ne lui font pas peur et cela ne semble choquer personne : « Je voudrais fonder la publicité véridique, et du même coup détruire la polémique falsificatrice, je voudrais renverser tous les monopoles mercantiles de l'opinion publique, et restituer en même temps à chacun la liberté de ses opinions sur les faits. » Le Napoléon de la presse a pris les armes.

Delphine n'économise pas non plus son énergie. Depuis qu'elle est guérie de la petite vérole on la voit partout, au théâtre, dans les salons, dans les bals les plus courus. Elle assure l'entrée dans le monde du jeune Musset, tout juste rescapé de sa périlleuse escapade à Venise avec George Sand ; un soir de mars 1836, le comte Apponyi revient ravi de chez Mme de Girardin, où il a croisé beaucoup de gens de lettres — Lamartine, Victor Hugo et sa femme, Balzac, Alexandre Dumas, Jules Janin. Pas trace d'Émile, toutefois. Les horaires de cette vie mondaine n'étaient sans doute pas compatibles avec la suractivité de Girardin. Il se lève tôt et quand on le voit le soir dans le salon de la rue Saint-Georges, il est souvent à moitié endormi derrière un fauteuil. Son absence arrange parfois bien les choses. Une brouille terrible l'oppose à Balzac, et Delphine recolle à grand-peine les morceaux en dédiant au romancier un court récit ironique et flatteur, *La Canne de M. Balzac*, qu'elle lui lit à haute voix dans une autre de ses brillantes soirées. Émile n'y était pas.

S'il n'est pas là, c'est aussi qu'il mène beaucoup d'autres vies. Il dîne seul chez Véry au Palais-Royal avec le gratin de l'aristocratie et de la diplomatie européenne ; on le voit déguisé en marquise dans un bal masqué, agitant nonchalamment son éventail, allongé sur un divan, mais on ne sait pas quel costume portait Delphine, ni même si elle était là. Il se bat en duel une fois de plus pour laver son honneur contre l'accusation de corruption publique — on lui reproche des subventions obtenues du ministère pour soutenir les écoles de Bourganeuf et pour un asile accueillant les nécessiteux. Et puis il semble avoir fondé, en toute discrétion, un autre foyer. Chez Thérésa Cabarrus, la sœur du médecin Édouard, mariée pourtant elle aussi et devenue Mme Brunetière, Girardin cultive à son tour cette face cachée des vies publiques qui l'a tant fait souffrir quand il était enfant. Comme s'il devait rejouer avec Thérésa quelque chose de leurs premières années communes, à la pension des Invalides.

De cela, on ne parle pas ; mais des frasques affairistes de Girardin, les journaux sont pleins, jour après jour. Le nombre de ses associés croît à la même allure que celui de ses adversaires et de tous ceux qui s'estiment floués d'une façon ou d'une autre par ses montages acrobatiques. Girardin a l'œil sur tout ce qui se publie, ne laisse pas passer une attaque, riposte par la loi ou par la presse, en multipliant les insertions rectificatrices. Il y a des affaires absolument extravagantes : Girardin envoie en prison à Sainte-Pélagie une demoiselle Debligny qui a fait financer par la Société nationale pour l'émancipation intellectuelle le brevet d'un « parapluie excentrique » ! L'invention a échoué, elle a tardé à restituer la subvention ; il fallut engager trois fois le montant de l'aide accordée au départ pour faire libérer la pauvre imprudente, dont la profession, explique le *Journal des débats*, était de copier la musique pour les compositeurs.

Pour mieux régenter l'opinion, il manquait à Girardin un outil plus puissant. D'autant que les ventes du *Journal des connaissances utiles* avaient beaucoup baissé, étouffées par le régime restrictif imposé à la presse et par les retards de paiement d'un trop grand nombre d'abonnés. Il fallait voir plus grand, viser encore plus haut. C'est le coup de tonnerre de l'été 1836.

✧

Le 1er juillet 1836 paraît le nouveau journal de Girardin. Pour la première fois, c'est un quotidien. Son titre, aussi simple qu'ambitieux : *La Presse*. C'est bien simple, Girardin réinvente le principe du journalisme, ou en tout cas c'est ce qu'il aimerait donner à penser. Toutes ses tentatives antérieures sont ramassées dans cette nouvelle expérimentation, fracassante et radicale.

Le choc est d'abord économique : le journal coûtera deux fois moins cher que tous ses concurrents, 40 francs au lieu de 80. C'est l'application d'un principe qui est devenu une véritable obsession pour Girardin : rendre la presse plus accessible, élargir le lectorat, viser la province et la petite bourgeoisie. Concrètement, s'abonner à un quotidien en 1836 coûtait 80 francs par an, soit un mois de salaire pour un ouvrier. Une somme à verser en trois fois maximum car les journaux n'étaient pas vendus au numéro. En bref, les quotidiens étaient réservés à une étroite fraction de la population, celle qui disposait des moyens d'acquitter le cens et qu'on supposait intéressée surtout par l'actualité politique. Même les propriétaires ruraux étaient exclus du lectorat ; or ils composent, explique Girardin, la grande majorité des électeurs français. « Le journal est une marchandise trop chère, dénonce le prospectus de lancement ; c'est la presse à bon marché qui seule peut traverser l'opacité des masses et achever l'éducation constitutionnelle du peuple. » Il y a surtout beaucoup d'affaires qui se perdent, car toute une clientèle est laissée de côté. Girardin a enfin dépassé la trentaine, sa fortune doit être consolidée, il a besoin d'exploiter tous les gisements de lectorat. Son train de vie l'exige ; outre ses relations féminines ruineuses, il a investi dans l'achat de chevaux et son nom apparaît régulièrement dans les comptes rendus des courses parisiennes. Sans oublier l'hôtel de la rue Saint-Georges, dont l'éclat ne souffre aucune approximation.

Prix pour un an, 40 fr. — Pour six mois, 20 fr. — Pour trois mois, 12 fr.

1er JUILLET 1836 — LA PRESSE — VENDREDI N° 1.

Les abonnements datent des 1 et 15 de chaque mois.

Le prix des Annonces est fixé à 1 fr. 50 cent. la ligne.

PARIS, RUE SAINT-GEORGES, N. 16.

FRANCE.

PARIS, 30 JUIN.

Ce journal s'est proposé un grand dessein : ce serait de réunir dans son centre de hautes intelligences éparses jusqu'ici en des lieux très divers et à des distances grandes en apparence. Ce serait d'harmoniser ces individualités puissantes par elles-mêmes, mais susceptibles de plus d'action encore. Isolées, elles usent plus de forces qu'elles ne doivent ; parfois elles les dépensent à mal, d'autres fois elles se neutralisent réciproquement. Il n'est pas un de ces hommes admirablement doués, hommes d'enivrante poésie, de chaud patriotisme ou de convictions ardentes, qui n'ait imprimé en nous quelques fortes secousses, développé le germe de quelques généreux sentiments, découvert quelques-unes des lois de l'ordre de choses qui se prépare, quelques faces nouvelles de la destination humanitaire. [illegible] qu'ils n'ont fait lever çà et là que de faibles germes, éveillé que des sympathies improductives, engendré que des résolutions avortées ? D'où vient que les matériaux d'organisation définitive sont jetés par intervalles épars à demi, débris d'ouvrages inachevés encore, ruines précoces, que la poussière du temps recouvrirait bientôt d'une couche épaisse, si on n'y mettait ordre et persévérance ? D'où cela vient-il, si ce n'est en partie du dédain superbe de plus d'un combattant illustre perdus pour nous dans leurs tentes, vivant à part, laissant le champ libre à la foule, qu'ils émeuvent sans profit, ou qu'ils regardent faire ? Honneur, il faut bien le dire, honneur à ceux qui, sortant de leur repos ou n'en prenant pas, par une ambition heureuse ou par goût, ont discipliné l'armée sociale, ont produit l'ordre, matériellement au moins ; ont fait cesser l'agitation à la surface pendant que tourbillonnaient autour d'eux les vœux inquiets, les vagues désirs, les vouloirs et les regrets incohérents. Le terrain est déblayé, et la place nette pour construire. La hache du pouvoir constitué a tout abattu devant elle : la marche sociale peut se faire et le mouvement recommencer.

Nous disons à la poésie, nous disons à la tribune et à la presse, à tout ce qui a force et vie, à tout ce qui a une grande voix à faire entendre et de bonnes vérités à dire : le moment est venu de parler. Ne laissez pas croire aux hommes d'action qu'ils avaient seuls la pensée parce que seuls ils ont obtenu la réalisation de quelque chose. Il y avait matière à la poétisation du doute, au point de vue artiste, quand toutes les existences, tous les partis et tous les intérêts étaient en question. Le grand cri du poète se mariait bien au cri de douleur qui s'échappait des âmes. Dans les élans d'aspiration vers un monde social meilleur, il était permis à d'autres de s'échapper par un noble écart hors de la société réalisable. Si des paroles trop hardies, des invectives trop amères, ont été proférées par des bouches harmonieuses à entendre, nous placerons tout sous la sauvegarde des plus nobles intentions et des plus saintes croyances. Mais que toutes ces voix enfin éparses ou en désaccord n'en fassent plus qu'une : *la Presse* les appelle toutes à elle, toutes sans exception et sans rancunes, en prenant un nom qui ne portera d'ombrage à personne, et cher à tous.

Ce que nous pensons se peut-il ? Se peut-il que les souverains de la pensée se rapprochent, s'entendent et fassent alliance ? Pourquoi pas, si les souverains des nations l'ont bien fait ? L'intérêt public d'un peuple n'a-t-il pas sa raison commune, comme l'intérêt général de plusieurs peuples ? Mais, en resserrant le cercle de cette comparaison, la conciliation des grands esprits est-elle plus impossible que celle des moindres ? La conciliation des gouvernants aux gouvernés a été jugée possible, car on l'a implorée, et au moment où nous écrivons ceci on l'implore encore : pourquoi ne le serait-elle pas d'intelligence à intelligence, comme elle l'est de citoyen à compatriote ? Pourquoi ne le serait-elle pas pour un temps, quand le besoin s'en fait si profondément sentir, pour organiser ? pourquoi n'en pas essayer du moins, sauf à se séparer ensuite si on ne parvenait pas à se mettre d'accord ?

Notre pensée a été, en créant ce journal, que les nombreuses divergences d'opinions tenaient à la diversité des préoccupations, à la différence des points de vue ; que cette divergence était plus apparente que réelle ; qu'elle existait en surface partout, en profondeur presque jamais. Un examen attentif, puis une étude plus sérieuse nous ont bientôt fait connaître que les plus éminentes intelligences bâtissaient sur un fond d'idées presque identiques. En creusant, nous avons trouvé les mêmes couches, comme nous le ferons voir plus tard, sous l'édifice de leurs discours et de leurs écrits.

Il n'y a guère, socialement, qu'une idée mère dans les esprits. Le problème à résoudre est toujours celui-ci : *Le plus de bonheur possible pour le plus grand nombre possible.* C'est là que se rencontrent tout homme d'état, tout penseur et tout écrivain. Puis cette idée mère se partage en deux branches : estimant ceux-ci que l'homme ne meurt pas si les sociétés meurent ; considérant ceux-là les sociétés comme une fourmilière où, plus la quantité de travail sera grande et la répartition du travail équitable, plus le but sera atteint et accompli. Ce seraient là deux principes très distincts et inaltérables, si l'homme qui s'élève à Dieu et à une vie future par la contemplation n'était pas engagé à la société par un contrat tout pareil à celui du matérialiste ; si tous deux ne mettaient pas en commun leurs facultés sans sacrifier rien pour cela de leurs dernières fins ni de leurs appétits.

Toutes les opinions, tous les intérêts légitimes ne peuvent-ils pas être représentés, servis, conciliés, dans un même journal, comme dans un même gouvernement ; dans un même journal, comme dans une même patrie ? Non, si vous ne voulez voir dans la presse qu'une interminable polémique, qu'une arène de gladiateurs, ou bien encore une barre où les disputeurs sont au hasard demandeurs et défendeurs, comme à la barre judiciaire ; une tribune où chaque orateur parle selon la passion du banc d'où il vient et où il retourne systématiquement ; oui, au contraire, si un certain nombre d'hommes forts et pleins de substance, laissant là des querelles surannées, viennent apporter dans un foyer commun leur part de pensées civilisantes ; si un même journal se compose une individualité de toutes ces individualités, et rend identiques, en se les assimilant, ces tributs de natures diverses qui affluent vers lui ; s'il prend l'élément de liberté à l'un, le moyen de gouvernement à l'autre ; si celui-ci fournit le secret de faire la société plus riche, celui-là de la rendre plus morale ; si l'un nous apprend comme il faut qu'on l'administre, comme il faut qu'on la prenne sans la blesser dans le filet de l'impôt, pendant que l'autre nous enseigne comme on relève par de nobles excitations ces natures emprisonnées dans la routine des habitudes vulgaires. Un journal ainsi compris réalisera l'unité d'enseignement, d'enseignement complet ; ce serait une sorte de monarchie modèle, d'expérimentation gouvernementale plus parfaite et plus avancée. On monterait à sa tribune, non pour s'y contredire, mais pour y parler à son tour.

Notre pensée n'est pas de réformer la presse qui se fait, elle serait insensée ; mais de mettre en faisceau toutes les vives lumières qui [illegible] pour éclairer de leur brillant ensemble ce lieu de halte où nous vivons campés depuis six ans, et qu'il faut quitter enfin, pour une vie normale et progressive. Nous ne prétendons pas refaire ce qu'a fait l'ancienne presse, mais faire autrement et autre chose.

Une pareille tentative eût été aussi réalisable, mais elle l'eût paru beaucoup moins il y a trois mois. Ce qu'on a vu donne la mesure de ce qui peut arriver et de ce qui arrivera vite si nous y aidons. Qui eût dit que cette fraction de la chambre élective qu'on appelle le *tiers-parti*, qui s'était creusée là, depuis cinq ans, son lit, très resserré il est vrai, mais profondément encaissé, pensait-on, entre la *gauche* et les *centres*, s'épancherait en un jour, et par une pente si molle, dans les centres, à travers les vides que feraient deux ou trois hommes ? Qui l'eût dit, que le lion de la *gauche*, qui secouait si fort sa crinière quand les ministres parlaient, s'apprivoiserait, à jour fixe, pour M. Thiers premier ministre ? Cela vient-il de fragilité, ou de la différence qui sépare une ambition digne d'une ambition satisfaite, ou qui espère ? Non, par bonheur pour la conscience de ceux en qui se remarque un si curieux phénomène. Cela vient de ce que nous avons dit, de ce que les mêmes qui se battent dans des camps divers sont régis au fond par les mêmes principes. Il y a peu des écrivains de marque, des hommes d'état philosophes, des hommes d'élite en tout genre, dans les chambres ou hors des chambres, dans le monde et dans la presse, qui ne puissent s'entendre et concourir au même œuvre. Depuis assez long temps ils [illegible] ; on s'ingénient à mener à la bataille, par pelotons ennemis, les recrues qui se sont prises à leur nom. Qu'ils écartent cette foule, qu'ils passent à travers ou par-dessus, qu'ils se donnent rendez-vous entre eux, que leurs doctrines se dégagent de l'opacité qui les enveloppe. Là où elles sont, elles demeurent inertes de peur de faire trop, ou s'épuisent à agir de peur d'y manquer. Ce journal leur élève un drapeau. Qu'ils répondent à ce signal et se groupent à l'entour. Parmi nous on s'enquiert des choses et non des hommes du passé ; peu du présent, dont le soin est confié à d'autres, mais de l'avenir ; non d'un avenir lointain, mais du jour de demain, de la session prochaine.

Nos efforts vont tendre à préparer d'ici là par *la Presse* (po u

LE FEUILLETON.

Si l'imprimerie eût été inventée il y a deux mille ans, si la presse quotidienne eût existé, si le Feuilleton eût vécu, les Romains en eussent fait un dieu. [illegible]

Une solution existait, qui avait été testée en Angleterre. Pour convaincre ses futurs abonnés et souscripteurs, Girardin l'expose dans une série d'équations qui oscillent entre le calcul d'apothicaire et le tour de magie. À coup de tableaux et de ratios assez obscurs, la clé qui s'impose est claironnée en capitales : ce sont les Annonces ! Le journal doit devenir le lieu où se met en branle ce que Girardin décrit comme le véritable moteur de la modernité : la publicité. En Angleterre, on a renoncé aux commis-voyageurs, ce démarchage qui n'est rien d'autre qu'une façon de « violer le domicile du consommateur ». L'industrie écoule ses produits par le moyen le plus économique et le plus rapide, les annonces payées (le publireportage). Est-ce vraiment préférable ? Moralement, on peut en douter, mais pour Girardin cela ne se discute même pas : « Dès qu'un homme sait lire, l'industrie britannique en fait ainsi son tributaire. » On devient esclave de la consommation, certes. Mais la fin justifie les moyens : la publicité des annonces payées fait jouer la concurrence et la concurrence, c'est le progrès utile aux masses. On ne peut pas aller contre ce mouvement moderne, la tendance au bon marché. Pour que tout cela fonctionne, il faut bien sûr garantir une bonne diffusion : *La Presse* vise au moins 10 000 abonnés, soit le tirage maximal atteint par ses concurrents à cette date. C'est mécanique, assure Girardin : en abaissant le prix, on augmente le nombre de lecteurs. Et si on en doutait, il avance mystérieusement « des dispositions prises qui le garantissent »...

Ce programme a tout d'un pavé dans la mare. La publicité existait déjà dans les journaux de l'époque, mais elle était peu rentable, limitée par la censure qui pesait sur la presse et mal négociée par les directeurs de journaux. Girardin ne cache pas son mépris pour tous ses concurrents, qui sauront s'en souvenir. Non seulement ils sont de mauvais commerçants — incapables de calculer leur véritable intérêt par rapport aux industriels —, mais en plus ils sont tous globalement vendus au pouvoir, ou à la polémique stérile, ce qui revient au même. Tout un système de subventions occultes aliène les journaux, corrompt les esprits, on feint d'être dans l'opposition pour dissimuler les aides reçues et le résultat, tonne Girardin, c'est que « tout jeune écrivain ayant la conscience haut placée, indépendant de caractère » (c'est lui, bien sûr) est contraint, pour « éclairer le pouvoir » (on reconnaît la modestie du journaliste), de commencer par l'attaquer.

Lui met cartes sur table, fort de six années d'expériences et d'études sur cette matière. En véritable homme d'État (car la presse périodique, écrit-il, est le seul vrai pouvoir du temps), il défend un point de vue qui n'a jamais été assumé aussi clairement : les annonces commerciales sont ce qui libère le journal et non ce qui l'asservit. Ce n'est pas assez clair ? Girardin l'écrit plus fort : remplacez *la polémique vénale* par *la publicité légale*. Il faut donc resserrer les liens entre le journal et le monde de l'industrie, ou de la consommation ; et tout simplement corréler le prix des annonces au nombre des lecteurs. « Tel nombre d'abonnés, tel prix d'annonces ».

Il fallait être, comme Girardin, avide de pouvoir, de fortune et de reconnaissance pour inventer une loi qui n'a pas fini de faire ses preuves. On appelle cela le double marché : le journal est vendu deux fois — au lecteur et à l'annonceur (soit l'entreprise qui publie des publicités). En réalité, c'est un billard à trois bandes : *La Presse* vend ses lecteurs à l'industriel. Et c'est ainsi qu'est compensée la perte sèche que représente la baisse drastique du prix de l'abonnement. Le coup de force est très désagréable pour les autres journaux. On ne peut même pas traîner Girardin devant les tribunaux pour vente à perte, puisqu'il a devancé l'objection avec son système d'annonces ; ni même pour diffamation. Il a beau être très clair dans ses insinuations, le créateur de *La Presse* ne cite personne nommément.

Il va bien falloir pourtant qu'il paye le prix de son audace. La mort l'attend au tournant.

✧

Comme toujours, l'invention de Girardin s'inspirait d'autres expériences plus ou moins abouties. Il avait ce talent de s'approprier des idées qui étaient dans l'air du temps et de les transformer brutalement en réalité. D'ailleurs, le programme de *La Presse* affine le principe du piratage : Girardin a le toupet de présenter l'abonnement à son journal comme une économie substantielle, en cumulant au centime près le montant de tous les autres abonnements que le lecteur n'aura plus besoin de souscrire, puisque les informations publiées par ses concurrents seront synthétisées dans *La Presse* avec plus de précision et d'impartialité ! L'idée même d'abaisser drastiquement le prix de vente des journaux avait été mise en œuvre maladroitement par d'autres directeurs de presse, qui visaient un abonnement à 48 francs par an. Sans grand succès, faute de diffusion suffisante.

Girardin avait envisagé brièvement de s'associer avec d'autres journalistes travaillés par la même ambition. Il avait été sollicité en particulier par Armand Dutacq, qui était un peu son double : lui aussi avait commencé sa carrière dans l'obscurité — comme clerc de notaire — et s'était fait remarquer très vite par une capacité de travail hors du commun. Dutacq est un Girardin qui céderait à tous ses appétits : il mourra à quarante-six ans d'apoplexie et les portraits qu'on a de lui font deviner un imposant embonpoint, bien loin du pâle ascétisme de son rival. Un an plus tôt, Dutacq avait appliqué une recette tout droit tirée du système Girardin : il avait créé avec l'avocat Ledru-Rollin un quotidien, *Le Droit*, « Journal des tribunaux », dont le programme était de piller le contenu de la *Gazette des tribunaux*, véritable institution qui régnait sur la presse judiciaire. Une belle affaire, installée quai des Orfèvres, qui assurera sa prospérité.

Au début de l'année 1836, on trouve le nom de Dutacq associé à celui de Girardin. Tous deux avaient participé à la fondation d'une nouvelle imprimerie-librairie, la maison Grégoire, société en commandite par actions qui réunissait autour d'Achille Grégoire, imprimeur rue du Croissant, des actionnaires bien connus du monde industriel et médiatique — Philipon, directeur du *Charivari*, mais aussi Pereire, banquier et directeur d'une des premières lignes de chemin de fer (Paris-Saint-Germain), Jean-Baptiste-Alexandre Paulin, fondateur du *National* et bientôt de *L'Illustration*, et Girardin, donc, membre de la Chambre des députés. Notons surtout la présence d'un autre nom et tâchons de ne pas l'oublier : il s'agit d'Armand Carrel, rédacteur en chef du *National*.

Entre Girardin et Dutacq, les choses sont de plus en plus évidentes : soit ils s'allient, soit ils s'affrontent. Le projet de quotidien à bon marché attirait toutes les ambitions et depuis plus de cinq ans Girardin ne cessait d'en préciser les contours, de rapports en prises de parole à l'Assemblée. Sans doute Dutacq fut-il le plus insistant dans l'idée d'une alliance : des pourparlers ont lieu, courant mai 1836. On n'en sait pas grand-chose ; mais, à en croire les témoins, ils achoppent sur un point crucial : le choix du rédacteur en chef. Dutacq veut Lamartine ; mais Girardin, en qui d'autre qu'en lui-même pourrait-il avoir confiance ? Aucun des deux ne veut céder ; l'alliance échoue.

Moins d'un mois plus tard, Girardin dégaine le premier : il publie le prospectus de *La Presse*. On est le 16 juin 1836. Il faut une semaine à Dutacq, qu'on imagine fulminant, pour répliquer : le 23 juin paraît le numéro spécimen du *Siècle*, quotidien à 40 francs lui aussi. Le modèle économique des deux journaux semble strictement le même ; mais le propos est politiquement très différent : alors que Girardin se débarrasse en un trait de plume de toute prise de position politique — souvenons-nous, il refuse ce qu'il appelle la « polémique vénale » — tout en faisant allégeance, de la façon la plus expéditive possible, au gouvernement en place (« *La Presse* admet sans examen la forme représentative établie et la royauté telle que l'a faite la Charte de 1830 »), l'équipe réunie autour de Dutacq a tout d'une brigade républicaine. On y retrouve Ledru-Rollin, Adolphe Crémieux, le banquier Laffitte et Odilon Barrot : des hommes de 1830, qui seront pour certains de 1848. L'adresse du journal en dit long sur sa capacité financière : les bureaux se trouvent rue et hôtel Laffitte — autrement dit, chez le banquier lui-même.

La guerre est ouverte : le 1er juillet 1836, les deux journaux publient en même temps leur premier numéro ! Le contenu n'est certes pas tout à fait le même, bien que certains accents soient absolument interchangeables ; on croit lire du Girardin policé quand Armand Dutacq dans *Le Siècle* estime « évident que le produit des annonces et le nombre des abonnés doivent être en proportion directe, et que plus un journal aura d'abonnés, plus il aura d'annonces ». *La Presse*, de son côté, a trouvé pour son lancement un appui de taille : Girardin a convaincu Victor Hugo de participer à l'aventure, lui adressant des lettres qui parlent au poète son langage — ce nouveau quotidien, promet Girardin avec force accents lyriques, aura « pour mission de renouveler le journalisme et de donner une tribune libre et publique à toutes les opinions éloquentes et généreuses et aux idées jeunes ». Et Hugo d'entonner le même refrain, dès les premiers numéros. « Eh ! lance le poète, qui ne sent que dans ce tumulte et dans cette tempête, sur ce violent tourbillon de choses, d'hommes et d'idées qu'on appelle le dix-neuvième siècle, quelque chose de grand s'accomplit ? »

Le Siècle et *La Presse* : le même fracas, en même temps, pour ruer dans les brancards. Mais seul Girardin devient l'ennemi public. Haro sur le spéculateur. Pour Louis Blanc, par exemple, il est l'unique responsable d'une révolution déplorable : il a « changé en trafic vulgaire ce qui est une magistrature, presque un sacerdoce ; il a fait du journalisme le porte-voix de la spéculation ». Les commentateurs se déchaînent, c'est une véritable campagne qui se monte contre

Girardin. Les affiches sont lacérées, les prospectus détruits, ce qui n'empêche pas les actionnaires de se précipiter : *La Presse* n'a pas l'adresse d'une banque (son bureau se trouve, comme l'hôtel des Girardin, rue Saint-Georges), mais le capital nécessaire au lancement du journal est réuni en un temps record.

Laisser dire et continuer à prospérer : un vrai stratège aurait procédé ainsi. Girardin en était de moins en moins capable. Il a la colère froide et enregistre toutes les attaques. Ses ripostes sont venimeuses. Voilà qu'il porte plainte pour diffamation contre un journaliste qu'il aurait mieux fait de mépriser. C'est un certain Capot de Feuillide qui lui aussi va trop loin, dans les pages du *Bon Sens*, une feuille de gauche dirigée par Louis Blanc, plutôt confidentielle mais chère comme tous les journaux politiques et donc menacée par le journal à 40 francs. Sans doute Capot de Feuillide veut-il profiter du scandale Girardin pour faire parler de lui ; dans cinq feuilletons consécutifs, en juillet 1836, il attaque bille en tête non seulement le pari hardi, hasardeux qu'est le lancement de *La Presse*, mais aussi le profil de son créateur. L'homme a comme Girardin le goût de la polémique et manque totalement de colonne vertébrale ; moins d'un an plus tard, il deviendra rédacteur pour *La Presse*. En attendant, sa méchanceté fait mouche : il s'en prend à « une agglomération de jeunes hommes qui s'allient pour l'exploitation des tendances matérielles du siècle ». Passe encore. La suite, Girardin ne peut la tolérer : « Ils ont trente ans à peine, et leurs contemporains ne savent rien de bien précis sur leur naissance et sur leur première jeunesse. » Et encore : « Il en est même qui n'avaient ni nom, ni famille, ni talent. » De là à porter l'affaire devant les tribunaux... cela ne manque pas d'air, quand on a comme Girardin assourdi tout Paris par ses récriminations contre les lois répressives de 1835 et l'attentat commis vis-à-vis de la liberté d'expression.

Ici entre en scène celui par qui le scandale tournera à la tragédie.

9

LE DUEL DE TROP

C'est une belle figure romantique ; la taille haute, les cheveux fournis, une allure déliée et volontaire, peut-être un peu ombrageuse. Au Salon de 1833, on admire le tableau signé Ary Scheffer : le *Portrait d'Armand Carrel, journaliste* fait surgir d'un fond sombre, velouté, le visage anguleux d'un homme en habit noir, le regard charbonneux et cerné d'un enfant du siècle. Trois ans plus tard, à la fin de l'été 1836, Ary Scheffer retrouve son modèle : ce second tableau est cadré sur le visage. Les yeux sont clos, il est de profil ; les cheveux ont toujours quelque chose d'animé, dans leur épaisseur, mais c'est le portrait d'un mort, le drap remonté jusqu'au menton à la façon d'un linceul.

On aurait du mal à imaginer pire scénario pour un ambitieux taraudé par l'obsession de sa réputation. En juillet 1836, Girardin se bat en duel au bois de Vincennes contre Armand Carrel. Il n'a pu éviter l'affrontement ; et par malchance, ou maladresse, ou mauvaise farce du hasard, il tue son adversaire. Ce n'est pas non plus la fin idéale pour ce héros de la République et du journalisme d'opinion qu'était Armand Carrel : un Chateaubriand mêlé d'un Julien Sorel ou d'un Octave, le héros de Musset, qui tombe sous le bras d'un patron de presse pragmatique et calculateur. Dans les *Mémoires d'outre-tombe*, l'hommage est paradoxal : « Carrel, qui se souvient de vous ? Les médiocres et les poltrons que votre mort a délivrés de votre supériorité et de leur frayeur, et moi qui n'étais pas pourtant de vos doctrines. »

Tout s'était enchaîné après les saillies de Capot de Feuillide. Le rédacteur du *Bon Sens*, traîné devant les tribunaux par Girardin, avait sollicité l'aide d'Armand Carrel, directeur du *National* dont les bureaux et l'imprimerie étaient installés dans le même immeuble. Carrel se laissa convaincre de publier un article ; le billet était plutôt modéré, se contentant de soutenir du bout de la plume le « spirituel Capot de Feuillide ». Face aux propos très déplaisants de Girardin, il lui aurait semblé préférable, écrit Carrel, de répondre par le mépris ; mais puisque Girardin veut « jouir du bénéfice des lois de septembre » (ces mesures liberticides adoptées après l'attentat de 1835) et attaque ceux qui le contredisent, alors il faut bien lui donner tort, car « rien ne ressemble moins à la diffamation que la discussion soutenue par M. de Feuillide contre les assertions et les chiffres de M. de Girardin ».

Quelque chose, entre les lignes, a mis le feu aux poudres. *La Presse* répond le jour même — preuve que Girardin s'est procuré l'article avant son impression. Il est manifestement hors de lui : s'étonnant de ne pas retrouver dans *Le National* « la loyauté attribuée au caractère de M. Carrel », il menace de compléter ses affirmations en publiant le détail des comptes qui accableront la mauvaise gestion de ses rivaux. Et voilà la phrase qui tue : « Les renseignements sur ce point ne nous manqueront pas plus que ceux qui nous seraient nécessaires pour la biographie de plusieurs rédacteurs de ces journaux, si nous étions jamais contraints de la publier. » La menace est à peine voilée : Girardin détient des informations personnelles sur ceux qui s'en prennent à lui ; qu'on ne le force pas à les dégainer. Une légende parisienne était en train de prendre forme, on n'en parlait pas encore ouvertement, mais quelques années plus tard, on décrira le cabinet secret de Girardin et surtout une multitude de cartons rouges qu'il y stockait, où tous les hommes qui comptaient avaient un dossier. Son ancien secrétaire Charles Virmaître en aura encore les poils hérissés, quand il y repensera après coup : « Il y en a plus d'un, tenant le haut du pavé à Paris, qui, si le feu prenait dans ce cabinet, n'irait pas chercher les pompiers ! »

Carrel ne pouvait se permettre aucun risque. Il jouait en public les hommes d'honneur, un vrai parangon de morale civique, tout en entretenant une relation très régulière avec une femme mariée. Cette femme était l'épouse de son chef de bataillon du temps où il était sous-lieutenant de l'armée française, leur mariage s'était défait depuis longtemps, mais le divorce avait été aboli en 1816 et Carrel était contraint à cette vie semi-clandestine. Il souhaitait plus que tout protéger sa compagne d'une infamie publique.

Il y avait blessure d'honneur de part et d'autre. Girardin aurait préféré éviter le duel ; lors de son dernier affrontement, il avait tiré en l'air, suprême humiliation pour son adversaire qui ne lui pardonna jamais l'affront. Carrel, lui, était un homme d'action, impulsif, un habitué des combats singuliers. C'était son point faible : un militarisme d'ancien soldat qui le poussait à prendre les armes à la première occasion. Il semblait jouer avec la mort, s'illustrant partout en Europe pour la défense de la République et la liberté des nations ; comme s'il cherchait à sacrifier sa vie et qu'aucune victoire ne pouvait le satisfaire vraiment. Cela faisait presque peur, note un témoin, car ce goût du combat donnait un horizon funèbre à toute polémique. Un ami de Girardin, le comte d'Alton-Shée, se souvient de sa première rencontre avec Carrel, à qui il avait demandé d'être présenté. Son impression : une pluie de glace ; et cette question cinglante : « Que venez-vous faire parmi nous ? » Mêmes frissons chez Hugo ou le comte Apponyi (ce diplomate autrichien en poste à Paris), quand ils se rappelleront l'avoir croisé : une sorte de cruauté froide, doublée d'une stature impressionnante. Quand il découvre le portrait de Carrel chez son ami le peintre Ary Scheffer, Apponyi éprouve un genre de malaise, ne pouvant détacher ses yeux de cette figure fantomatique et quasiment infernale. C'est le grand soir à lui tout seul, qui fait trembler les hommes à particule.

Carrel et Girardin se rencontrent dans les locaux de *La Presse*, une ou peut-être même deux fois dans la journée du 21 juillet. On pense encore pouvoir éviter le duel. Girardin fait appeler Lautour-Mézeray dont la grâce fleurie fait parfois des miracles. Leur premier échange aboutit à une solution d'apaisement : la publication d'un article commun où ils dissiperaient les sous-entendus infamants. Mais le sang de Carrel bout trop fort et cette menace qui lui a été faite rouvre des cicatrices laissées par les persécutions du pouvoir (il a été emprisonné sans preuves en 1835) et les médisances de son propre camp. Selon Louis Blanc, Carrel était déjà à l'agonie avant même de se battre, car « son cœur était trop grand pour un monde trop mesquin ». Et puis, il est sous l'emprise d'un rêve tenace depuis la nuit précédente. Sa mère lui est apparue en larmes, portant le deuil.

— Qui pleurez-vous ? demande Carrel. Est-ce mon père ?

— Non.

Est-ce mon frère ?

— Non.

— Et de qui donc portez-vous le deuil ?

— De vous, mon fils.

✧

Le duel se tient au bois de Vincennes. L'offensé a le choix des armes : Carrel choisit le pistolet. Tout se passe au petit matin ; six hommes en noir, la mine sombre, au milieu des arbres, jouent une scène banale à l'époque. Les conditions de l'affrontement ont été soigneusement fixées à l'avance. Éloignement entre les adversaires, nombre de pas avant le premier tir, tout compte et doit être consigné. Les quatre hommes désignés par les adversaires pour les représenter cherchaient encore, la veille au soir, une conciliation, en vain. Girardin lui-même avait tenté d'éviter le duel, lors de son dernier échange avec Carrel. Quelle maladresse dans cette phrase qui se voulait apaisante !

— Une rencontre avec un homme tel que vous me paraîtrait une bonne fortune, dit Girardin.

Carrel, de très haut :

— Pour moi, monsieur, un duel est une triste nécessité.

Dans la clairière du bois de Vincennes, les places sont tirées au sort, puis Carrel fait feu le premier, comme prévu. Il s'avance des dix pas réglementaires, refuse de se tourner de côté comme ses témoins le supplient de le faire et s'expose de face en visant Girardin qui, placé plus prudemment de profil, tire immédiatement après. Les deux hommes s'effondrent presque en même temps. Tous deux sont blessés grièvement ; Girardin à la cuisse, Carrel à l'aine. Ici les versions diffèrent. Selon les camps, on raconte que Girardin se serait inquiété immédiatement de l'état de Carrel, ou bien l'inverse. Girardin est pansé à terre ; Carrel est emmené par ses témoins qui soutiennent sa marche. Ils échangent quelques mots. Aucun d'entre eux n'avait intérêt à ce que l'autre succombe.

— Souffrez-vous, monsieur de Girardin ? demande Carrel.

— Je désire que vous ne souffriez pas plus que moi, répond Girardin.

— Adieu, monsieur, je ne vous en veux pas, souffle Carrel en s'éloignant.

Girardin est soigné chez lui par son ami d'enfance, le docteur Cabarrus. La plaie est profonde, s'infecte ; on prescrit une amputation, qui est finalement évitée. Girardin passera cinq semaines alité. Carrel est emmené au plus près, à Saint-Mandé, chez un ami militaire. Son état s'aggrave rapidement, la balle a perforé l'intestin. C'est une courte agonie : il meurt deux jours après le duel. Son dernier mot : « république ».

Les funérailles sont l'occasion d'un immense rassemblement. *Le National* décrit une foule innombrable et silencieuse, il y a au moins 10 000 personnes au cimetière de Saint-Mandé. On y trouve tous les républicains, mais aussi Chateaubriand qui a reporté un voyage pour assister à l'enterrement et tient le bras d'Étienne Arago, et puis Laffitte, ou encore le poète Béranger, familier du salon de Delphine. Le cercueil est porté par les compositeurs du *National.* Face à la tombe, les hommages se succèdent, journalistes, amis, écrivains ; à l'invitation qui lui est faite de prendre la parole, Chateaubriand ne peut répondre que par des larmes, les sanglots l'étouffent. Pour Girardin, c'est l'entrée dans une nouvelle ère. On se méfiait de lui ; désormais on le hait publiquement. Il est celui qui a assassiné l'ancienne presse, littéralement, et sa notoriété explose comme une bombe qu'il n'aurait pas su maîtriser.

✧

Il fallait bien pourtant continuer. Sous les injures quasiment quotidiennes, blessé et affaibli, Girardin devait assurer la survie de son journal qui, après tout, n'avait pas un mois d'existence. Delphine elle-même devait rassembler ses forces : « Son courage est extrême, écrit sa sœur Isaure, et les preuves d'intérêt qu'elle reçoit de toutes parts rendent sa position moins cruelle, mais qu'elle est à plaindre cependant ! » *La Presse* est la cible de toutes les agressions, mais aussi le lieu de toutes les ripostes. Girardin dose silence et contre-attaques. Autour de la mort de Carrel, il étend un voile pudique ; les funérailles sont mentionnées brièvement, *La Presse* s'en tient à la citation des hommages rendus par les autres journaux. Jamais Girardin ne mentionne un engagement qu'il semble avoir pris avec lui-même, en ce funeste mois de juillet 1836 : non seulement il ne publiera jamais de biographie sur Armand Carrel — il lui en aurait fait le serment avant de quitter, blessé, le bois de Vincennes — mais jusqu'à la fin de sa vie il soutiendra discrètement la femme laissée veuve par la disparition de Carrel et prendra en charge l'éducation de ses enfants. Le duel de 1836 est pour Girardin une leçon amère. Il a voulu attaquer en justice quand il pouvait user de son journal comme d'une arme ; on le lui a suffisamment reproché, Carrel y voyait un motif de scandale.

À peine remis de ses blessures, Girardin annonce dans *La Presse* son changement de doctrine : « Je reconnais maintenant que j'ai eu tort, écrit-il en septembre 1836, que j'ai péché par un excès de délicatesse, lorsqu'ayant en les mains un journal, je n'ai point demandé silence aux premiers bégaiements de la calomnie. » Place aux menaces. Aux rédacteurs du *Charivari* et du *Corsaire*, deux feuilles satiriques qui le poursuivent sans relâche : « Vous m'avez fait au cœur, messieurs, une plaie qui saigne, vous en boirez le sang. » « Votre puissance de ce jour est finie, j'ai le secret de votre vénalité ; si vous ne m'ôtez point la vie, tout le temps que je la garderai, le journal que j'ai fondé sera l'asile des démentis qui vous seront jetés à la face. *C'est le commencement de la fin.* »

« Cagliostro de la presse au rabais », « spéculateur du duel » : les ennemis de Girardin n'y vont pas de main morte. Il devient l'obsession de la presse dessinée, véritable marionnette de tous les vices contemporains. Daumier lui donne les traits de Robert Macaire, cet escroc en redingote de bourgeois, beau parleur qui embobine tous les « gogos » : la série des « Cent un Robert Macaire » commence l'été du duel et va occuper le dessinateur plus de deux ans ! Dans *Le Charivari*, les planches sont accompagnées de dialogues imaginaires : « M. Grippardin » ou « Grapille de Chippardin » s'adresse à ses actionnaires — il a inventé « le journal à bon marché (pour lui) » —, leur propose des combinaisons fantasques. « Les mines d'argent, les mines d'or, les mines de diamant, ne sont que de la pot-bouille, de la ratatouille en comparaison de ma houille ! Mes actions, Messieurs, je ne les vends pas, je les donne pour deux cents misérables francs, j'en donne deux pour une ; je donne une aiguille, un cure-oreille, un passe-lacet, et je vous donne encore ma bénédiction par-dessus le marché ! » Macaire-Girardin pérore au restaurant, monte sur une estrade pour haranguer les passants, un immense « melon de Coëtbo » posé à sa droite ; il expose, avachi dans un fauteuil, à deux benêts bouche bée sa nouvelle combinaison — « le journal nous revient à 23,50 fr, nous le vendons 20 fr, bénéfice 3,50 f. Un million d'abonnés 3 millions 500 mille ! de dividende. C'est clair comme le jour ! qu'on me réponde par des chiffres... Seulement par des chiffres ou j'attaque en diffamation ». Tout cela est assez drôle ; Girardin n'en a sans doute pas tenu rigueur à Daumier, puisque bien plus tard il fera partie, avec Nadar et Victor Hugo, des souscripteurs réunis pour soutenir le dessinateur tombé dans la misère. Mais *Le Charivari* ne le fait pas toujours rire. Il y retrouve même les fantômes de son enfance détestée, car on ne le désigne jamais autrement que comme « M. Émile Lamotte se disant de Girardin » et la rue Saint-Georges, « où sont situés la demeure et les bureaux du trop célèbre industriel », est rebaptisée « rue Coupe-Gorge ». Une fausse brochure publicitaire s'affiche à la une du journal, annonçant les « recettes industrielles donnant les moyens de se faire un nom, à l'usage de ceux qui n'en ont pas ».

Pour Girardin, chaque nouvelle invention se paie au prix fort. Il a maintenant du sang sur les mains et pas d'autre choix que de faire taire ses ennemis par des réussites incontestables. *La Presse* lui sert aussi à cela et les lecteurs n'ont pas encore tout vu.

10

DE LA LITTÉRATURE INDUSTRIELLE

Girardin tournait autour de l'idée depuis ses tout débuts : exploiter le gisement caché dans les choses de l'esprit ; faire en sorte que la culture rapporte, même si elle était encore bridée par une censure spasmodique. On peut l'attaquer pour ses combinaisons douteuses, Girardin assume : oui, il y a une industrie littéraire. Quel est le problème ? Tout le monde y gagne. « Par ses livres, écrit-il dans *La Presse*, la classe lettrée entretient le commerce de la papeterie, les ateliers de brochage, les fonderies de caractères, les fabriques de machines à imprimer. » Le théâtre fait vivre « acteurs, comparses, machinistes, décorateurs » ; les journaux donnent « un salaire à des milliers de compositeurs, de distributeurs et de commis ». Et tout ce monde paye des loyers énormes, dans les quartiers de Paris les plus en vue. Les écrivains peuvent devenir riches. Girardin parle d'expérience et donne encore des chiffres : Corneille a reçu de son libraire 700 francs pour *Le Cid* en 1636 ; Chateaubriand a cédé ses œuvres complètes pour 500 000 francs et il a même réussi le coup de force de vendre les *Mémoires d'outre-tombe*, qui ne doivent paraître qu'après sa mort, 150 000 francs. « Nous ne sommes plus au temps, comme on voit, où le talent littéraire ne pouvait mener à la fortune », conclut-il, sans crainte de choquer ceux pour qui le génie est nécessairement désintéressé et misérable.

La Presse a pendant ses premiers mois l'air d'un quotidien comme les autres, assez austère, très politique. Il faut dire que son directeur, blessé, est absent tout l'été et ne reparaît qu'à la fin de septembre 1836 : un entrefilet annonce ce grand retour et promet une nouvelle organisation. Car le journal reconnaît « s'être ressenti » de son orphelinat forcé (on devine que Girardin tient ici la plume) : « Quelques jours encore et cet état de choses aura cessé, tant pour l'unité des doctrines que pour la variété des matières. » Girardin savait que le sort de son journal se jouerait dans la première année. Il fallait faire la différence, pour attirer et surtout retenir les lecteurs. Le prix cassé ne suffisait pas. Alors il invente coup sur coup deux recettes extraordinairement efficaces. Deux traits de génie, nés d'une attention aiguë portée aux goûts de son public et aux talents de ses proches. Il n'a pas eu besoin d'aller chercher très loin ; Delphine et Balzac seront les instruments de ce double petit coup de théâtre. Cela commence par Delphine, même si Balzac était annoncé en premier.

En septembre 1836, une nouvelle signature apparaît dans *La Presse*, dans ce qu'on appelle la case feuilleton ; au « rez-de-chaussée » du journal, cette rubrique vit une vie autonome, séparée par un filet épais du reste de la page. C'est une sorte de vitrine où s'exposent des signatures identifiées, quand le reste du journal est souvent anonyme. Girardin a réussi à engager pour ce feuilleton une petite brigade d'écrivains à la mode : Alexandre Dumas, Théophile Gautier, Frédéric Soulié alternent au fil de la semaine et critiquent l'actualité des théâtres, des mœurs, du roman, des beaux-arts. À ces noms déjà bien connus se greffe une signature énigmatique : celle du vicomte Charles de Launay qui tient le feuilleton du jeudi, sous le titre « Courrier de Paris ». Cet auteur mystère adopte d'emblée un ton très particulier, ironique, impertinent, faussement superficiel. « Il n'est rien arrivé de bien extraordinaire cette semaine : une révolution en Portugal, une apparition de république en Espagne, une nomination de ministres à Paris, une baisse considérable de la Bourse, un ballet nouveau à l'Opéra, et deux capotes de satin blanc aux Tuileries ». C'est le début de son premier feuilleton, qui poursuit sur le même rythme insolent : « La révolution de Portugal était prévue, la quasi-république était depuis longtemps prédite, le ministère d'avance était jugé, la baisse était exploitée, le ballet nouveau était affiché depuis trois semaines ; il n'y a donc de vraiment remarquable que les capotes de satin blanc, parce qu'elles sont prématurées ; le temps ne méritait pas cette injure. »

Girardin a encore vu juste : cette chronique du jeudi suscite la curiosité et sera immédiatement imitée par ses concurrents. Dans l'entourage de la rue Saint-Georges, on sait que la fameuse « association de paquets de plumes » — le couple Girardin — a franchi une étape supplémentaire. C'est Delphine qui rédige ce « Courrier de Paris ». Girardin a fini par employer sa femme : il lui verse un revenu régulier, elle égayera le quotidien en s'adaptant aux besoins du journal. Cela durera douze ans, jusqu'à la révolution de 1848. Toute une légende se répand dans Paris autour de ce vicomte en peignoir blanc porté non ceinturé, qui écrit le matin, les cheveux lâchés en vagues blondes sur les épaules, cherchant l'inspiration dans les conversations qui se sont tenues dans son salon la veille au soir. La Muse a toujours la verve de ses premiers vers mais elle conjugue maintenant, écrit Théophile Gautier, une « finesse d'observation toute féminine et un bon sens tout viril ». Girardin a fait de sa femme un homme de lettres ; « Delphine attendait de devenir femme pour montrer son esprit d'homme », commente Véron, journaliste et ancien directeur de l'Opéra.

L'idée était de Girardin. On n'est pas tout à fait sûr pourtant que le succès remporté par Delphine l'ait complètement réjoui. D'après les mauvaises langues, il aurait souvent incité sa femme à jeter la plume, mais son associé dans *La Presse*, Dujarier, bien conscient de l'effet positif enregistré sur les ventes du journal, la ramassait toujours et la remettait entre les mains du « vicomte ». Le journaliste Mirecourt, qui déteste Girardin et l'a payé cher, l'imagine sortant de ses gonds et criant à sa femme : « Vous avez donc bien envie de faire parler de vous ? » Il ne faudrait pas que cette case de la chronique fasse de l'ombre au reste du journal, surtout pas aux éditoriaux fleuves que signe Girardin à la une, presque chaque jour, dans un style à la fois alambiqué et sec qui décourage la lecture. Les chroniques du vicomte de Launay, elles, font l'admiration générale.

On dirait que Delphine avait trouvé le moyen de réaliser ce qu'Émile n'avait jamais su faire : réussir sans être haï, piquer sans blesser vraiment, si bien que ceux qui en faisaient les frais riaient avec tout le monde. Bien sûr, les actrices de la Comédie-Française pourraient s'offusquer quand le Vicomte note qu'on y pratique une étrange façon de dire les vers : « On n'entend pas un mot. » Mme Paradol, sur scène, « supprime toutes les consonnes », « Vous êtes de faux dieux » devient « Où êtes eu au ieux », formule assez énigmatique ; Mlle Ida, dont l'embonpoint rend le rôle d'ingénue risible et révoltant, « est enrhumée depuis dix ans », si bien qu'une tirade tragique prend selon le Vicomte des airs clownesques : « Un biracle, ba bère ! », pour « Un miracle, ma mère ! ». Ce ne sont que des coups de griffe qui ont le charme d'un esprit sans malveillance ; quand on est griffé, c'est sans conséquence, rien à voir avec un duel sinistre au petit matin. Jules Janin parle d'expérience : « Vous vous promeniez bien tranquille, bien heureux, bien content, et vous receviez une grande balafre. Qui m'a griffé ? est-ce un homme ? — Si c'est un homme, il a la main trop dure. — Est-ce une femme ? — Si c'est une femme, elle a la griffe trop vive. — Ce n'est pas un homme, ce n'est pas une femme qui vous a griffé ; non, c'est le chat ! » La balafre guérit vite « et vous vous consoliez en rencontrant sur votre chemin tant d'autres balafrés comme vous ». Le vicomte de Launay glisse d'ailleurs dans ses chroniques toute une théorie sur le sujet, où l'on devine les années d'expérience mondaine accumulées par Delphine depuis sa plus tendre enfance : on se fait moins d'ennemis par l'épigramme que par la flatterie, écrit-il, car « l'éloge fâche parfois celui qu'on voulait flatter, blesse les amis envieux et irrite les ennemis ». Alors qu'une « épigramme ne fâche que celui qu'elle atteint : elle divertit ses amis et réjouit tous ses ennemis ».

Girardin aurait été bien inspiré de suivre la leçon ; peut-être aurait-il évité quelques procès s'il avait su se joindre aux conversations du salon de la rue Saint-Georges, au lieu de s'endormir dans son fauteuil, de rejoindre discrètement une autre femme dans un autre hôtel parisien ou de monter se coucher pour être à pied d'œuvre au petit matin. « M. de Girardin ne se montre guère dans son salon, note Mirecourt, personne ne le réclame. » Car les feuilletons de Delphine ont une efficacité évidente : il lui suffit de mentionner à demi ironiquement la présence dans un dîner de célébrités (« on ne mangeait pas les célébrités ») du « grand poète M. Victor Hugo », à côté du « grand romancier M. de Balzac » et du « grand agriculteur M. de Lamartine », pour recevoir le lendemain une lettre éperdue de gratitude.

> Comment vous remercier, madame, de votre ravissant feuilleton ? Où prenez-vous toute cette grâce, toute cette force, tout ce charme, toute cette moquerie ? Cette amitié qui est de la puissance, cette colère qui est de l'éloquence, cette prose qui est de la poésie ? Vous trouvez tout cela dans votre cœur, où il n'y a pas seulement le génie d'un poëte, où il y a l'âme d'une femme. C'est ce qui vous fait exquise. C'est ce qui fait que la beauté de votre visage reflète la noblesse de votre esprit ; c'est ce qui fait qu'on vous aime et qu'on vous admire.
>
> Je baise respectueusement vos mains charmantes qui écrivent de si belles choses et vos pieds courageux qui en foulent de si laides.
>
> VICTOR H.

✧

Avec les chroniques de Delphine, Girardin avait mis les mondains de son côté. Cela ne suffisait pas. Il fallait aller au-delà, sinon les ventes de *La Presse* continueraient à plafonner. Pendant que *Le Siècle*, son concurrent, prendrait de l'avance. On imagine Girardin ruminant les chiffres de vente, calculant en silence les recettes et les dépenses dans ses allées et venues entre la rue Saint-Georges et l'imprimerie. Il s'est endetté en lançant ce journal. Il ne peut pas échouer. Sans doute repense-t-il à ces séances de lecture à haute voix qui égayaient la rue Saint-Georges : Delphine lisant à Balzac un roman fait pour le flatter, Lamartine fasciné, Hugo conquis ; ou Balzac faisant éclater de rire, plus ou moins volontairement, l'assemblée élégante réunie autour de lui. Les heures qui passent sans qu'on s'en aperçoive.

La plupart des revues publiaient alors des morceaux de romans, par tronçons imposants et à un rythme espacé ; en général pas plus d'une fois par mois, on avait le temps de perdre le fil. Girardin décide de passer à la vitesse supérieure et de flatter les goûts d'un lectorat qui pourrait se lasser des tartines industrielles et politiques. « Tu n'aimes que la fiction, et l'on te sert selon tes vœux » : c'est la promesse que le vicomte de Launay adresse à son public dans une de ses chroniques. Girardin la réalisera : il invente le roman-feuilleton — un épisode par jour. Pour lancer l'expérience, il fait appel à Balzac qui publie à tous vents, a toujours un projet en cours et à vendre. Officiellement, ils sont encore mortellement fâchés. Mais, en cet automne 1836, Balzac se débat plus que jamais dans ses dépenses et ses promesses irréalistes : il doit solder les comptes d'un journal qu'il a voulu lancer et qui a échoué, la *Chronique de Paris* ; tenir ses engagements auprès de l'éditeur à qui il a promis les *Contes drolatiques* ; régler les traites que lui réclame un tapissier à qui il doit des milliers de francs. Le tout en surmontant l'immense chagrin où l'a plongé la mort de Laure de Berny, sa protectrice et sa première maîtresse.

Émile met les formes pour amadouer Balzac. Il sait aussi que la dernière faillite du romancier avec la *Chronique de Paris* est un peu sa faute : *La Presse*, avec son prix cassé, écrase la concurrence et le journal de Balzac coûtait le double pour deux fois moins de numéros. « Mon cher boudeur, écrit Girardin, vous savez que notre rupture n'a pas un moment détruit en moi l'ancienne affection que nous nous portions. » L'effort est surhumain pour lui qui déteste avoir tort et encore davantage exprimer quelque sentiment que ce soit, surtout de regret : « Je vous suis, mon cher Balzac, sincèrement attaché, je crois vous l'avoir déjà prouvé, et si j'ai eu tort à votre égard, je ne demande pas mieux que d'en convenir. » Publier chaque jour dans un quotidien en vue, cela ne se refuse pas. Balzac signe avec Girardin pour livrer *La Vieille Fille* à partir de la fin du mois de septembre 1836. Il l'a déjà vendu ailleurs, certes, et n'a même pas commencé à l'écrire. Tout cela devrait pouvoir s'arranger ; en trois nuits, confie-t-il exalté à Mme Hanska, il écrit l'essentiel du livre. *La Presse* s'égosille et clame par de grands encarts publicitaires la parution prochaine d'un roman de Balzac inédit, en dix feuilletons.

Sueurs froides pour Girardin : Balzac de nouveau tergiverse, refuse de faire imprimer son manuscrit ailleurs que chez Plon, le seul en qui il ait confiance, alors que les épreuves sont déjà prêtes chez un autre imprimeur. Il s'avère aussi que la production de ces trois nuits fiévreuses ne correspondait qu'aux deux premiers chapitres du roman. Les premiers épisodes paraissent avec plus d'un mois de retard par rapport à ce qu'annonçaient les publicités. Puis Balzac disparaît, avec la suite. Il avait plusieurs fers au feu, et négociait en parallèle avec *Le Figaro* pour placer *La Maison Nucingen* et *César Birotteau*. Girardin hausse le ton puis se ravise, il marche sur des œufs : « Je ne sais trop, en vérité, comment vous écrire ; dès qu'il y a de part et d'autre échange de bons procédés et rapports d'intérêts, pourquoi nos anciens liens d'amitiés restent-ils dénoués ? » La livraison s'interrompt et reprend ; les lecteurs sont harponnés, dérangés aussi par la liberté de ton. Girardin croule sous les courriers protestant contre des détails jugés trop libres, surtout pour un journal qui doit être lu par tout le monde.

Le roman-feuilleton était né. Preuve que l'idée était bonne, les ventes de *La Presse* suivaient une courbe ascendante. En quelques mois, le journal avait atteint son objectif et était devenu rentable. Encore plus probant : on crie au scandale, on ironise, on critique. *Le Charivari* n'a pas de mots assez grinçants et suit jour après jour les « balzachinades » fournies par « M. Balzac, se disant de Balzac » à « M. Émile Lamotte, se disant de Girardin ». Plus on s'en moque, plus l'invention prend corps. Girardin était bien capable d'apprécier le bénéfice de ce raffut. Cela confirmait qu'une fois de plus, il avait frappé juste : « M. Émile Lamotte a commencé par inventer son nom, raille *Le Charivari*, ce qui n'était pas trop mal débuter, puis il a inventé les *actions qu'on s'arrache*, le dividende antichipé, tout récemment les *cinq mille trois cents abonnés* de *La Presse*, et encore quelques inventions anciennes, dont *la carotte*, enfin le roman publié par la voie d'un journal. » De son côté, M. de Balzac s'était jeté à corps perdu dans « la littérature au rabais », constatait-on ailleurs avec un regret simulé. Il avait surtout ouvert la voie à quantité d'autres écrivains et serait immédiatement suivi, dans *La Presse*, par Alexandre Dumas (« de Cocagne », s'esclaffe *Le Charivari*). Girardin expérimente, ses concurrents appliquent. Il a l'innovation facile et décidément toujours un peu amère.

II

LE PLAFOND DE VERRE MINISTÉRIEL

Après la fondation de *La Presse*, Girardin était devenu une personnalité qui comptait. Le journal avait dépassé 20 000 exemplaires, le double de l'objectif de départ. La formule était maintenant gagnante, la plupart des journaux s'alignaient sur son prix et son fonctionnement. Girardin en tirait des revenus consistants. Qui aurait pu l'empêcher de s'attribuer un double salaire, comme gérant du journal et rédacteur en chef de la partie politique ? Qui aurait osé contester ses rémunérations supplémentaires pour chaque article qu'il rédigeait, payé comme tous les autres à la ligne publiée ? La concision n'était pas son fort ; on comprend que ce n'était pas son intérêt non plus. Tout cela faisait de lui, plus que jamais, un homme à abattre. Ceux qu'il avait froissés autrefois, ou humiliés par sa brutalité conquérante, pensaient que leur heure était venue : puisque Girardin était sous les feux de la rampe, leur rancune pouvait bénéficier de son éclat. Girardin décline en rafale les provocations en duel. En deux ans, il est traîné sept fois en justice. La plupart du temps, il a gain de cause. On l'accuse de malversations souvent impossibles à prouver — captation de subventions occultes, détournements de capitaux. Si bien que, même s'il sort gagnant, le doute demeure. Peu importe. Girardin était fait pour se battre et semblait prendre un plaisir étrange à devoir prouver sa force. Maintenant il avait un autre objectif. Que pouvait-il bien lui manquer encore ? Il portait un nom prestigieux ; sa femme tenait l'un des trois salons qui dominaient Paris ; sa fortune se consolidait chaque année ; il dirigeait l'un des journaux les plus influents du moment. Mais cela ne lui suffisait toujours pas.

Il y avait ce besoin de reconnaissance qui le taraudait. Pour monter plus haut, il restait à conquérir un ministère. Pendant toute la monarchie de Juillet et même au-delà, Girardin est l'éternel ministrable. Il est entouré de politiques puissants, rivalise d'influence avec les chefs de parti. Sans cesse, on l'annonce sur le point de prendre un portefeuille. Chaque fois, c'est une déception. Il faut dire que Girardin était un allié embarrassant. D'abord, il ne parlait pas beaucoup, en public pas plus qu'en privé. On n'était jamais sûr de ce qu'il pensait. Dans *La Presse*, ses prises de position pouvaient se retourner de façon tout à fait inattendue. Un signe de liberté, se défendait-il ; un manque de calcul stratégique aussi. Comme par impulsion soudaine, Girardin signe des éditoriaux presque socialistes, apporte son soutien aux députés de gauche — qui le haïssent radicalement depuis la mort de Carrel. Et quelques jours plus tard, il défend les positions les plus conservatrices : « Il aime les situations paradoxales », commente Charles de Rémusat qui, lui, saura tenir sa ligne et devenir ministre auprès de Thiers. Quand Girardin change d'avis, c'est inquiétant, y compris pour ceux qu'il a décidé de défendre. Parce qu'il s'est mis à détester Thiers, puis Guizot, les « libéraux doctrinaires », il embarque son journal dans le soutien inconditionnel à un ministère conservateur mené par Mathieu Molé : tout cela avec une hardiesse agressive que le ministère n'aurait peut-être pas demandée, se souvient Rémusat, car cela rapporte aux ministres des inimitiés dont ils se seraient bien passés.

✧

La politique ne réussissait pas à Girardin aussi bien que le reste. Sur le terrain, sa vie de député n'avait rien de tranquille non plus.

On vint lui chercher des noises jusqu'à Bourganeuf. *Le National*, le journal de Carrel, avait décidé de lui faire perdre les élections de novembre 1837. Deux avocats sont envoyés de Paris pour mener campagne contre lui et faire élire son concurrent. Girardin gagne quand même ; alors ils ripostent et frappent très bas, là où il est le plus vulnérable — sa naissance. L'élection est contestée devant la Chambre des députés : l'acte d'état civil de Girardin n'est pas clair, avance-t-on, et n'indique pas son lieu de naissance. Le député de Bourganeuf a été autrefois déclaré né en Suisse ; on a rectifié la date de sa naissance, certes, mais rien n'a été spécifié quant au pays. « M. de Girardin n'est pas français, expose le rapporteur de la commission montée en toute hâte pour examiner la question, les pièces telles qu'elles sont ne sont pas suffisantes. » Scandale et tumulte à la Chambre. S'élève une voix qui fait taire les oppositions : Lamartine demande plusieurs fois la parole, réussit à l'imposer et met fin au débat. Pour emporter la décision des élus, explique-t-il, il suffit de comparer Girardin à Benjamin Constant. Lui aussi a vu sa nationalité contestée, un peu plus de dix ans auparavant ; la Chambre a finalement reconnu qu'on n'avait pas à aller au-delà de la « possession d'état » : celui qui possède une situation réservée aux Français ne peut se voir contester sa nationalité. « Pourriez-vous aujourd'hui troubler Girardin à tous ses pas dans la vie publique ? Le cas est le même, vous n'avez pas deux paroles : vous validerez l'élection de l'honorable Girardin. » Ce qui se produit en effet : portée par le souffle de Lamartine, la décision est mise aux voix et la Chambre se lève en masse pour l'admission.

Lamartine était un astre en pleine ascension ; il siégeait à l'Académie française, tenait salon deux fois par semaine avec sa femme Marianne — jusqu'à cent vingt personnes par soirée — mais ne dînait presque jamais chez lui. Delphine ne manquait pas une occasion de faire son éloge dans les chroniques du Vicomte. Alors que Girardin devait se battre pour faire admettre ses moindres succès,

Lamartine ne savait plus où donner de la tête : en 1837, il est élu dans trois circonscriptions à la fois, est sollicité pour prendre un ministère, se lève à l'aube pour jeter sur le papier des centaines, voire des milliers de vers, car la vie politique l'inspire et le stimule. À chacun de ses discours, on l'inonde de lettres de remerciement. Il sait convaincre quand il défend à la Chambre la question du peuple (« c'est-à-dire surtout la mienne », écrit-il à un ami), ou bien quand il tonne contre la colonisation en Algérie, plaide pour les chemins de fer, pour l'abolition de l'esclavage et de la peine de mort. Ses discours sont immédiatement édités et se vendent par milliers d'exemplaires.

Girardin, lui, n'est élu que pour devoir démissionner et se défendre contre les poursuites judiciaires, car l'immunité parlementaire lui est facilement retirée. Au bout de quatre mandats et deux fois plus de candidatures, on dirait que les électeurs de Bourganeuf se lassent et lui préfèrent un représentant moins tumultueux. Candidat permanent à des élections qu'il doit toujours remettre en jeu, éternel ministrable, Girardin piétine au rythme irrégulier d'un régime monarchique plein de contradictions. Le temps file, pourtant ; en homme d'action, il se démènera pour réussir autrement.

12

THIERS, LE MEILLEUR ENNEMI

Il y eut des passages à vide. Au tournant de 1840, tout semblait se défaire à la fois. *La Presse* donnait des signes de faiblesse. Les revenus stagnaient, car la censure était revenue de plus belle et pesait sur les tirages. Girardin embarrassait les gouvernements successifs et semblait fragilisé par ses revers judiciaires. Thiers était au pouvoir, les relations entre les deux hommes se tendirent jusqu'à la franche inimitié.

Les saillies de *La Presse* agaçaient Thiers au plus haut point. Avec Girardin, ils jouaient un duo étrange ; voisins depuis des années, ils se ressemblaient indubitablement. Thiers s'était battu lui aussi pour devenir quelqu'un, après l'abandon d'un père volage et même un peu escroc. La nature ne l'avait pas excessivement gâté : il était très petit (Mérimée l'appelait « un tiers »), il voyait mal, était affligé d'une voix pénible. Mais il avait le don de l'éloquence, un charisme dû à une intelligence hors norme. Surtout, il avait ce qui manquait tant à Girardin : une mère qui l'adulait, une grand-mère qui l'idolâtrait. Né à Marseille, Thiers était monté à Paris pour faire carrière, suivi par cette petite cour familiale. Et très vite, il avait percé, fréquenté le banquier Laffitte, épousé la fille d'un entrepreneur de travaux publics qui était en train d'aménager le quartier de la Nouvelle Athènes ; dans la dot de son épouse, Élise Dosne, il y avait un prêt énorme qui finança la construction d'un hôtel spectaculaire place Saint-Georges. Sous la Restauration, on croisait Thiers chez Sophie Gay et sa fille Delphine, puis, au début de la monarchie de Juillet, chez les Girardin. Les relations s'étaient détériorées ensuite, devenant exécrables après la mort de Carrel, l'ancien compagnon d'armes de Thiers au *National* et pendant les journées de juillet 1830.

Gouverner, pour Thiers, c'était posséder la presse. Il lançait des offensives systématiques sur les journaux en rachetant des actions dès qu'il s'en libérait, puis dictait tout simplement les articles qui lui étaient nécessaires. Il tenait aussi sous sa botte des hommes de paille qu'il plaçait à la tête des rédactions. Vint un jour où *La Presse*, dans ses attaques permanentes contre lui, alla trop loin. En janvier 1839, quand Thiers arrive au pouvoir, Girardin publie des éditoriaux assassins, le décrivant comme le plus inconsistant, le plus léger des hommes d'État, un véritable « dissolvant de toutes les combinaisons auxquelles il s'est mêlé ». Quelques mois plus tard, le gouvernement Thiers tombe, mais la rancune reste.

L'occasion s'est présentée de faire taire Girardin : *La Presse* a dû se déclarer en faillite. Le journal avait consommé les trois quarts de son capital ; une clause prévoyait, à la fondation, qu'un tel montant de dépenses entraînerait la liquidation. Thiers convoque dans son cabinet le docteur Véron — encore lui, ce fantasque journaliste, médecin et ancien directeur de l'Opéra. « Vous pouvez m'être utile, lui dit-il tout de go, et je vous serai utile à mon tour. » Il s'agit d'acheter *La Presse*, en se débarrassant de Girardin. Véron devait mettre la main à la poche, mais c'était une position de pouvoir qui ne se refusait pas. Thiers était prêt à compléter largement. Véron se rend donc docilement rue Saint-Georges, chez Girardin, qui réagit mal : il exige pour le rachat une somme impossible. Thiers renonce et se replie sur *Le Constitutionnel*. Véron en devient actionnaire, administrateur et gérant, le tout à la solde de Thiers : « Vous viendrez me voir le matin, vers midi, à l'heure de ma toilette, lui dit Thiers, je donnerai des sujets d'articles en faisant ma barbe. »

De son côté, Girardin sauve les meubles. *La Presse* est cédée en adjudication à Alexandre Dujarier, un jeune banquier de son entourage, pour un tiers du prix demandé à Véron ; un traité précise que la rédaction en chef du journal et le choix des rédacteurs resteront entre les mains d'Émile de Girardin. Bref, il a quasiment racheté son propre journal. Dujarier est administrateur-gérant et le restera jusqu'à sa mort six ans plus tard, à trente ans, dans un duel déclenché pour une raison dérisoire.

Mais les temps sont durs. Les Girardin doivent revendre l'hôtel de la rue Saint-Georges. À la place du gracieux bâtiment et de sa cour circulaire, ils investissent le rez-de-chaussée d'un immeuble de la rue Laffitte. La moitié d'un rez-de-chaussée même, puisque l'autre moitié est achetée par Alexandre Dujarier. Quand les Girardin reçoivent, raconte Mirecourt méchamment, ils ouvrent la porte de séparation : le couple semble alors posséder un appartement immense, au détriment de Dujarier qui n'a plus de chez-soi. L'orgueil est sauf. Delphine tient toujours salon, mais le décor n'a plus le même faste. Dans ces années de relative infortune Théophile Gautier devient un fidèle. Avec toute la délicatesse d'un ami éprouvé, il se souviendra, peu de temps après la mort de Delphine, de sa beauté peut-être un peu mûre en ces années tristes ; ses traits magnifiques avaient perdu alors « ce qu'ils avaient pu avoir de trop arrêté, de trop découpé dans le marbre pour une jeune fille, et une douceur nouvelle tempère ses proportions de statue ». La grâce de Delphine était comme soulignée par le contraste avec un environnement assez défraîchi : « Tout l'appartement était tendu d'un damas de laine vert d'eau, dont le ton glauque comme celui d'une grotte de néréide ne pouvait être supporté que par un teint de blonde irréprochable. » Ce n'était plus la splendeur d'antan ; mais Delphine, écrit Gautier, restait extrêmement fière de ses amis ; « c'était sa coquetterie, son élégance, son luxe ». Sa consolation, sans doute, puisque la vie ne lui souriait pas tous les jours.

✧

« Un ton glauque comme celui d'une grotte de néréide » ; on peut se représenter les mouvements lents, aquatiques, du couple Girardin dans cette atmosphère équivoque. L'alliance entre les deux talents ne trompait plus vraiment personne. Par bribes, on comprend que leur vie commune se délitait peu à peu. Delphine passait de longs mois seule à Bourganeuf. Elle avait beau, de retour à Paris, chanter dans *La Presse*, par l'intermédiaire du Vicomte, les louanges du Verger, célébrer les torrents et les grottes superbes, réelles celles-là, tapissées de mousse et de lierre, ses amis savaient que son isolement était largement contraint. Ses lettres à Lamartine ressemblent à des appels au secours. « Fatalité dans les grands événements et misérables guignons dans les petites choses, telle est ma vie, écrit-elle de Paris en juin 1838 ; et cependant, j'aurais été si facilement heureuse ! enfin ! » Le grand homme en devenir n'a guère de temps à lui consacrer et l'incite à imiter son exemple, en travaillant et en poursuivant un grand dessein : « Entreprenez, comme moi, quelque œuvre magnanime, bien qu'avec la certitude de ne rien mener à terme. » Deux mois plus tard, Delphine est dans la Creuse et c'est pire : « M. de Girardin est à Paris en ce moment, je suis seule, bien seule au milieu des rochers habités par beaucoup de serpents. J'ai depuis ce matin les idées les plus sombres, aussi je vous écris pour me calmer l'esprit. »

Il s'est passé quelque chose, qui hante Delphine : « Il m'est impossible de travailler, j'ai des souvenirs trop puissants, ils sont vivaces et m'ôtent la faculté d'imaginer. » Embargo sur ce traumatisme, pas un mot dans la correspondance de Delphine, même auprès de ses amis les plus intimes. On doit s'en tenir aux bruits qui courent et aux confidences des témoins. Delphine aurait accepté les hommages d'un jeune admirateur. Il lui fallait lutter contre cette tristesse que les absences d'Émile finissaient par faire régner rue Laffitte, une fois le salon vide et les conversations étincelantes évanouies. De notoriété publique, Mme de Girardin était une beauté inaccessible ; « on la trouvait très belle, se souviendra le poète et journaliste Auguste Vacquerie dix ans après la mort de Delphine, mais il ne venait pas à l'idée d'en être amoureux. On l'aurait tutoyée avant de lui baiser la main ». On la disait statue plus que femme : beaucoup d'amoureux, pas un amant. « Chère prude », écrit Dumas quand il s'adresse à elle, alors même qu'il confesse éprouver une tristesse ridicule quand il la voit au milieu de son salon entourée de vingt personnes : « Dans le monde vous êtes comme une glace brisée, chaque ami peut se mirer dans un fragment de vous-même, mais mieux vaut se regarder dans la glace entière. »

L'homme qui osa malgré tout était un dandy nommé Duranton. Pour faire céder Delphine, qui hésitait devant la tentation, il essaya de provoquer sa jalousie, et défraya la chronique en s'exhibant dans tout Paris avec des danseuses qu'il couvrait de cadeaux. À ce rythme, il y laissa vite sa fortune et supplia Delphine de fuir ses dettes et Paris avec lui. Comment aurait-elle pu accepter de quitter Émile, son salon, ses chroniques, sa vie parisienne, pour une aventure qui n'était pour elle qu'une consolation ? Delphine refusa. Duranton mit fin à ses jours d'un coup de pistolet. C'était un drame infamant pour les Girardin, car on trouva auprès du corps un linge marqué aux initiales de Mme de Girardin. Peut-être même le suicide eut-il lieu chez eux. Une version malveillante de la scène est imaginée par l'écrivain Arsène Houssaye, dandy romantique et mondain : Émile accourt, saisi par le bruit de balle et découvre le corps sanglant, Delphine agenouillée à ses côtés. « Vous l'aimez donc bien, dit Émile à Delphine. — Oui, monsieur, j'aime cet homme, mais je ne l'aime que depuis qu'il est mort. »

Delphine devient à son tour l'héroïne d'un conte à la Balzac. Cette triste aventure aurait même inspiré le romancier pour les dernières pages de *Splendeurs et misères des courtisanes*, le suicide pitoyable de Lucien de Rubempré qui se pend en prison. Rien de sûr dans tout cela. On a des preuves plus tangibles sur un autre drame intime qui va bientôt mettre la résistance du couple Girardin à rude épreuve.

✧

Sur les portraits d'Émile dans ces années-là, on a du mal à deviner l'homme à femmes. Il a toujours cet air concentré et grave et, s'il sourit, cela ressemble à une grimace. Pourtant, il menait plusieurs vies sentimentales à la fois, c'était un fait connu. Delphine pouvait feindre de l'ignorer, mais vint un moment où cela s'imposa à elle, publiquement.

Cela se passe en mars 1839 : Thérésa Cabarrus, l'amie des années de pension, la sœur du docteur Édouard Cabarrus et la fille de Mme Tallien, donne naissance à un garçon. Le père n'est pas immédiatement identifié, mais le prénom du nouveau-né est déjà en soi une forme de reconnaissance : il s'appelle Alexandre. Delphine ne l'apprend pas tout de suite ; mais en 1844, quand elle rédigera son testament (elle n'avait pas encore cinquante ans pourtant), elle y déclarera adopter cet enfant qu'elle désignera comme Alexandre de Girardin.

Il faut dire que Thérésa était toujours mariée au baron Achille Ferdinand Brunetière, mousquetaire de la garde de Louis XVIII, colonel et chasseur d'Afrique, dont elle avait déjà eu quatre enfants. Elle n'avait pas la liberté de divorcer, contrairement à sa mère, Mme Tallien, qui s'était mariée quatre fois et avait eu onze enfants de cinq pères différents ! Thérésa avait le charme et la séduction de sa mère et semblait avoir été gagnée par la fièvre d'entreprendre de Girardin ; sous son influence, elle créa et dirigea des titres de presse, qu'elle mena assez sûrement à la faillite. Puis elle obtint, grâce à son père banquier, Gabriel Ouvrard, le droit d'ouvrir un bureau de tabac. À la tête de *Paris, journal des travaux publics, de l'agriculture et du commerce*, Thérésa Cabarrus, Mme Brunetière de la Bergerie, essuie des procès qui finissent par la ruiner. Alexandre n'a pas encore cinq ans quand elle décide de quitter la France pour échapper à ses créanciers et tenter sa chance en Angleterre ; Girardin l'installe à Londres où elle crée aussitôt un nouveau journal, *L'Observateur français*.

L'enfant est laissé aux soins de son père ; on s'en doute, Émile avait d'autres fers au feu. Fils d'Alexandre, le voilà chargé d'un autre Alexandre, son fils, dont il ne sait que faire. Sa résolution est rapidement prise et il organise sans plus d'atermoiements une rencontre avec Delphine. La scène est devenue légendaire. Girardin se présente à sa femme tenant par la main ce garçonnet de cinq ans au prénom dynastique. La Muse se laisse immédiatement attendrir. Elle a dépassé la fleur de l'âge ; selon Balzac, la femme de trente ans a laissé l'essentiel de sa vie derrière elle et Delphine a franchi le cap de la quarantaine. Elle manifeste même vis-à-vis d'Émile une sorte de reconnaissance, le remerciant d'avoir assez confiance en elle pour prendre en charge l'éducation de l'enfant. Cela semble extravagant ; toujours est-il que Delphine ne s'oppose pas à ce que Girardin affiche un héritier, ni à ce qu'Alexandre porte le nom de son père, en devenant l'homonyme de son grand-père. Une sorte d'attachement doit naître entre eux : avec ses droits d'auteur, Delphine offre un cheval à l'enfant qui n'est pas le sien.

Cahin-caha, Girardin réparait encore un peu davantage ce roman familial déchiré, dont les lacunes accompagnaient tous ses faits et gestes.

✧

Girardin avait trouvé en Delphine une alliée décidément inébranlable. Sa loyauté paraissait résister à toutes les épreuves : alors même qu'Émile la délaisse pour Thérésa, elle prend publiquement sa défense face aux attaques.

Quand son mari est offensé, elle dégaine sa plume et rédige à chaud, comme on se bat au champ d'honneur. En vers, elle s'insurge contre l'annulation du mandat de Girardin : *Le Vote du 13 avril 1839*, poème publié une semaine après la destitution d'Émile, est un véritable plaidoyer matrimonial. Le député malheureux y est décrit comme un homme ayant grandi dans une lutte infâme, ne possédant que l'amour d'une femme : « Il était sans parents, sans nom et sans appui / Il était seul et fier, elle courut à lui. » Noble orphelin, le héros persécuté y apparaît comme un « hardi lutteur » que rien ne peut abattre, sinon cette faille que nous connaissons bien : « Au seul mot de parents, muet et consterné / [il] pleure comme un enfant... hélas ! abandonné. » On conteste la nationalité d'Émile ? La Muse de la patrie se porte garante : « Il est né parmi vous, il est fils de la France » — car elle qui a chanté Jeanne d'Arc et fait de son « beau pays sa seule idole, ne l'aurait point choisi, s'il n'était pas français ».

Publiquement, l'alliance des deux paquets de plumes devait tenir. Émile et Delphine avaient besoin l'un de l'autre. Sur le plan intime, les choses étaient plus compliquées et on devait beaucoup jaser sur le décalage entre le côté cour et le côté jardin. À la sortie d'une visite rue Laffitte, le poète Louis de Ronchaud se jette sur son papier à lettres pour en donner la primeur à son amie Marie d'Agoult : le vicomte de Launay, raconte-t-il, a bien ironisé sur son amour conjugal ; lui a trouvé Delphine très amusante et médisant très bien.

Dans cette période orageuse, Girardin compte de fait ses alliés. Thiers le persécute et il est assisté par sa belle-mère, la redoutable Mme Dosne, qui déteste Girardin encore plus que lui et inspire à Thiers ses mauvais coups. Ils sont tous les deux derrière les manigances qui font annuler l'élection de Bourganeuf et la rivalité devient une histoire de clan. Car Mme Dosne tenait salon et c'était un des lieux qui comptaient dans Paris ; mais il était bien moins brillant que celui des Girardin, les écrivains y étaient plus rares et l'hôtesse manquait d'élégance. Balzac s'était déchaîné, dans sa *Revue parisienne*, contre cette Madame-mère qui s'était vu refouler du faubourg Saint-Germain en raison de ses origines trop populaires (son père était marchand de draps), et régnait en « majesté de bourse et comptoir » sur toute l'administration française. Elle serait à l'origine des décisions les plus funestes de son gendre ministre.

Delphine, Émile et le Vicomte, eux, fraient avec l'aristocratie. Entre les Thiers et les Girardin, l'opposition est sociale autant que politique : « Dans une époque comme la nôtre, écrit le Vicomte dans *La Presse*, c'est un grand malheur d'avoir une naissance noble, une tournure noble, des manières nobles » ; et, feint-il de déplorer, c'est le malheur de M. de Lamartine. « C'est au contraire un très grand bonheur que d'avoir une naissance commune, une tournure commune, des manières communes : c'est le bonheur de M. Thiers. » Peut-être s'est-il passé quelque chose de particulier, qui a attisé l'hostilité chronique de Delphine vis-à-vis du clan Thiers. Elle semble être réellement entrée en rage, comme cela lui arrivait parfois quand on s'en prenait à ses proches. Cette fois, elle va frapper plus fort que jamais, en visant un fléau moderne : la corruption des journalistes.

✧

En quelques jours, Delphine rédige une pièce de théâtre : *L'École des journalistes*. Une satire terrible du monde de la presse et surtout des liens consanguins entre pouvoir politique et pouvoir médiatique. Au centre de l'intrigue, le fonctionnement quotidien, cocasse et calamiteux, d'un journal mal nommé *La Vérité* — il ne propage que racontars, critiques malveillantes et faits non vérifiés. L'action tourne autour d'un trio parfaitement transparent : il y a un ministre en poste, la toute jeune femme qu'il s'apprête à épouser et la mère de celle-ci, qui est la maîtresse de son gendre. S'y ajoute le beau-père, un gros frisé qui finance le journal et menace sans cesse de retirer son soutien. La fille, Valentine, est décrite comme jolie, distinguée, innocente, manières comme il faut ; sa mère, Mme Guilbert, est une grande et belle femme, élégante et simple : pas exactement ce qu'on croit savoir de l'apparence renfrognée et désagréable de Mme Thiers, ni des attitudes roturières de sa mère, Mme Dosne. Mais pour le reste, tout y est, les clés sont évidentes. Thiers est clairement visé : son mariage avec Élise Dosne, quelques années auparavant, n'avait pas trompé grand monde, on connaissait de longue date sa liaison avec Mme Dosne mère, femme d'un puissant entrepreneur. La preuve que Delphine visait juste : le gouvernement riposta immédiatement.

Tout commençait bien pourtant pour *L'École des journalistes* : la pièce enthousiasme le comité de lecture de la Comédie-Française, qui l'inscrit à son programme. Delphine la lit à haute voix rue Laffitte, devant une brillante assemblée : plus de deux cents invités parmi lesquels les amis habituels, Balzac, Hugo, Eugène Sue et une pléiade d'auteurs bien placés. Plus la lecture avance, plus on blêmit dans le public, les rires virent au jaune et les journalistes ont du mal à avaler le champagne offert à la pause. Balzac fait retentir son rire pantagruélique, applaudit bruyamment à chaque nouvelle grossièreté des personnages. Cinq jours plus tard, le ministre de l'Intérieur fait interdire la pièce, sur ordre du président du conseil, Adolphe Thiers. *L'École des journalistes* ne sera jamais représentée du vivant de Delphine.

Encore un scandale, et cette fois, Girardin s'en serait bien passé. Car il est éclaboussé au passage : Delphine tient une plume au vitriol et la presse apparaît dans sa pièce comme un monde vénal, corrompu, aux mains de journalistes sans morale qui tous entretiennent de multiples maîtresses pour fuir leurs épouses, des dragons sans charme. Le patron du journal ne fait pas exception, au milieu de ces rédacteurs ignares et méchants, parfois même assassins. *L'École des journalistes* raconte en effet comment Morin, un peintre passé de mode, est poussé au suicide par des critiques infamantes. C'était un souvenir de jeunesse, pour Delphine : elle avait vécu le drame du baron Gros, dont le corps avait été retrouvé en 1835 dans la Seine, près de Meudon. Ce peintre officiel de l'Empire, aimé de Bonaparte, auteur des grands tableaux d'histoire à la gloire des victoires d'Eylau ou d'Arcole, n'avait pas survécu aux sarcasmes déchaînés par le tableau qu'il avait exposé au Salon de 1835, en décalage complet avec les nouveaux standards de la peinture romantique. Delphine aimait ce peintre néoclassique, un familier du salon de Sophie Gay associé à ses débuts de muse officielle : Gros lui avait commandé un poème pour célébrer la livraison de ses fresques à l'église Sainte-Geneviève. Cruauté des goûts du jour. Stupidité de la critique moutonnière.

Il y avait du bon cependant dans ce raffut, pour qui savait s'y prendre. Dans *La Presse*, Girardin entonne son couplet habituel contre les atteintes à la liberté d'expression et s'empresse de publier *L'École des journalistes* en feuilleton. Indignation partout, et l'indignation fait vendre : on s'arrache le journal. En un temps record, la pièce est éditée ; les exemplaires sont épuisés en quelques semaines, il faut une deuxième édition. Décidément, l'alliance des Girardin résiste à tous les assauts.

✧

À mener toutes ces batailles, malgré tout, on perd des plumes. Pour se représenter le nuage d'hostilité qu'Émile traîne derrière lui, il faut imaginer cette soirée calamiteuse qu'il vit avec Delphine un soir de novembre 1840. Cela se passe à l'Opéra, où Berlioz en pleine ascension donne une représentation en grande pompe. Le compositeur dirige plusieurs centaines de musiciens ; on y entend du Gluck, du Palestrina et plusieurs compositions signées de Berlioz lui-même. Beaucoup de beau monde se presse ce soir-là rue Le Peletier, on repère même les fils du roi Louis-Philippe dans l'auditoire.

Brutalement, un homme surgit dans la loge voisine de celle des Girardin, écarte violemment l'ouvreuse qui s'interpose et frappe Émile par-derrière. Par réflexe, Émile veut riposter, mais Delphine et un ami l'en empêchent. L'homme s'enfuit en hurlant son nom : « C'est moi, Bergeron ! », au milieu des cris et des protestations. C'est un journaliste républicain, ami de Carrel et rédacteur, sous le nom d'Émile Pagès, au *Siècle* et au *Charivari*. Quatre ans après le duel fatal de Vincennes, la haine ne faiblissait pas contre le directeur de *La Presse*. Et ce Bergeron qui voulait venger l'honneur de Carrel n'avait pas supporté que le quotidien de Girardin mentionne son nom, en rappelant, à l'occasion d'un nouvel attentat commis contre Louis-Philippe, le procès qui lui avait été intenté pour des raisons similaires plusieurs années auparavant. Bergeron avait été acquitté dans ce premier procès, faute de preuves ; mais il estimait devoir obtenir de Girardin réparation pour avoir remis en question son innocence en laissant son nom être associé à celui d'un régicide. Ses témoins s'étaient présentés rue Laffitte ; Girardin les avait congédiés, en publiant dans *La Presse* les raisons de son refus : plus jamais il ne se battrait en duel et la publicité serait sa seule vraie riposte.

Un affront de plus pour Bergeron ; s'il ne pouvait se venger par les armes, il devait humilier Girardin en public. Ce soufflet spectaculaire lui coûta très cher. Girardin déposa une plainte dès le lendemain de l'agression et Bergeron fut, un mois plus tard, condamné à une peine particulièrement lourde : trois ans de prison — de quoi nourrir encore l'hostilité du camp républicain contre le directeur de *La Presse*. Brièvement, Girardin songe à jeter l'éponge. Non pas renoncer à son journal, c'est toute sa vie, il en a même repris la direction pleine et entière pour mieux mener sa défense dans l'affaire de l'Opéra. Mais prendre le large, se faire oublier, pour mieux revenir combattre. Gagner les grands espaces où l'avenir est une page blanche.

✧

Émile veut en convaincre Delphine : ils pourraient trouver ailleurs un peu de sérénité, puisque à Paris le bonheur les fuyait obstinément. Il pense à la Russie. L'idée lui vient d'Hippolyte Auger, son ancien associé. Ensemble, ils avaient créé *Le Feuilleton des journaux politiques* ; Auger avait participé aussi au lancement de *La Mode* et pouvait même se vanter d'avoir suscité la rupture avec la duchesse de Berry par un article particulièrement maladroit. Ce personnage assez incontrôlable entretenait des relations étroites avec la Russie. Par le hasard de conversations de café, il avait fait la connaissance de soldats russes en garnison à Paris qui l'emmenèrent avec eux à Saint-Pétersbourg. Il n'avait alors que dix-huit ans, vivotait à Paris comme commis de magasin tout en écrivant des pièces de théâtre. En Russie, il s'engagea dans la Garde impériale et apprit le russe en accéléré, ce qui lui ouvrit les portes du monde des lettres local. Auger savait s'imposer dans les salons, où il jouait les bellâtres et amusait la galerie ; de retour à Paris, il fut chargé de surveiller les conversations dans les salons et de veiller à la bonne image du tsar.

Girardin écrit à Auger. Quelles sont ses chances, selon lui, à Saint-Pétersbourg ? Il sait qu'on y est francophile, Balzac est très vendu là-bas, on le lit en français et en russe, et les chroniques de Delphine paraissent aussi en traduction. Avant même qu'une décision soit prise, la rumeur court Paris : les Girardin pensent à partir. Cela semble assez sérieux pour que Lamartine se propose comme rédacteur en chef par intérim pour *La Presse*. Le grand poète avait besoin de se refaire, il était au bord de démissionner de son mandat et de tout vendre pour se consacrer à ses vignes, seule source de revenus fiable. « Je n'ai pas un sou à moi et des milliards de sous aux autres, lui écrit-il, je viens de Lyon et de Genève, pays de Juifs où les Gentils comme nous sont tenus en captivité. » Lamartine poursuit Girardin ; à toutes fins utiles, il rappelle sa fidélité à Delphine, promet qu'il respectera la teneur du journal, si neuve et indépendante, pendant qu'Émile voyagera. Bonne idée, d'ailleurs, ce départ : « J'approuve beaucoup quelques années d'expatriation, on ne connaît pas le monde quand on ne l'a vu que d'un point de vue, j'irais moi-même aux Indes orientales demain si je pouvais. »

Sophie, la mère de Delphine, s'inquiète sérieusement. Hippolyte Auger lui a écrit : pour le couple Girardin, ce projet serait une catastrophe. Émile pourrait à la rigueur réussir à Saint-Pétersbourg ; mais Delphine ne supporterait pas cet exil. C'est bien simple, elle en mourrait. Alors, les Girardin restent à Paris. La tenace mélancolie qui les reprend n'a pas fini de ravager leur quotidien.

13

UN GRAND AMOUR : MARIE D'AGOULT

Il fallait donc continuer à vivre sans partir et retrouver l'énergie de combattre. En manque de projet, Girardin était un cœur à prendre, comme s'il manquait de passion et ne demandait qu'à s'enflammer. Au printemps 1840, alors qu'il traverse distraitement le salon où Delphine reçoit pour une de ces soirées qui la consolent de tout, Girardin croise une figure qui l'arrache à ses pensées et le retient parmi les invités de sa femme. Il s'agit de Marie d'Agoult.

Elle est grande, blonde, mince jusqu'à la maigreur et d'une pâleur un peu maladive. La comtesse d'Agoult fréquentait assidûment les salons parisiens, où son histoire hors du commun suscitait une certaine curiosité. Née d'une mère allemande et d'un père français, le comte de Flavigny, réfugié à Francfort pendant la Révolution, Marie avait tout quitté — son mari, le comte d'Agoult, son salon du quai Malaquais, sa fille Claire, placée en pension après la mort de sa sœur aînée Louise — pour vivre à plus de trente ans une passion fracassante avec le compositeur Franz Liszt. Elle l'avait suivi sur les routes d'Europe alors qu'il construisait sa renommée par des concerts au succès de plus en plus spectaculaire, jusqu'à devenir un véritable phénomène que s'arrachaient les cours d'Autriche, de Hongrie et d'Italie. Le couple formé par Franz et Marie avait donné naissance à trois enfants entre Genève et Rome, puis, usé par les crises, la jalousie, l'incertitude, avait renoncé à la vie commune.

Marie était rentrée seule à Paris, dévastée, affaiblie, gardant l'espoir de réinventer avec Liszt cet amour partagé mais invivable. Il lui fallait se recréer un monde. Elle reprit peu à peu le cours des amitiés qu'elle avait nouées dans sa vie antérieure, quand elle était une de ces femmes du faubourg Saint-Germain capables d'éblouir un auditoire en récitant des vers ou en passant au piano. Son nouveau salon s'ouvre rive droite, rue Neuve-des-Mathurins. Le lieu doit impressionner les visiteurs et Marie, qui bénéficie largement de la fortune héritée de son père banquier, ne lésine pas sur la décoration, dont elle détaille la splendeur au jour le jour dans ses lettres à Liszt : riches tapis et tentures pour créer dans un des petits salons une ambiance mauresque et, dans l'autre, un style Renaissance, lustre vénitien, médaillons de bronze à l'effigie des poètes romantiques dans la bibliothèque, boudoir célébré par Sainte-Beuve dans un sonnet rédigé *ad hoc*. Les Girardin semblent incontournables pour elle, comme pour Liszt : ils sont au centre de la vie culturelle, ils lancent ou ruinent les réputations. Le musicien est d'abord un peu réticent, il se méfie de ce qu'il appelle la coterie Girardin, mais Marie insiste : « Quand vous reviendrez ici, lui écrit-elle, allez tout droit chez Delphine Gay. Elle sera flattée et vous serez un grand homme. »

Delphine et Marie se sont connues dans leur jeunesse. Marie rapporte dans ses *Mémoires* sa première rencontre avec la Muse, sous la Restauration ; cela se passe chez la mère de Marie, Mme de Flavigny, dans son appartement de la place Vendôme, où Sophie Gay a expressément demandé à être reçue. Marie éblouit d'abord Delphine en jouant au piano, puis Delphine récite son poème *Madeleine*. Alors, se souvient Marie, les deux jeunes femmes se reconnaissent dans leurs talents respectifs, se serrent la main longuement. Très vite elles forment avec une autre belle aristocrate, la duchesse de Gramont, le groupe des trois blondes à la mode du faubourg Saint-Germain. Leurs retrouvailles les trouvent bien changées. Delphine est plus hardie qu'autrefois, solide et lancée dans le journalisme. Marie n'est plus la jeune femme aux allures de princesse qui fut présentée en robe couleur de lune aux deux rois successifs de la Restauration ; elle est affaiblie, mélancolique, combative mais souvent souffrante. La puissance de Delphine est aussi celle de son mari et de cette plume acérée qu'elle prête chaque semaine au vicomte de Launay ; peut-être Marie a-t-elle voulu rivaliser comme autrefois avec cette amie qui est un peu son double.

Girardin va se trouver au centre d'un curieux marché sentimental ; on l'y découvrira soudain sincère et naïf. Marie en fera quelqu'un d'autre.

✧

Seule à Paris, Marie d'Agoult s'est vu accorder par Liszt une « permission d'infidélité » qu'elle a du mal à accepter. Le geste était assez grossier, il faut le reconnaître.

Lui : « Je veux et j'aime que vous ayez toujours votre liberté, car je suis convaincu que vous en userez toujours noblement, délicatement. »

Elle : « Cette manière de sentir me reste à tout jamais incompréhensible. »

Autour de Marie d'Agoult rôdent en effet plusieurs prétendants : Sainte-Beuve, qui vient la voir plusieurs fois par semaine, sans crainte des ragots ; quelques aristocrates étrangers, le comte Apponyi, le baron Edward Bulwer-Lytton ; le vicomte Freyssinet. Marie les fait languir, entretient leur flamme en cédant parfois à leurs avances, puis raconte tout à Liszt qui approuve. On la couvre de compliments, dit-elle, jamais on ne lui a tant dit qu'elle était charmante, sa réputation d'esprit va crescendo : « Tous ces hommes sont plus ou moins amoureux de moi. Est-ce ce que cela vous fera beaucoup de peine ? » Marie est sur le point de réussir une vraie prouesse : reconquérir une place dans la haute société après avoir enfreint publiquement toutes les conventions. Elle y met une énergie énorme, c'est ce qu'elle appelle « faire la glu-comtesse » : être aimable, « faire la liane » et tisser sa toile d'araignée en rendant à tous une foule de petits services, ravaler son orgueil même devant les attaques de George Sand, son ancienne amie, maintenant sa rivale — c'est elle qui, selon Marie, a comploté avec Balzac pour qu'il invente ce personnage odieux de Béatrix qui la vise directement.

Les premiers échanges avec Girardin font partie d'une stratégie partagée avec Liszt. Le musicien voulait s'imposer face à la concurrence, celle de Berlioz notamment, qui était aussi chroniqueur dans plusieurs journaux. Liszt, lui, n'écrivait pas facilement et Marie rédigeait des articles à sa place. Mais elle ne les plaçait guère que dans la *Gazette musicale*, au mieux dans le *Journal des débats*. Paraître dans *La Presse*, ce serait changer d'échelle. Marie passe plusieurs soirées rue Laffitte ; tout de suite, elle écrit à Liszt qu'elle se sent un faible pour Girardin. « Parlez-lui de moi », répond-il en lui envoyant des articles parus sur lui dans les journaux de Londres. Plus elle fréquente Girardin, plus Marie supplie Liszt de veiller à son amour. On la sent de plus en plus perdue : « Je ne sais guère plus que vous comment vivre ni comment aimer. » Liszt joue pour la reine d'Angleterre, à Buckingham ; Marie le rejoint quelques semaines, puis il repart en tournée. À Ems, il fait pleurer d'émotion l'impératrice de Russie en jouant l'*Ave Maria* de Schubert. Leur histoire n'a pas de fin, leurs séparations sont aussi douloureuses que leurs retrouvailles. Marie éconduit puis reprend auprès d'elle l'ardent diplomate anglais Bulwer-Lytton ; quand Liszt passe à Paris, on jase sur ses conquêtes féminines. Mais rien ne peut surpasser ce que leur amour a d'ineffable, veut croire Franz ; il n'est question dans ses lettres que de divin et de mélancolique, de vibration immense et splendide. « Je ne veux pas de votre sublimité, répond Marie, je suis moins sublime que jamais. »

Girardin, lui, tombe amoureux tout d'un bloc.

✧

Les premières rencontres se font à trois, avec Delphine. Puis Girardin se rend seul rue Neuve-des-Mathurins, chez Marie d'Agoult. Et très vite il prend feu. Dans des billets très brefs, à l'écriture hachée, Émile tente de comprendre ce qu'est la vie de Marie et le moyen d'y trouver sa place. Il se livre à cœur ouvert, lui envoie dès les premiers échanges un exemplaire d'*Émile* pour lui donner la clé de sa vie et de cette souffrance enfantine qui a décidé de son sort. Ses visites sont quotidiennes, mais, à peine rentré chez lui, il prend la plume pour réclamer davantage de temps, implorer une lettre, et quand il n'y en a pas pendant trop longtemps, dit éprouver la pire souffrance de sa vie. Parfois, Girardin trouve la porte close : Marie a quitté Paris, il ignore avec qui, ne sait pas où elle est. Son attachement est si puissant qu'il ne formule aucun reproche, même quand il apprend qu'elle a retrouvé Liszt à Fontainebleau, ou passé une semaine avec lui en Angleterre, sur un coup de tête.

Plus Girardin s'embrase, plus l'amour de Liszt et Marie d'Agoult se ravive. Les tournées épuisent le musicien qui ne rêve que de retrouver Marie dans les hôtels où elle le rejoint parfois, près de Londres ou à Dunkerque. Un jour de novembre 1840, leur bonheur est tel que Liszt retarde son départ, ce qui provoque l'annulation d'un concert prévu à Londres ; l'orchestre venu l'accompagner repart bredouille et le public se disperse. L'amour de Girardin est un plaisant sujet de discussion. Liszt n'ignore rien de « l'histoire G », comme ils l'écrivent tous deux ; il ne bronche pas quand Marie fait l'éloge de la simplicité et du calme d'Émile, lui rapporte le contenu de ses lettres les plus ardentes ; car elle s'affaire au même moment pour lui aménager une chambre dans son appartement parisien, la faisant tapisser d'un intrigant velours couleur tête d'ours.

À peine a-t-elle quitté les bras de Liszt, lors d'une de leurs escapades, que Marie se lance depuis Calais dans la rédaction d'un texte plein d'enthousiasme et d'empathie intitulé *Portrait d'Émile*. C'est la suite d'*Émile*, mise à jour par l'expérience de Girardin adulte : l'enfant mal aimé, victime de préjugés impitoyables est devenu un homme au teint pâle et terne, au « regard sans rayon » et à la lèvre ironique. Il a su dépasser, raconte Marie, « l'odieuse flétrissure de ses débuts » et atteint la fortune, grâce à son aptitude aux affaires et à un sens pratique particulier — à force aussi, et Émile contestera cette formule, de « cynisme réfléchi ». Liszt a la primeur du texte. On ne sait pas ce qu'il en a pensé. Quand Girardin lira ce portrait, une vanne semblera s'ouvrir en lui. C'est tout son cœur qui débordera.

✧

Girardin, si laconique et secret, se révèle soudain intarissable. Ses lettres font dix pages, la vérité profonde de sa vie lui apparaît soudain en pleine clarté. « Il est des révélations qui sont des révolutions. Je ne me connaissais pas encore et c'est par vous que je m'apprends. » Son sentiment pour Marie va au-delà de l'amour, s'étonne-t-il lui-même, c'est une religion. Il écrit parfois au cœur de la nuit, dans une prose pleine de coquilles, qu'il rêve d'être séparé d'elle de mille lieues pour mieux courir à sa rencontre : « Nos lettres sont des hosties échangées. »

L'homme inflexible est prêt à tout accepter, à passer après tous les autres — il implore Marie de ne jamais déranger ses plans pour lui. L'effort pour dominer ses impulsions, explique-t-il, est le seul moyen de lui prouver qu'il mérite d'avoir un peu d'emprise sur elle. Tout le reste de sa vie devient secondaire : en cette fin de novembre 1840, on le traque, des inconnus rôdent dans la rue, en bas de son appartement, chaque jour apporte une lettre de menace. « C'est la prison de ma vie et ses barreaux sont si serrés qu'ils ne laissent passer que les lettres. J'oublie mon étroite captivité quand je reçois les vôtres. » Les menaces publiques contre Girardin sont redoublées par la surveillance de Delphine. Ses allées et venues sont tellement observées qu'il ne peut plus sortir une fois le soir tombé. Delphine devient tyrannique, s'amuse Marie.

Brusquement, Liszt s'inquiète. « Il y a dans vos rapports avec É. un élément de durée et de profondeur qui manque aux autres. Encore une fois — je veux et ne veux qu'une chose : votre liberté absolue, vis-à-vis de moi et des autres. » Semaine après semaine, de fait, Marie est plus séduite ; Girardin lui explique la politique, lui raconte toute sa vie, bien plus intéressante qu'on ne pourrait le croire, raconte-t-elle à Liszt, car Émile ne ressemble pas du tout à celui qu'on imagine. Ils se voient plus d'une heure par jour, juste avant six heures, moment où Marie ouvre son salon à ses invités. Ils parlent poésie, littérature, actualité ministérielle, progrès et « sciences d'administrer », de quoi nourrir la conversation avec les hôtes de marque qui se réunissent rue Neuve-des-Mathurins.

Liszt s'affole. « J'ai peur. J'imagine que vous vous trompez : ce n'est pas impunément qu'on s'engage dans de pareils rapports avec des hommes pareils. »

Sans broncher, le jour même où elle reçoit cette lettre de Liszt, Marie provoque la rupture. La réaction de Girardin est poignante ; pendant que Marie lui expose la nécessité de mettre fin à leur idylle, de grosses larmes roulent sur ses joues. Sans prononcer presque une parole, il se lève et quitte les lieux. Dans la nuit de ce 9 décembre 1840, il écrit à Marie une lettre d'adieu, digne et résignée : « Vous devez savoir que mon âme est brisée et que le sacrifice est consommé — Vous m'avez vu hier pour la dernière fois pleurer sur vous ; désormais vous n'existerez plus pour moi que dans mes souvenirs ineffaçables et dans mes songes involontaires ! — Je vous ai pieusement déposée dans cette partie de moi-même, qui est le tombeau où reposent les affections par lesquelles j'ai souffert, les illusions par lesquelles j'ai vécu, les ambitions qui m'élevaient à mes yeux, — où je puis dire que je me suis enfermé vivant, et dont vous seule avez un moment entr'ouvert la dalle ! — Vous n'êtes plus pour moi qu'une douleur et qu'un nom, Marie ! Adieu. »

Avec cette lettre, Girardin renvoie toutes celles qu'il a reçues de Marie ; il ne veut plus les lire, et nous n'en avons aucune trace. Quant à celles qu'il lui a adressées, Girardin ne les réclame pas — preuve de confiance et de désintéressement unique chez lui, qui exige de tous ses correspondants qu'ils lui restituent le moindre billet signé de son nom.

Marie n'entend pas rester sans amant ; elle ravive illico la passion un peu éteinte de Sainte-Beuve qui désormais vient la distraire au moindre signe. Et elle peut rassurer Liszt : son cœur lui appartient sans partage, le doute n'a plus lieu d'être entre eux, le calme le plus parfait est redescendu sur sa demeure. Girardin a donc été l'instrument d'une reconquête. Liszt traverse des jours sombres et irrités, une tristesse le tient à la gorge et son papier à musique se couvre de réflexions décousues et amères : « Deux pôles / deux désespoirs dans ma vie / l'amour et l'art ». Dans une lettre confuse et très raturée, il recommande à Marie de trouver un statu quo avec É. : « Pas un pas de plus, mais pas de rupture complète ».

Girardin reprend donc ses visites, il emmène Marie aux Champs-Élysées pour assister à la cérémonie du retour des cendres de Napoléon, puis au Collège de France, écouter le premier cours du poète polonais Adam Mickiewicz ; son nom revient dans les lettres à Liszt, mais bien plus rarement et sous la forme plus distante de « M. de G. ». Liszt l'ignore, mais très vite le rythme de leurs rencontres redevient quotidien, et Girardin ne tarde pas à reparler d'amour et de passion. De nouveau, il prend la plume en pleine nuit pour se désoler du temps perdu auprès des fâcheux, plutôt que chez Marie ; griffonne de rapides billets entre deux rendez-vous pour prévenir de ses visites, et signe « celui qui est votre possédé » ; regrette de ne pas avoir à sa disposition une autre langue, qu'il ne parlerait qu'avec elle. À Liszt qui se plaint d'être traité « en mari », Marie assure que M. de G. n'a aucune influence sur elle et le sait parfaitement ; leur relation n'est qu'utilitaire, elle garde les choses en main et du reste Girardin ne fait pas de scènes.

Une fois de plus, Girardin a su convertir la déception en énergie. De Marie, il va faire une nouvelle plume pour *La Presse*, et si leur romance semble avoir tourné court, leur amitié prend des airs de roman d'apprentissage. Cette fois, Marie sera l'élève, Émile le maître.

✧

Girardin rejouait avec Marie une partie de son histoire avec Delphine. Il avait trouvé en elle un esprit très délié, curieux de tout, manifestant de fortes aspirations au sublime. Contrairement à Delphine, Marie avait tout à apprendre en matière de littérature. C'était une grande lectrice, mais elle n'avait publié que sous le nom de Liszt, ou sous pseudonyme, des articles de critique musicale pour des titres spécialisés. Quand elle rencontra Girardin, Marie lui fit lire *Arabella*, un récit autobiographique rédigé quelques années plus tôt et qu'elle n'avait pas publié ; en échange, Girardin lui confia son *Émile*.

Si l'on en croit ce que Marie écrit à Liszt, Girardin ne cesse de l'encourager à écrire ; il aurait, dit-elle, pleine confiance dans « ses grandes capacités ». Girardin la met littéralement au travail : il lui commande un article sur le dernier roman de George Sand, *Le Compagnon du tour de France*, qu'il fera paraître dans *La Presse*. Le sujet est bien connu de Marie qui lit tout ce que publie George

Sand depuis des années et qui a passé plusieurs semaines avec elle à Nohant, avant de partir pour une expédition commune, avec Liszt, à travers les Alpes ; mais l'exercice est délicat, car les deux femmes se détestent depuis le retour de Marie à Paris. Girardin insiste avec tact, demande des nouvelles, encourage Marie qui a des scrupules : est-ce une bonne idée de se mettre à travailler, à son âge et quand on appartient à l'aristocratie ? L'assiduité de Girardin emporte sa conviction : « Je suis *fermement* décidée à travailler », écrit-elle à Liszt le 1er janvier 1841, comme s'il fallait prendre en ce début d'année de bonnes résolutions.

Une fois le texte rédigé, Girardin est là encore pour le relire, le faire composer, corriger les épreuves ; il l'a lu quatre fois, il est sûr qu'il n'y a plus aucune faute et en est très satisfait. L'article paraît, sans nom d'auteur, dans la rubrique « Variétés » de *La Presse* ; aussitôt Marie est de nouveau prise de doutes. Girardin la félicite, autant de fois qu'il est nécessaire — l'article est infiniment bien, infiniment remarquable, l'assure-t-il — et il gonfle le succès critique : on en fait l'éloge dans tout Paris, certains lecteurs fines mouches sont sûrs d'avoir reconnu sa patte. Liszt lui-même approuve, mais interroge Marie : quelle est la part de Girardin dans tout cela ? Il faudra plusieurs lettres encore pour que leurs relations s'apaisent et que l'amour reprenne entre eux, pour quelques mois, un cours plus vivable.

Il y a de l'alchimiste chez Girardin. En quelques semaines, il a ménagé à Marie d'Agoult une place dans son monde : celle d'une amie un peu particulière, à qui il adresse, la nuit, des billets pleins de sentiments en signant « je vous aime » et qu'il croise, sans rien laisser paraître, dans des dîners organisés rue Laffitte par Delphine. Marie dîne chez les Girardin avec Victor Hugo, Lamartine et Balzac, et reçoit le couple chez elle, avec Vigny, Eugène Sue et le peintre Chassériau. Liszt finit par demander à rencontrer lui aussi Girardin, en tête à tête, car les deux hommes s'admirent. La place donnée à Marie, finalement, c'était aussi celle de Delphine : Girardin lui invente un pseudonyme masculin et elle signe dans *La Presse* sous le nom de Daniel Stern des chroniques qui font directement concurrence à celles du Vicomte.

L'orage était passé. Marie était lancée en écriture, elle rayonnait de succès et de santé, à tel point que le portrait qu'avait fait d'elle son ami le peintre Lehmann ne put être exposé : le modèle ne ressemblait plus à cette femme maigre, pâle et maladive. L'énergie d'Émile était elle aussi régénérée ; il se tourna de nouveau vers la vie publique et la conquête de nouvelles alliances.

14

PLUTÔT HUGO QUE GUIZOT

Les affaires reprenaient, les tirages de *La Presse* suivaient une courbe régulière, ascendante. Le couple Girardin pouvait enfin quitter le logement trop modeste de la rue Laffitte. Leur déménagement prit des airs de symbole : Émile retrouvait le quartier des Champs-Élysées. L'avenue s'était développée de façon phénoménale ; Louis-Philippe avait lancé de grands travaux, l'architecte Hittorff avait réaménagé le quartier à grand renfort de fer, de fonte et de fontaines inspirées de l'antique. Les Girardin vivaient désormais dans un luxe néoclassique. Émile avait racheté l'hôtel Choiseul-Gouffier, au coin de l'avenue des Champs-Élysées et de la rue de Chaillot ; un bâtiment somptueux, immense, extravagant aussi. Le rêve d'un diplomate fou d'archéologie qui, à son retour d'exil après la Révolution, avait fait construire sur les terrains champêtres de la folie Marbeuf un hôtel inspiré de l'Érechthéion.

Un morceau d'Acropole au cœur de Paris ; c'est là que Delphine installe définitivement son salon et qu'Émile fomente ses nouveaux projets de conquête. Tout y suggère la grandeur et la beauté : on entre par un petit temple orné d'un portique à colonnades, reproduisant les quatre cariatides qui dominent Athènes ; puis on traverse un grand jardin rafraîchi par une fontaine et ses trois Grâces, avant de grimper les marches menant au vaste bâtiment à deux étages, protégé de l'avenue par une épaisse rangée de marronniers. C'est bien simple : dans ce cadre sublime, Delphine est plus qu'une muse, c'est une divinité. « Quand Mme de Girardin apparaît sous ce portique, écrit Victor Hugo, blanche et sculpturale, et qu'elle en descend les degrés, l'on dirait une déesse qui vient à vous. »

Quant à Girardin, toujours discret dans son bureau du deuxième étage, il a la puissance d'un dieu caché. À trente-cinq ans, il dirige un journal qui fait autorité et lui assure une position politique de plus en plus incontournable ; jamais il n'a été aussi près du pouvoir. L'avenir lui appartient.

✧

Tout le monde ne détestait pas Girardin. Parmi ses admirateurs sincères, peut-être un peu intéressés, il y avait un grand nom avec qui l'alliance s'était resserrée d'année en année : Victor Hugo. Les deux hommes s'épaulaient, s'admiraient, et finalement élaborèrent une doctrine politique commune qui se fortifia jusqu'à la révolution de 1848, avant de subir le terrible désaveu du coup d'État de 1851 et de l'exil. Hugo et Girardin partageaient le culte de la liberté, valeur absolue ; ils avaient aussi en commun une conviction : les mots ont le pouvoir d'agir. Le poète ne manqua jamais de soutenir le journaliste.

Girardin savait aussi aider Hugo. Il met par exemple tout son journal au service de sa candidature à l'Académie française en 1840. Hugo en est à sa quatrième tentative quand *La Presse* commence à battre le rappel. Échec. Girardin n'a pourtant pas lésiné sur les moyens : articles en une, chronique du vicomte de Launay, annonces de dernière page… Exemple : « La table des matières des vingt-quatre volumes de M. Victor Hugo est plus étendue que les ouvrages des dix-neuf vingtièmes des académiciens qui le repoussent. » La cinquième tentative, début 1841, est la bonne ; cette fois Hugo est

2

4

1. Émile de Girardin à trente ans, au moment où il lance *La Presse* (1836).

2. La Muse, Delphine Gay, quelques années avant de devenir la première épouse d'Émile de Girardin.
Louis Hersent, 1824, châteaux de Versailles.

3. Le jeune ménage Girardin : Alexandre, fils d'Émile, et son épouse Nina de Vimercati, dite Ninette.
Photographie Walery, 1870, coll. part.

4. La belle et redoutable Mina, née Wilhelmine Rudolphine Brunold von Tiefenbach, seconde épouse d'Émile de Girardin. Photographie Disderi, vers 1865.

5

6

7

8

5. Balzac, le frère ennemi, estampe rehaussée de couleurs d'après le daguerréotype réalisé en 1842 par l'atelier Bisson.

6. Le journaliste Armand Carrel, beau ténébreux tué en duel par Émile de Girardin en juillet 1836.
Henry Scheffer, 1833, musée Carnavalet, Paris.

7. Rachel, née Élisabeth-Rachel Félix, comédienne prodigieuse qui envoûta les deux époux Girardin ; elle porte i le costume de Roxane dans *Bajazet*, qu'elle interprète en 1838 à la Comédie-Française. Achille Deveria, la Comédie-Frar

8. La comtesse Marie d'Agoult, compagne de Liszt et l'un des grands amours de Girardin.
Henri Lehmann, 1843, musée Carnavalet, Paris.

9. *Émile de Girardin faisant sauter la Société, mais s'apercevant, un peu trop tard, qu'il saute avec elle !* Le journaliste opportuniste soudain devenu révolutionnaire fait le bonheur de Proudhon, en bas à gauche de l'image.
Cham, *Le Charivari*, 8 mars 1850

10. *Les abonnés de* La Presse *s'apercevant qu'on leur fait faire fausse route* : les palinodies politiques de l'imprévisible cocher Girardin effraient ses passagers-abonnés mais réjouissent encore Proudhon.
Le Charivari, 19 juillet 1849.

11. Adolphe Thiers, plusieurs fois ministre, nargue Girardin, éternel ministrable :
– Vraiment, mon cher Girardin, votre nez devrait écrire ses Mémoires ; ils ne pourraient manquer d'être fort curieux à lire.
– Et pourquoi cela ?
– Tant de choses ont passé devant.
Cham, *Le Charivari*, 19 novembre 1851.

12. Girardin est aussi célèbre pour ses éditoriaux interminables que pour sa mèche rebelle et un strabisme intermittent.
Cham, *Abus de la virgule*, *Le Charivari*, 14 décembre 1849.

RUE MONTMARTRE, 131.

LE SOCIALISME ET I

Ou L'IMPOT TRANSFORMÉ EN ASSURANCE : — Plus d'esclavage militaire ! Plus d'impôt de patentes ! Plus d'impôt des boissons ! Plus

LE SOCIALISME ET L'IMPOT.

Qui le nierait prouverait seulement qu'il est aveugle

Soixantième année — N° 41 — Samedi 13 Octobre 1894

LE CHERCHEUR

JOURNAL AGRICOLE, LITTERAIRE, INDUSTRIEL ET D'ANNONCES

Publié à Bourganeuf (Creuse) le Samedi.

ABONNEMENTS

CREUSE ET DÉPARTEMENTS LIMITR. :

UN AN 6 FR. | SIX MOIS. 3 FR. 50

LES AUTRES DéPARTEMENTS

UN AN. 7 FR. | SIX MOIS. 4 FR.

Tout ce qui concerne la Rédaction, les Abonnements et les Annonces, est reçu au Bureau du Journal.

On s'adresse également : A Paris, à l'AGENCE HAVAS, *PLACE DE LA BOURSE*, 8 et chez M. EWIG, *RUE RICHELIEU*, 92, et dans tous les bureaux et Agences Françaises et Étrangères

Un numéro, DIX CENTIMES.

INSERTIONS

LA LIGNE :

ANNONCE IND. ET COMMERC. 20 CENT.

D'INTERIEUR ET RECLMES. 40 »

EXEMPLAIRE LEGALISE 50 »

Les abonnements sont payables d'avance et partent du 1er de chaque mois

Bourganeuf, le 13 Octobre 1894

INFORMATIONS

LA COMMISSION DU BUDGET

A examiné les seize premiers chapitres du budget de la guerre ; elle a admis sans modification la plupart des demandes du gouvernement, en approuvant les quelques réductions proposées par le rapporteur.

En revanche, elle a repoussé la proposition de M. Jules Roche, tendant à affecter 200.000 francs de ces réductions au rétablissement des chevaux pour les capitaines du cadre complémentaire.

M. Jules Roche a déclaré alors qu'il ne croyait pas pouvoir conserver le rapport du budget de la guerre.

Mais sur les instances de ses collègues, il a consenti à retirer provisoirement sa démission.

La commission du budget a continué hier l'examen du budget de la guerre.

Sur le chapitre 17, relatif à la solde des troupes d'administration, et sur le chapitre 18, relatif à la solde de la cavalerie, les chiffres proposés sont adoptés.

La commission ramène aux chiffres de l'exercice précédent le chapitre 23, qui concerne la garde républicaine, soit une diminution de 40.000 francs sur le budget rectifié.

Les articles 25 et 27, relatifs aux vivres et fourrages, sont réservés, à la demande de M. Cavaignac, en attendant le résultat des adjudications qui ont lieu en ce moment. Ce résultat permettra de faire des réductions beaucoup plus précises.

Une réduction de 15.000 fr. est effectuée, sur la proposition de M. Cochery, pour ramener le chapitre 28, relatif aux services de santé, aux crédits de l'année dernière.

Les chapitres 30 à 45 sont adoptés sans modification.

Le chapitre 46, relatif au personnel des poudres et salpêtres, est diminué de 14.000 francs et ramené au chiffre de l'année précédente.

Le chapitre 47, concernant le personnel des établissements du génie, est réduit dans les mêmes conditions de 20.000 francs.

Les chapitres suivants du budget ordinaire sont adoptés sans changement.

Le budget extraordinaire de la guerre est également adopté sauf les chapitres relatifs à la confection des armes de l'infanterie, aux substances et à l'habillement, réservés jusqu'après l'audition du ministre de la guerre.

A cinq heures, le général Mercier est introduit.

Le ministre s'explique sur la situation des effectifs réduits.

Tout d'abord il déclare que lundi, le Conseil supérieur de la guerre s'en est occupé et que ses conclusions ont été favorables.

D'autre part, à ne considérer que la loi de 1875, dont M. Jules Roche s'est fait une arme, il faut se dire que, depuis cette époque, les effectifs ont été augmentés.

Si l'on met de côté la période pendant laquelle les unités se trouvent appauvries par le départ de la classe et avant l'arrivée de la classe suivante, et si on applique à toutes les unités actuelles la loi de 1875, on trouverait pour l'armée un effectif total de 505.000.

Nous avons ce total et au delà, en 1894, et nous l'aurons en 1895.

Ce qui fait l'appauvrissement de certaines unités de l'intérieur, c'est le renforcement des unités des troupes de couverture à la frontière et en Algérie.

Pour que ce renforcement indispensable laisse aux compagnies de l'intérieur le nombre des hommes prévu par la loi de 1875, il faudrait avoir 540.000 hommes présents sous les drapeaux.

C'est vers cet effectif total que tend le ministre de la guerre.

Le ministre donne ensuite des explications sur les renvois anticipés qui ont été effectués cette année d'une partie des classes de 1892 et de 1893.

Il a été, dit-il, très difficile, étant données les conditions de la loi de 1889, de faire ce renvoi d'une façon normale, parce que lors de la répartition des contingents dans les régiments on n'avait pas prévu la formation d'une seconde portion du contingent. De là le renvoi au mois d'avril ou de mai prochain du complément des hommes qu'on avait projeté de renvoyer au mois de septembre dernier.

En ce qui concerne les effectifs sous les drapeaux, le ministre de la guerre rectifie les chiffres donnés pour exemple par M. Jules Roche. Il montre que divers éléments ne sont pas entrés en compte, notamment les hommes en permission, en congé, les malades, etc.

Il insiste sur ce point que les unités, telles qu'elles sont, suffisent à l'instruction des troupes et aux exigences de la mobilisation. Si ses propositions sont adoptées, les effectifs seront suffisants en 1896 pour répondre à tous les désidérata du conseil supérieur de la guerre.

M. Cochery demande que des tableaux nouveaux soient dressés pou[r] montrer à la commission combie[n] d'hommes de l'armée active, pour le[s] diverses unités, seront prêts à part[ir] au jour de la mobilisation.

M. Rouvier fait observer qu'il sera[it] désirable de réduire certains servic[es] accessoires de l'armée pour trouv[er] les 23 millions nécessaires au renf[or]cement des effectif dès 1895.

M. Maurice Lebon fait remarq[uer] que si ces 13 millions sont néces[saires] dès cette année, le gouvernem[ent] eût dû les demander.

Le général Mercier répond que cette année l'effectif de l'armée se t[rou]ve renforcé, que les hommes r[envoyés] à sa disposition, bien que renv[oyés] dans leurs foyers, sont nombreu[x] qu'ils seraient rappelés par le m[inis]tre sous sa responsabilité, si la s[itua]tion politique l'exigeait.

Arrivant aux questions spé[ciales] soulevées par la discusion des [arti]cles du budget, le ministre ac[...]

la proposition de M. Cavaignac de baser les prévisions de dépenses pour les vivres et fourrages sur les nouvelles adjudications.

Il s'explique ensuite sur les chapitres réservés.

CHRONIQUE LOCALE ET RÉGIONALE

Théâtre

Nous apprenons avec plaisir que la famille Rolland qui devait clôturer ses représentations dernièrement prolongera son séjour jusqu'au Dimanche 14 courant.

C'est avec un intérêt toujours croissant que nous assistons aux représentations aussi agréables que variées que nous offre cette intéressante famille dans laquelle chaque membre depuis la petite M[...] s'efforce de contenter le pu[blic] [...]

tôt] affermir son dévouement absolue à la cause du peuple.

Ce n'est pas avec tel verbiage, des critiques banales et des *blagues* de cette espèce, que notre député convertira au socialisme les gens sensés et raisonnables. — Qu'il ose donc monter à la tribune du Palais-Bourbon rééditer les insanités qu'il débite. — Il aura un succès de fou rire.

Après lui Léon Parlon (50 pour 100) développe un ordre du jour de confiance. — On vote. — Le président Chéronneau déclare l'épreuve douteuse. — Cinq ou six mains se lèvent. — Ça suffit. — Le vote est acquis. — La farce est jouée.

Alors un des assesseurs, M. Fourneau, sous prétexte de poser des questions au député, fait un long discours. L'orateur parle de tout, du marchandage, de la situation des ouvriers, des salaires. . . . . . C'est la confusion.

Un autre orateur inconnu se fait entendre. . . . Le public est las et il y a de quoi. . . .

La séance est levée et la foule s'écoule lentement et sans bruit.

Supplémen[t]

LE DROIT

Émile [...]

La nation doit la subsistance à tous les citoyens.

PUFFENDORFF.

Tout homme a droit à sa subsistance en échange de son travail.

PITT.

Droit au travail ou droit du travail, droit ou devoir, peu m'importe le mot : je m'attache au fait ; j'accepte la question telle que M. Thiers l'a posée dans son discours (1), en s'exprimant ainsi : « On dit : le peuple souffre. Oui, messieurs, il faudrait être bien barbare, bien cruel pour le méconnaître ; mais je m'adresse à cette science nouvelle, si fière d'elle-même. Le peuple souffre : *Qu'avez-vous trouvé pour lui ?* »

Moi, je m'adresse à M. Thiers, et je lui demande : Qu'avez-vous fait pour lui, vous qui avez été tour à tour et à tant de reprises ministre de l'intérieur, ministre du commerce, ministre des affaires étrangères, trois fois président du conseil : le 22 février 1836, le 1er mars 1840, et le 24 février 1848 ?

Qu'avez-vous cherché pour le peuple qui souffre ?

Qu'avez-vous cherché pour lui donner plus d'instruction, plus de bien-être, plus de moralité, pour combattre la misère dans ses causes ?

Les progrès que le génie humain a fait faire aux sciences proprement dites sont immenses et tiennent du prodige ; mais il n'en est pas ainsi, malheureusement, des sciences morales et politiques. Elles sont demeurées stationnaires. L'art de gouverner et d'administrer les États aurait plutôt fait des pas en arrière que des pas en avant.

Jamais la diplomatie ne fut plus routinière.

Jamais la politique ne fut moins prévoyante, jamais la statistique ne fut plus incertaine, jamais les faits qui se rattachent à la grandeur et à la décadence des empires ne furent moins sérieusement étudiés, jamais le cours des événements ne fut plus insoucieusement livré à lui-même, jamais enfin, comparativement, les difficultés de gouvernement ne furent plus grandes et les hommes d'État plus petits.

Que le génie humain qui a découvert les lois en vertu desquelles les astres se meuvent, dompté les élémens, triomphé de l'espace et du temps, des océans et des montagnes, inventé le compas, le niveau, le télescope, le microscope, la boussole, le chronomètre, le baromètre, le thermomètre, une foule d'instrumens de précision les plus précieux, l'imprimerie, le gaz, la navigation à vapeur, les chemins de fer, les télégraphes électriques, une multitude infinie de machines chaque jour plus ingénieuses et plus puissantes ; que le génie hu-

13. On ne peut établir avec certitude la liste complète des journaux créés ou dirigés par Girardin, mais elle en comprend plus de vingt ; ici *Le Chercheur* (1834-1944), hebdomadaire lancé à Bourganeuf (Creuse) pour soutenir sa première campagne électorale, et trois suppléments du quotidien *La Presse* (1836-1944) qui reproduisent en tirés à part des articles déjà parus mais que Girardin estime particulièrement utiles à l'édification politique de ses lecteurs.

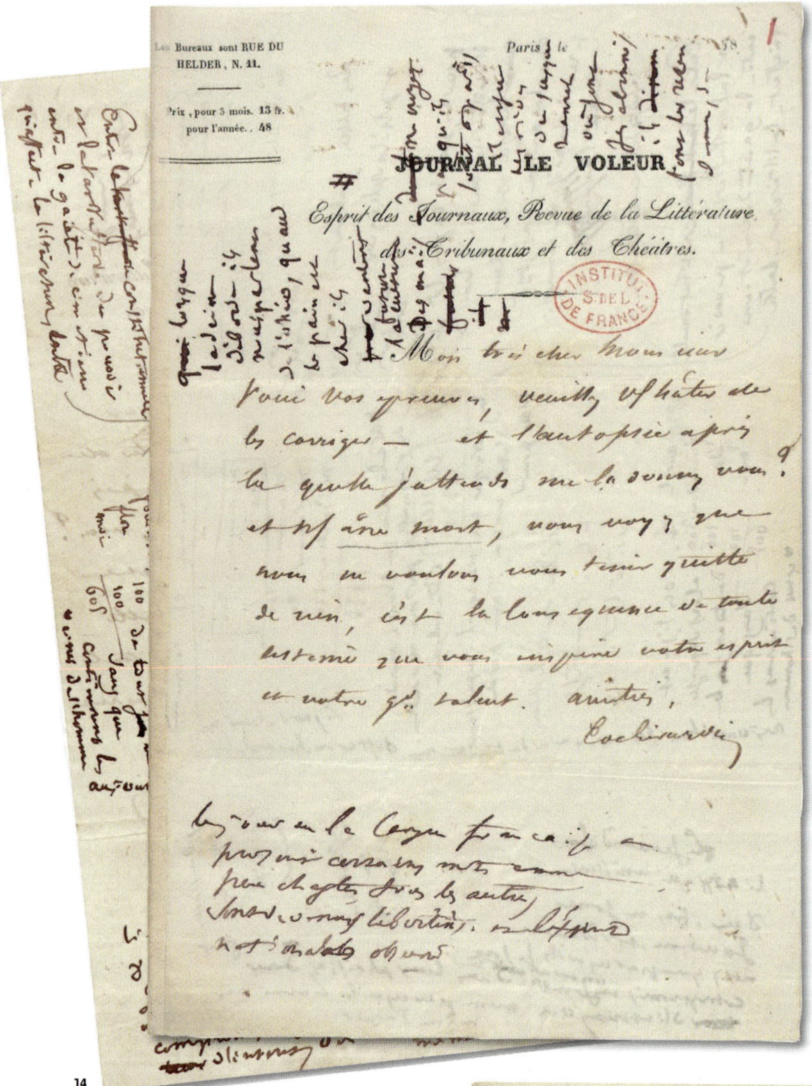

Les Bureaux sont RUE DU HELDER, N. 11.

Prix, pour 3 mois. 13 fr.
pour l'année.. 48

Paris, le

JOURNAL LE VOLEUR

Esprit des Journaux, Revue de la Littérature des Tribunaux et des Théâtres.

Mon très cher Monsieur

voici vos épreuves, veuillez vous hâter de les corriger — et l'autopsie après laquelle j'attends me la donnez-vous? et votre âme mort, vous voyez que nous ne voulons nous tenir quitte de rien, c'est la conséquence de toute l'estime que vous inspire votre esprit et votre gd talent. amitiés,

E. Girardin

14

14. Cette lettre adressée par Girardin à Balzac en janvier 1830 illustre la nature orageuse de leurs relations : le journaliste réclame un retour rapide des épreuves à corriger et s'alarme de ne pas voir venir la suite d'un article promis par le romancier ; Balzac noircit le recto de commentaires rageurs et couvre le verso de lignes de comptes. Bibliothèque de l'Institut de France, Paris.

15. Émile de Girardin était très fier d'avoir rédigé de sa main, en direct depuis le palais des Tuileries, la déclaration d'abdication du roi Louis-Philippe le 24 février 1848. Le billet est ensuite imprimé par son journal *La Presse*. Bibliothèque de l'Institut de France, Paris.

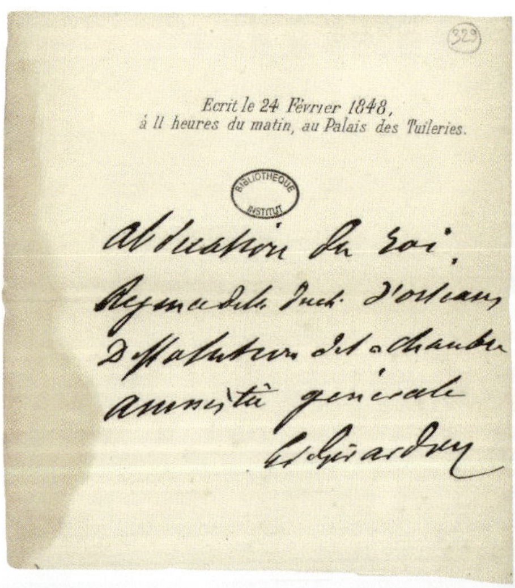

Ecrit le 24 Février 1848,
à 11 heures du matin, au Palais des Tuileries.

Abdication du roi.
Régence de la Duch. d'Orléans
Dissolution de la chambre
Amnistie générale
E. de Girardin

15

16

17

16. Les Girardin ont acheté en 1834 le château du Verger, à Bourganeuf, pour appuyer la candidature d'Émile aux élections législatives; Delphine y a souvent séjourné seule. Girardin a été élu six fois député de la Creuse mais, poursuivi par l'hostilité de ses adversaires politiques, il n'a jamais pu aller au bout d'un seul de ses mandats. Coll. part.

17. Girardin a fait construire en 1885 un immeuble imposant au 144 rue Montmartre, à Paris, pour accueillir le siège de son dernier journal, *La France*. Par un hasard de l'histoire, c'est dans le même bâtiment que Zola publia le 13 janvier 1898 son article « J'accuse », en une de *L'Aurore*, qui s'y était installé à son tour.

18

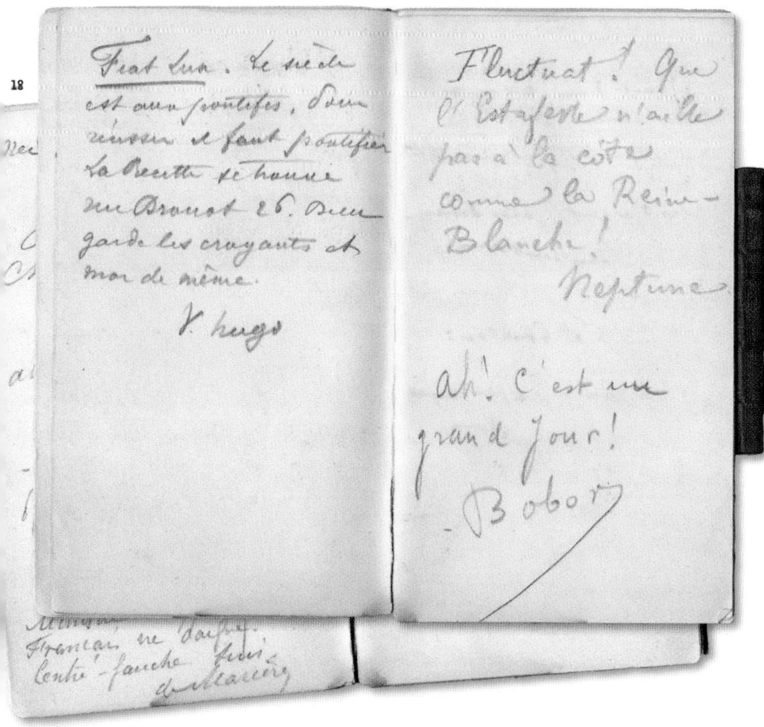

18. Carnet d'autographes recueillant les vœux de réussite adressés à Léonce Détroyat au moment où il reprend avec Émile de Girardin le journal *L'Estafette* (juillet 1876). On reconnaît la signature de Victor Hugo. Coll. part.

19. Ce magnifique portrait réalisé en 1875 par Carolus Durand figure un Girardin sûr de lui et presque serein, qui prend la pose de l'écrivain surpris en pleine inspiration. Palais des Beaux-Arts, Lille.

Crédits photographiques :

1, 3, 9, 10, 11, 16, 18 : collection particulière ; 2 : GrandPalaisRmn (Château de Versailles) / Franck Raux ; 4 : adoc-photos ; 5 : GrandPalais-Rmn / Agence Bulloz ; 6, 8 : CC0 Paris Musées / Musée Carnavalet – Histoire de Paris ; 7 : Josse / Bridgeman Images ; 12 : BnF, Paris ; 13 : Francesca Mantovani © éditions Gallimard / collection particulière ; 14, 15 : Bibliothèque de l'Institut de France ; 17 : NonOmnisMoriar / CC0 3.0 ; 19 : GrandPalaisRmn (PBA, Lille) / Philipp Bernard.

élu et toute *La Presse* triomphe. La légende hugolienne prend son essor et le monde de Girardin s'en trouve parfois tout illuminé, par ricochet. Au lendemain de l'élection académique, un grand dîner est organisé chez les Girardin pour fêter le poète. En sortant de cette brillante réception, Hugo assiste à une scène qui le ramène brutalement à la misère des autres. Moment mythique.

Ce soir de janvier, il neige à gros flocons sur la rue Taitbout ; un jeune *fashionable* désœuvré, pour se distraire, prend une pleine poignée de neige et la fourre dans le dos décolleté d'une prostituée qui attend le client sur le boulevard. La fille pousse un cri aigu, se jette sur le jeune homme qui se défend, et la bataille attire les sergents de ville. La fille est immédiatement traînée au poste de police où un jugement expéditif l'attend, qui la condamnera à six mois de prison. L'homme, lui, n'est pas inquiété. Alors Hugo intervient, entre dans le commissariat, et met dans la balance sa toute récente notoriété académique : sa signature apposée au bas d'une déposition assure la libération de la jeune femme — qui prendra plus de vingt ans plus tard les traits de Fantine, dans *Les Misérables*.

L'amitié avec Hugo est une histoire de couple. C'est Delphine qui a d'abord côtoyé l'écrivain, qui n'a que deux ans de plus qu'elle. En 1830, Delphine avait marqué de sa beauté spectaculaire la première d'*Hernani*. Pour Hugo, elle resterait toujours Delphine Gay de Girardin, et c'est « À Madame G. de G. » qu'il rendra un vibrant hommage, après sa mort, dans un magnifique poème des *Contemplations*. Entre Victor et Delphine s'était nouée une affection qui s'étoffa à mesure que les épreuves du deuil les frappaient à tour de rôle — Delphine perd coup sur coup sa sœur Élisa et son frère Edmond, tombé en spahi sous les murs de Constantine en 1842. Quand Hugo apprend, en voyage avec Juliette Drouet à l'automne 1843, la disparition tragique de sa fille Léopoldine, noyée à Villequier, il sait pouvoir compter sur la présence constante de Delphine aux côtés d'Adèle, anéantie.

Avec Émile, Hugo était en relations d'affaires ; et cela supposait de passer beaucoup de temps ensemble. Juliette Drouet s'en agaçait parfois ; elle avait beau être une lectrice inconditionnelle de *La Presse* et surtout des chroniques du Vicomte, ses lettres s'insurgent de voir Victor retenu sans cesse hors de chez elle par des « girardineries ». Hugo et Girardin étaient de la même génération ; seules quatre années les séparaient, le poète étant né comme on le sait quand le siècle avait deux ans. Tous deux avaient eu un père militaire sous l'Empire, mais seul Hugo avait le droit de s'en enorgueillir. Deux personnalités qui aspiraient au pouvoir, l'un dans l'ombre, l'autre en pleine lumière. Leurs trajectoires politiques présentent les mêmes irrégularités dans cette période turbulente et incertaine.

✧

La Presse faisait désormais partie des cinq quotidiens les plus vendus en France ; les feuilletons d'Alexandre Dumas lui assuraient le succès, à côté de ceux que continuait à y publier Balzac. Lamartine en avait fait son organe officiel, dictant à Girardin le contenu des articles qu'il souhaitait voir paraître. Tout cela composait un ensemble de haute tenue, et de plus en plus rémunérateur pour son directeur-rédacteur en chef. Mais comment Girardin aurait-il pu se contenter d'un seul succès ? L'envie de revenir en politique le démangeait, lui qui avait été contraint de renoncer à son mandat en 1839. Il avait vu chuter Thiers, son ennemi juré. Un nouveau gouvernement, plus conservateur, arrivait au pouvoir, au sein duquel il comptait quelques alliés. De quoi rêver de revenir lui aussi aux affaires, voire d'obtenir enfin un portefeuille.

Un soir, Girardin confie cette ambition à Marie d'Agoult, qui la rapporte aussitôt, en guise d'anecdote parisienne, dans une lettre à Liszt. L'avis du compositeur est une douche froide : Girardin a toute son estime et il mesure son courage, mais il y a dans sa position quelque chose d'irréparable. « Cela l'empêchera toujours d'arriver là où il devrait être », estime Liszt ; contrairement à un Lamartine, lequel bénéficie de toute la respectabilité qui manque au journaliste. Son verdict est terrible : « Il est comme mort civilement. » Girardin tente pourtant sa chance. Aux élections de 1842, sa revanche est éclatante : il est en tête dans deux circonscriptions à la fois (on pouvait à l'époque multiplier les candidatures), Bourganeuf et Castelsarrasin, dans le Tarn-et-Garonne. Un triomphe qu'il partage immédiatement avec Marie d'Agoult : « Votre salon aura bientôt *son* député », lui écrit-il. Autre triomphe, ce même été 1842 : Guizot le décore, à trente-six ans, de la Légion d'honneur.

Quelques jours plus tard, Lamartine sonne l'alarme : il a entendu à la Chambre des propos particulièrement haineux contre Girardin, une attaque se prépare. Cela ne tarde pas : une pétition signée par une douzaine de députés de gauche réclame de nouveau l'annulation de l'élection de Girardin ; parmi la liste des signataires, on trouve des proches du *National* et leur porte-parole est Ledru-Rollin. « Les lâches », tonne *La Presse*, qui pendant plusieurs jours dément pied à pied tous les motifs de cette mise en cause.

L'ombre de Carrel planait encore sur Girardin. Mais ses soutiens étaient aussi de plus en plus puissants. Au terme d'un débat pénible, les députés renoncent à casser l'élection ; Lamartine a mis tout son talent dans la bataille. Avec une efficacité telle, écrit-il à Émile, que Ledru-Rollin et ses amis lui ont demandé pardon et ont fait amende honorable. Girardin peut donc redevenir député. Il choisit Castelsarrasin, circonscription quatre fois plus importante que Bourganeuf : 750 électeurs contre 150 ! Il n'a là aucune attache particulière, y a passé à peine un jour au printemps, le temps de créer un journal pour soutenir sa candidature, *La Propriété*. Mais Girardin est attiré par la difficulté et la nouveauté ; « c'est le choix du courage et de l'abnégation », explique-t-il dans une lettre au président de la Chambre. On l'attend moins dans le Tarn-et-Garonne que dans la Creuse ; on le connaît à peine, et il a fallu trois tours de ballottage pour assurer sa victoire, à quelques voix près. C'est aussi un ancrage de plus, qui n'empêche pas Girardin de conserver son implantation à Bourganeuf : il s'y fait élire quelques mois plus tard conseiller général. Du reste, le couple possède toujours la maison du Verger, et Girardin n'attendra même pas la fin de son mandat pour démissionner de Castelsarrasin et reprendre son siège de Bourganeuf.

La Presse était devenue un journal ministériel ; le quotidien se positionnait en opposition aux journaux de gauche, qui cultivaient vis-à-vis de Girardin une haine tenace, et ne manquaient pas une occasion de saisir la justice contre lui. Les articles de une déroulaient des leçons de doctrine politique, non signées ; le quotidien commentait les décisions du gouvernement, reproduisait les débats parlementaires, répondait aux chroniques des autres titres. C'était un lieu politique en soi, un marchepied vers le pouvoir, comme le comprit bien Lamartine, qui y était dans ces années-là omniprésent. Girardin, lui, allait consciencieusement y griller toutes ses cartouches.

✧

Dans ses éditoriaux comme dans ses actes quotidiens, Girardin restait incontrôlable : non seulement il était connu pour ses colères homériques et pour ses rancunes à vie, mais il cultivait sur le plan idéologique un éclectisme qui le rendait dangereux.

Son journal soutenait le gouvernement de centre droit ; mais où le situer lui-même ? Chaque profession de foi brouillait un peu plus les cartes : il était capable, pour remercier les électeurs du Tarn-et-Garonne, de leur promettre de ne représenter aucun autre parti que celui du mouvement et de l'innovation, tout en expliquant longuement pourquoi il appartenait aux sept tendances politiques dominantes, c'est-à-dire à aucune. C'est un « en même temps » qui bascule aisément en « ni-ni ». Un positionnement aussi paradoxal que le nom choisi par Girardin pour désigner le groupe parlementaire qu'il anime : le « Parti conservateur progressiste » — quasiment un titre du *Charivari*. Surtout, « le don d'impulsion » que Lamartine célébrait régulièrement chez Girardin paraissait peu compatible avec l'exercice du pouvoir, qui suppose patience et sens des concessions. Le contexte lui était pourtant a priori favorable. Depuis la chute de Thiers fin 1841, les gouvernements qui se succédaient faisaient une place de premier plan à un homme en qui Girardin avait placé beaucoup d'espoir ; il s'agit de Guizot, qui lui-même devait beaucoup au soutien véhément de *La Presse*. Mais, comme ministre et comme allié, Guizot finit par décevoir doublement Girardin, et tout Paris en fut bruyamment informé.

Il y avait d'abord une affaire personnelle, douloureuse et un peu opaque. Girardin avait depuis quelques années une obsession : faire nommer son père Alexandre de Girardin à la Chambre des pairs. Au terme de transactions obscures, Guizot s'engage à convaincre le roi, qui a la main sur l'attribution des titres de pairie. Ce n'est pas gagné d'avance : Alexandre de Girardin s'est illustré comme l'un des soutiens ultimes de Louis XVIII, en 1830, et il n'est pas si simple de faire admettre à Louis-Philippe la nomination d'un légitimiste. Les négociations sont sur le point d'aboutir quand une maladresse fait échouer l'opération : Guizot se permet d'évoquer, dans une conversation publique, le rôle qu'il a tenu dans cette nomination, qu'il décrit comme « un marché ». Alexandre de Girardin l'apprend. La confidentialité est capitale pour préserver le caractère honorifique de la charge, qui ne doit pas ressembler au résultat d'un marchandage. Le père d'Émile est en outre taraudé par la méfiance rancunière de sa femme, qui ne veut rien devoir au fils illégitime. Coup de théâtre : il renonce de lui-même à sa nomination.

Girardin est furieux contre Guizot, qui a fait échouer un rapprochement décisif avec son père ; peut-être la pairie était-elle aussi, c'est ce qu'on raconte ici ou là, une condition tacite qui aurait permis à Girardin de bénéficier d'une partie de l'héritage paternel. Cet échec est une étincelle qui met le feu aux poudres, tout l'arsenal de Girardin se déclenche contre le gouvernement Guizot. L'attaque est d'abord doctrinale et politique. Au printemps 1847, *La Presse* fustige l'immobilisme du gouvernement. Les réformes sont nécessaires, Girardin lui-même ne cesse de l'écrire ; faute de quoi, des révolutions terribles ne manqueront pas de balayer le régime. Pour défendre cette thèse, il publie un opuscule, *Des révolutions et des réformes ou Moyen de prévenir les unes en accomplissant les autres.* Le voilà soudain du côté progressiste, défendant la nécessité d'une réforme électorale pour élargir l'assise démocratique. Lamartine le clame lui aussi haut et fort dans des discours qui font mouche à l'Assemblée et que *La Presse* reproduit largement : il est urgent de « faire participer au gouvernement de plus nombreuses catégories de citoyens de toutes les classes » ; il faut aussi étendre l'instruction, pour favoriser l'émergence de nouvelles intelligences. Ainsi, on occupera les esprits : car, estime Girardin, « il n'est pas de plus grand danger que de laisser les esprits et les bras inoccupés, et plus encore les esprits que les bras ». Et surtout, on se donnera les moyens de régler un problème majeur : la médiocrité des gouvernants.

Au gouvernement, on n'a pas l'air de mesurer la montée des mécontentements. « Toutes les grandes conquêtes sont faites, tous les grands intérêts sont satisfaits », déclare Guizot à la Chambre. « Il faut du neuf ! » gronde Girardin dans *La Presse* ; le grand problème de la France, c'est que « les émetteurs d'idées y sont aussi rares que les solliciteurs d'emplois y sont nombreux ; la crainte de passer pour innovateur est générale et invétérée ». « C'est une maladie, répond Guizot, le pays souffre d'un prurit d'innovation ! » Aux classes moyennes, il adresse ces exhortations bien connues : « Fondez votre gouvernement, enrichissez-vous, améliorez la condition morale et matérielle de la France. » Puisque le quotidien de Girardin a lâché le gouvernement, Guizot crée son propre journal : *L'Époque* — sous-titre : « journal complet et universel ». Son directeur de publication, Adolphe Granier de Cassagnac, est un ancien éditorialiste de *La Presse*. Pure provocation, selon Girardin, qui intente un procès au journal dès que l'occasion se présente ; il est, comme souvent, débouté. Le titre de Guizot ne tiendra pas deux ans.

L'hostilité entre Guizot et Girardin vire à la guerre de tranchées ; leurs deux vies sont pourtant tout emmêlées, depuis plusieurs années. Ils partagent la même maîtresse, Esther Guimont, grisette installée comme demi-mondaine dans un confortable appartement parisien par Guizot lui-même, à son retour d'ambassade à Londres. Certes, ils ne sont pas les seuls à visiter celle qu'on appelle « la lionne » : Dumas, Victor Hugo, Musset ou Sainte-Beuve fréquentaient aussi son salon, ou plutôt sa chambre. Elle aurait inspiré à Dumas fils, qui l'a connue encore presque enfant, le personnage de la Dame aux camélias. Appelée à la barre pour un procès, Esther Guimont a le cran d'épeler en toutes lettres sa profession : c.o.u.r.t.i.s.a.n.e.

La Guimont tente de jouer les intermédiaires entre Girardin et Guizot ; mais c'est peine perdue. Fin de l'espoir ministériel. Girardin dispersera ailleurs, et autrement, son trop-plein d'énergie.

✧

On est en 1847et le pays n'est pas loin d'exploser. Girardin, lui, est comme une cocotte-minute. Les ventes de *La Presse* continuent à grimper, mais la vie n'y a rien de tranquille. L'équipe de rédaction a dû affronter un drame aussi banal que traumatisant : Alexandre Dujarier, le bras droit de Girardin, est mort en duel, le visage explosé par le premier tir de son adversaire, Jean-Baptiste de Beauvallon, journaliste au *Globe*. À l'origine de l'affrontement, une dette de jeu, peut-être aussi une rivalité amoureuse. Avant de quitter son appartement de la rue Laffitte pour le bois de Boulogne, Dujarier avait jeté quelques lignes sur un papier qui sera retrouvé, ensanglanté, sur son corps inanimé : « Je vais me battre en duel pour la cause la plus futile et la plus absurde. » Il y consignait aussi ses dernières volontés — il léguait à la belle Lola Montès toutes ses actions dans le théâtre du Palais-Royal…

Girardin fut bouleversé par cette disparition : Dujarier n'avait pas trente ans ! Le discours plein de colère et d'émotion qu'il prononça au cimetière de Montmartre, entouré de Balzac et d'Alexandre Dumas, est reproduit par toute la presse parisienne. « Adieu, Dujarier, reposez en paix ; mais laissez-nous emporter d'ici la consolation et l'espoir que du moins le souvenir d'une si triste fin, souvenir plus efficace qu'une douteuse jurisprudence, sera assez long pour protéger d'autres inexpériences et les mettre à l'abri de tels coups ! »

Pour survivre dans ce monde agité qu'était la presse, il fallait une carapace à toute épreuve, attaquer avant d'être poursuivi. Girardin ne lâchait pas ses proies ; son ami Alexandre Dumas était de la même étoffe. Tous deux carburent à l'innovation, rusent avec les contraintes de la modernité. *La Presse* a publié le premier feuilleton de Dumas, avec succès. Mais c'est dans d'autres journaux que paraissent coup sur coup, quelques années plus tard, *Les Trois Mousquetaires*, *Le Comte de Monte-Cristo* et *La Reine Margot*. Triomphe absolu. Dumas devient brutalement une industrie à lui tout seul : *Fabrique de romans-Maison Alexandre Dumas et compagnie*, titre le journaliste Mirecourt dans un pamphlet qui lui coûtera cher.

Évidemment, c'est une contrariété pour Girardin : encore un romancier dont il a assuré le lancement et qui lui échappe. Avec Véron, le directeur du *Constitutionnel*, qui s'estime lui aussi lésé, il assigne Dumas en justice. Le romancier se défend lui-même, et c'est en soi un spectacle de haut vol. Devant une foule compacte, qui éclate de rire à chacune de ses saillies et qui hurle « assis ! » quand un avocat lui gâche la vue en se levant pour plaider, Dumas raconte comment le surmenage l'a tellement épuisé qu'il a demandé à un médecin un certificat de maladie : il totalise 180 000 lignes en dix-huit mois, pour honorer des contrats complexes avec les principaux journaux parisiens — il s'est toutefois engagé devant la loi à ne pas dépasser dix-huit volumes par an ! « Je défie messieurs de l'Académie française d'en faire autant. Ils sont cependant quarante », plastronne Dumas, déclenchant une nouvelle salve de rires. Son médecin, explique-t-il à la barre, a été catégorique : « Il est inutile de vous donner des conseils : vous faites un métier de cheval de labour ; reposez-vous ou crevez à la peine. » Dumas était donc parti se reposer en Espagne, puis en Afrique, pour chasser le lion ; à son retour, dans le chantier gigantesque du château Monte-Cristo, à Port-Marly, il reçut la visite de Girardin. Le directeur de *La Presse*, raconte-t-il, venait lui proposer un de ces arrangements arithmétiques qui avaient le don de perdre les interlocuteurs les plus avertis. Toujours est-il que Girardin, arrivé à sept heures pour le dîner par le chemin de fer tout neuf de Paris-Saint-Germain-en-Laye, s'était attardé et repartit en pleine nuit : plus de train, bien sûr, à trois heures du matin. Le journaliste fit venir sa voiture, et emmena avec lui Mlle Brohan. « Je dis cela en tout bien et tout honneur, persifle Dumas, un directeur de journal peut passer deux ou trois heures dans son coupé avec des actrices ; cela ne peut porter atteinte à l'honneur ni de M. de Girardin, ni de Mlle Brohan. » Le procès Girardin-Dumas s'achève quelques jours plus tard sur ce verdict : Dumas est condamné à livrer à *La Presse* les feuilletons promis, sous peine de « contrainte de corps » ; mais Girardin écope aussi d'une amende...

Tout était une question de rythme, et il était de plus en plus effréné. « *La Presse* court plus qu'elle ne marche », écrit Lamartine à son ami Girardin. Le procès contre Dumas s'achève en février 1847 et le même mois Girardin attaque une nouvelle fois *L'Époque* de Guizot qu'il finit par étouffer. Le quotidien cesse de paraître. En mai, il frappe encore plus fort. Un article de *La Presse* évoque une série de marchés occultes liant le gouvernement à ses obligés — journaux officiels, théâtres subventionnés et surtout promesses de pairie, parmi d'autres honneurs mis à l'encan : titres de noblesse, croix diverses « et même des sourires de ministres ». L'accusation est redoutable. Tout le pouvoir est visé. Les pairs se sentent si offensés qu'ils demandent la levée de l'immunité parlementaire du député Girardin, pour pouvoir engager des poursuites. Guizot appuie leur colère, allant jusqu'à lire aux députés la lettre adressée par Girardin plusieurs années plus tôt à un membre anonyme du cabinet Molé, pour faire donner la pairie à son père, contre l'engagement de rendre *La Presse* plus favorable au gouvernement.

Devant un public entassé dans les tribunes des spectateurs, l'immunité est levée à une large majorité ; un désaveu cinglant pour Girardin. Rémusat, qui regarde tout cela avec la hauteur de l'académicien qu'il est devenu, ne peut que constater à quel point Girardin, avec sa blancheur de poulet — « signe de mollesse et de débilité » — et sa figure très ingrate, attise une fois de plus l'hostilité : il tient à se défendre seul et à pousser la riposte jusqu'au bout. Il se présente devant la Cour des pairs, décline son identité ; à la question « Quel est votre âge ? », il répond « Quarante et un à quarante-quatre ans » ! On l'écoute plaider sa défense, puis les pairs expriment leur voix avec une boule blanche (Girardin coupable) ou noire (Girardin innocent). Girardin est innocenté : « En vous noircissant, je vous ai blanchi », commente Victor Hugo, qui a voté pour lui.

Mais Girardin veut une enquête et ne lâche pas l'affaire. L'histoire de la pairie ratée pour Alexandre revient comme un boomerang et il ne veut pas en rester là : en pleine séance, il donne à son tour lecture de la lettre adressée un an auparavant par son père au roi Louis-Philippe. Le courrier expose clairement le chantage infamant mis en œuvre par Guizot en échange de la décoration. Le raffut est énorme, tout le monde se lève, se rassoit, des groupes se forment et dans le brouhaha on n'entend même plus la voix de Girardin. De nouveau, on frôle le duel ; le duc de Morny prend la défense du gouvernement avec une vigueur grossière, des témoins sont désignés, et si Girardin n'avait pas juré de ne plus jamais se battre tout cela aurait fini sur une pelouse des environs de Paris. Girardin est poursuivi par Guizot pour diffamation, et lourdement condamné.

L'épisode laissera des traces durables ; c'est un scandale qui s'ajoute à d'autres, un tripotage peu éclairci, commente Rémusat, faute de courage politique. Le pays tout entier s'impatientait. Lamartine soulevait les foules en réclamant des réformes urgentes, on criait son nom dans les cafés, les étudiants le visitaient en délégation. La ville de Mâcon décide de lui offrir un banquet ; ce soir-là, en juillet 1847, il parle devant 5 000 personnes, dont seulement 1 500 ont trouvé une place assise. C'est colossal, grandiose ; le ciel s'en mêle, une tempête emporte les tentes et les toiles, Lamartine, trempé, doit s'interrompre en plein discours. Mais quand même, raconte-t-il à Delphine de Girardin sans craindre le ridicule, c'était le Colisée à Mâcon !

À Lyon, Louis Wolowski, professeur des Arts et Métiers, enquête sur l'état d'esprit des ouvriers et alerte les autorités locales, puis le gouvernement. La population est minée de socialisme : partout se forment des réunions où le peuple s'éduque. Dans les cafés, les ateliers, ou dans des chambrées de lecture, on commente et on assimile une littérature démocratique ; Proudhon est cité comme un oracle. Le travail des enfants scandalise même les pairs les plus modérés, comme Victor Hugo, qui a entamé la rédaction de son nouveau roman, pour le moment intitulé *Les Misères* ; partout, on souffre d'une industrialisation brutale, qui précipite les ouvriers dans le chômage et la pauvreté au moindre ralentissement d'activité.

Guizot, lui, observe ces agitations avec une distance coupable, en historien détaché, déléguant à des ministres falots le quotidien du pouvoir, comme s'il préparait déjà ses futurs mémoires. Au cœur de l'été 1847, le duc de Montpensier, fils cadet du roi Louis-Philippe, a l'idée plutôt déplacée d'organiser une grande fête de nuit au pavillon de la Reine, à Vincennes, où il commande l'artillerie. La Cour et toute sa suite endimanchée traversent Paris pour s'y rendre : sur le faubourg Saint-Antoine, les ouvriers se massent, le regard farouche, formant une double haie menaçante le long du cortège de ces noceurs frivoles qui vont danser sur un volcan. Girardin fera partie de ceux qui allumeront la mèche.

15

FÉVRIER 1848

Cet homme de quarante-deux ans, qui dirigeait un titre de presse puissant et redouté, entretenait plusieurs foyers, multipliait les relations avec les grands noms de son époque, amassait une fortune habilement gérée — que pouvait-il attendre de plus ? Dans les romans de Balzac, le héros venu de province, une fois sorti de l'obscurité, se repaît de ses succès avant de quitter la scène d'une façon ou d'une autre ; ou bien il paye par une dégringolade cruelle des ambitions trop coûteuses. Girardin, lui, n'en a jamais assez. Il va vivre encore plus de trente ans, inusable, comme si sa sobriété légendaire — une côtelette au dîner, avec un verre de lait, pas de gourmandise avérée — lui avait donné l'étoffe d'un athlète fait pour les courses d'endurance. Quand ses proches affichent la satisfaction ventripotente de leurs succès, Girardin continue à vouloir aller plus loin, plus haut. Sa vocation, c'est le mouvement pur : « Niveler le terrain, explique-t-il à Lamartine, poser les rails, mettre la locomotive en mouvement, l'approvisionner de combustible. » Plus il conquiert, plus il doit défendre ses acquis. Plus il est puissant, plus il se sent menacé et contraint d'assurer ses arrières. « J'ai rarement entendu parler de Girardin sans trouver qu'on était pour lui plus sévère que moi, constate Rémusat, mais je n'hésite pas à dire que c'est un être malfaisant. »

Sa vie devient un numéro de cascadeur ; Girardin survit à trois changements de régime, toujours puissant, toujours du bon côté. Au combat républicain des années 1840, Lamartine sacrifie toute son énergie et ne sera plus après l'échec que l'ombre de lui-même. Dumas sort ruiné de la crise de 1848, et doit vendre son château Monte-Cristo, qu'il a habité deux ans à peine. Pour lutter contre le coup d'État de Napoléon III, Hugo s'exile et ne parlera plus que de loin. Girardin est à leurs côtés ; il défend leur cause, les épaule, leur sert de porte-voix. Mais sort indemne de ce qui les a abattus. C'est l'énigme qu'il faut maintenant percer.

✧

Février 1848. Girardin n'est plus le seul à aller au feu. Après de longues tergiversations, le gouvernement mené par Guizot interdit purement et simplement les banquets prévus à Paris par l'opposition ; plusieurs centaines de députés décident de s'y rendre néanmoins, parmi lesquels Lamartine qui tonne à la tribune contre cette impardonnable infraction au droit de réunion. C'est le début du chaos, ce que Girardin détestait plus que tout ; le désordre nuit aux affaires. Sans attendre, il entre en action, à sa façon, énergique et imprévisible. En six mois, il va tourner casaque trois ou quatre fois, et son journal avec lui. Cela finira en prison. D'abord, il essaie de sauver le régime. « Ce n'est jamais sans les plus grands dangers que la locomotive s'élance hors des rails », écrit-il à la une de *La Presse*, tout plutôt que de voir le gouvernement « dévier de la voie tracée par les institutions ». Girardin n'a jamais participé aux banquets. Le veau froid, écrit-il plusieurs fois, ne fait pas partie de ses plats favoris. Mais il comprend le but poursuivi par ces soixante-quinze meetings qui ne disent par leur nom : réveiller l'esprit public. *La Presse* le martèle jour après jour : le changement est inéluctable, le gouvernement doit démissionner, dissoudre l'Assemblée et organiser des élections pour laisser l'opposition s'exprimer. C'était tellement inévitable qu'on vendait la peau de l'ours : à la prison Sainte-Pélagie, selon Hugo, les condamnés politiques sabraient déjà le champagne et dansaient dans les couloirs en chantant *La Marseillaise*.

Mais on ne voit rien venir. Alors Girardin prend les devants : seul, il quitte son siège de député, pensant qu'on l'imitera en masse. Le geste ne convainc personne, mais il a indéniablement du panache. Quelques jours plus tard, on trouve un peu partout dans Paris des portraits qui sont comme des hommages : Girardin est assis dans un fauteuil, devant une bibliothèque, l'air toujours aussi juvénile. À quarante-deux ans, il en paraît quinze de moins. Sous son nom, deux mentions bien significatives — « ÉMILE DE GIRARDIN, rédacteur en chef du journal *La Presse*, député démissionnaire le 14 février 1848 ». Et cette phrase manuscrite, suivie de sa signature autographe : *Je n'ai ni le désir ni la crainte d'être tout seul.*

Dans Paris, les choses se précipitent. Des centaines d'ouvriers, de femmes et d'enfants se rassemblent, des armureries sont pillées. Pour se rendre à l'Assemblée, Hugo longe rue de Lille une colonne immense d'hommes en veste et casquette, bras dessus bras dessous. Girardin traverse les premières barricades, on dépave les rues autour du marché Saint-Honoré. Une première manifestation a lieu le 22 février, entre la Madeleine et le Palais-Bourbon. On envoie la Garde nationale, mais elle pactise avec les insurgés. Très vite, il y a des morts : boulevard des Capucines, le 23 février, devant le ministère des Affaires étrangères, le feu est donné pour une raison incompréhensible. On relève cinquante-deux corps parmi les manifestants, les cadavres sont entassés sur des charrettes, qui promènent dans les faubourgs le spectacle macabre du massacre et allument de nouveaux foyers.

Tout seul encore, Girardin décide de prendre les choses en main. Le 24 février au matin, il court au palais des Tuileries, où on ne l'a pas fait appeler ; il veut s'adresser directement au roi. Son but : le convaincre d'agir, de dissoudre et même d'abdiquer, pour sauver la monarchie. Aux Tuileries, Girardin trouve une assemblée étrange, abasourdie par l'événement, incapable de prendre une décision franche, entourant un roi en flanelle, épuisé par une nuit sans sommeil. L'intrusion de Girardin est une bizarrerie de plus : « D'un ton dur et impérieux, se souvient Rémusat, d'un visage effrontément impassible, il cria qu'il n'y avait de salut que dans l'abdication. » Le roi délibérait depuis la veille avec ceux qui allaient et venaient dans les pièces désertes du rez-de-chaussée : Guizot révoqué pour Molé, lui-même renvoyé pour Thiers, à son tour révoqué pour Odilon Barrot ; Rémusat, pressenti mais perplexe. L'opposition était là, enfin appelée au pouvoir, mais tous ces gouvernants étaient en dessous d'eux-mêmes, selon Rémusat, dépassés, désorientés, humiliés par leur propre inertie. En proie à un sentiment qui rendait l'action impossible : la mauvaise humeur.

Ce même 24 février, Girardin repart, toujours en courant, des Tuileries. Le roi a admis l'abdication, il faut l'annoncer au pays. Hugo est chargé de la même mission dans le quartier de la Bastille et monte sur le socle de la colonne de Juillet pour se faire entendre, menacé dans la foule par le canon d'un fusil. À la sortie des Tuileries, c'est le chaos : Girardin tente de proclamer la nouvelle, mais sa voix ne parvient pas à couvrir les coups de feu. Il retourne au Palais, que la famille royale vient de quitter. Moment de légende : resté seul, Girardin prend l'initiative de rédiger de sa propre main le bulletin officialisant l'événement : « Abdication du roi. Régence de la duchesse d'Orléans. Dissolution de la Chambre. Amnistie générale. » Le billet porte sa signature ; il n'est pas qu'un messager, il est l'auteur de l'événement.

Girardin a en effet profité du départ du roi pour opérer un petit coup de force : Louis-Philippe voulait, contre l'avis général, laisser le trône à son fils, le duc de Nemours. Girardin inscrit le nom de la duchesse d'Orléans. À toute allure, il repart rue Montmartre :

le billet est imprimé sur les presses de son journal, avec la mention typographiée « Écrit le 24 février 1848, à 11 h du matin, au Palais des Tuileries ». Girardin peut enfin y croire : il a réussi à s'approcher au plus près du pouvoir. Aux côtés de Louis-Philippe en 1848 comme Alexandre, son père, était aux côtés de Charles X en 1830. À l'arrière-plan, dans les coulisses de tractations dont on ne sait rien, il y a aussi Victor Hugo, qui pense comme lui. Évidemment, rien ne se passera comme prévu.

✧

Le billet autographe n'eut pas le temps de faire son effet. Au moment où Girardin sillonnait la rive droite entre les Tuileries et la rue Montmartre, passant les barricades comme on saute des haies, l'Assemblée nationale était envahie par les insurgés. Les portes sont enfoncées à coups de crosses de fusil, le bruit est assourdissant ; certains émeutiers posent leurs armes sur les tribunes, en visant de leur canon la présidence de l'Assemblée. On débattait de la régence, mais les élus se dispersent, la Chambre n'existe plus. Lamartine profite du chaos et, auprès de ceux qui restent, déploie discours visionnaires et éloquence sublime pour mettre au vote la constitution d'un gouvernement provisoire qu'il se charge de former. À ses côtés, Ledru-Rollin, Emmanuel Arago, Louis Blanc, l'ouvrier Albert. Escorté de la foule comme d'une longue traîne, ce nouveau gouvernement se rend à l'Hôtel de Ville. La république est proclamée. Lamartine est sa tête de proue et ne touche plus terre. Il rassure sa femme, Marianne, au soir de ce fameux 24 février : il est maintenant ministre des Affaires étrangères, n'a plus le temps de dormir, car, écrit-il, il signe à tour de bras des centaines de mesures tout en s'adressant au peuple cinq fois par jour depuis les fenêtres de l'Hôtel de Ville. Son heure est venue.

Pour Girardin, c'est un revers. Il pensait pouvoir faire survivre la monarchie. Mais il ne lui faut pas une nuit pour changer d'avis. Le

25 février 1848, *La Presse* titre en gros : « Confiance ! Confiance ! » Il faut croire en l'avenir, déclare Girardin, et vive la République ! La peur crée du désordre et le désordre, c'est de l'argent perdu. Que tout le monde retourne au travail, que toutes les affaires s'expédient au plus vite. « L'union c'est la force. Mais l'ordre, c'est le crédit, le crédit, c'est l'ordre ! » Pendant quelques semaines, le journal est un peu aux vaches maigres : plus de papier, car les circulations sont interrompues, le chemin de fer du Nord, notamment, a été brisé par précaution. *La Presse* passe de quatre à deux pages, qui n'ont plus que le quart du format habituel et il n'y a plus une seule annonce publicitaire. Les tirages pourtant ont explosé ; les ventes battent tous les records, atteignent 65 000 exemplaires, le double des autres quotidiens. Girardin rentabilise à une vitesse inespérée son dernier investissement : une machine à imprimer révolutionnaire commandée à Hippolyte Marinoni, une presse à deux cylindres dite « à réaction », la première construite en France, selon un modèle testé en Angleterre. Dans l'incertitude générale, on s'en remet à *La Presse* pour comprendre ce qui se passe. Le journal paraît trois fois par jour, pour suivre le rythme, car les événements se précipitent. Dans ce bouillonnement généralisé, tout est possible et Girardin a des réserves pour faire face. Son journal propose un genre de concours : « Une idée par jour ! » Les lecteurs proposeront leurs solutions à la crise et *La Presse* sélectionnera les plus convaincantes.

Pendant quelques mois, après la révolution, Girardin se déchaîne ; il est partout, signe des dizaines d'articles, dont certains font sensation et deviennent des brochures éditées en flux continu. La graphomanie est sa façon d'agir. Et elle va finir par lui coûter cher.

✧

Les éditoriaux de Girardin détaillaient une sorte de catéchisme républicain, avec une telle énergie qu'on en oubliait la palinodie.

Aussitôt proclamée, la république devait être conservée : c'était la logique imparable du *conservateur progressiste*. Jour après jour, il synthétisait avec un enthousiasme scrupuleux les décisions prises par le gouvernement provisoire. Et il y avait de quoi s'exalter : abolition définitive de l'esclavage, de la peine de mort pour motifs politiques, adoption du drapeau tricolore, proclamation du droit au travail et, bientôt, instauration du suffrage universel (masculin).

Pour Girardin, les premières semaines de la république sont comme l'occasion de rectifier l'histoire, la sienne en particulier : le 2 mars 1848, une délégation du gouvernement provisoire menée par Armand Marrast, le directeur du *National* devenu ministre, se rend au cimetière de Saint-Mandé pour rendre hommage à Armand Carrel. Il est question de transférer ses cendres au Panthéon. Devant la foule qui entoure le monument offert par David d'Angers, Girardin prend la parole. Quelques « Non ! Non ! » s'élèvent pour l'en empêcher, mais on les fait taire. Et dans un silence recueilli, on écoute Girardin déclarer d'une voix émue qu'il vient faire expiation ; personne plus que lui, assure-t-il, ne sent la perte que le pays a subie avec la disparition de ce grand citoyen. Applaudissements nourris.

Dans l'hôtel des Girardin, on ne ménage pas sa peine pour soutenir le nouveau régime. Marie d'Agoult, qui veut aussi régner à sa façon, s'agace prodigieusement ; « la prospérité de Delphine m'étouffe », note-t-elle dans son journal. Elle reçoit à dîner Girardin, seul : « Son omnipotence. Ses salons remplis. Le ministère le consulte régulièrement. » Le temple grec des Champs-Élysées s'illumine un soir de ce début mars pour accueillir les membres du gouvernement provisoire dans une réception qui célèbre la république. Hugo, Dumas, Musset, Jules Sandeau, l'actrice Rachel — tous les amis des lettres sont au rendez-vous. Delphine règne comme à l'accoutumée. Les ministres sont tous invités, à commencer par Lamartine, un habitué des lieux. La sécurité est renforcée, car on voit régulièrement des mouvements d'insurgés assaillir les logements des personnalités les plus en vue. Place Saint-Georges, l'hôtel Thiers a été cerné fin février et Mme Dosne, la célèbre belle-mère, a fait sensation en ouvrant les grilles ; les révolutionnaires sont repartis le ventre plein, avec un peuplier du jardin (le moins beau), pour planter un arbre de la Liberté. Girardin ne veut pas prendre ce risque ; un service d'ordre est organisé et ce sont les ouvriers de *La Presse*, en blouse et fusil à l'épaule, qui montent la garde. Déception : aucun membre du gouvernement provisoire ne se rend à l'invitation. On est le 5 mars, le suffrage universel vient d'être instauré. Lamartine, épuisé, se fait excuser.

S'il avait eu l'énergie de se déplacer, il aurait fait une rencontre qui aurait peut-être changé le cours des choses. Il aurait en effet croisé chez les Girardin un spectre, une apparition prémonitoire. Louis-Napoléon Bonaparte était de passage en France. Il avait débarqué en secret à Calais, quittant Londres où il vivait en exil après avoir manqué plusieurs coups d'État et s'être évadé du fort de Ham, en Picardie, dans des conditions rocambolesques. Lamartine en a été informé par un intermédiaire, qui proposait au poète les services du fugitif. Il a fait donner à Bonaparte l'ordre de quitter le territoire au plus tôt ; on ne veut pas en France d'un nouvel homme providentiel. Mais avant d'obtempérer, Louis-Napoléon s'est rendu à l'hôtel Choiseul-Gouffier, chez les Girardin et on le voit déambuler dans les salons du rez-de-chaussée. Avec Delphine, ce sont des retrouvailles ; ils se sont connus dans leur jeunesse, quand Sophie Gay séjournait avec sa fille au château d'Arenenberg, chez la reine Hortense, mère de Louis-Napoléon. Avec Girardin, on imagine d'intéressantes conversations, dont on ne sait rien bien sûr. Quelque chose se trame dans la confusion du moment.

✧

Girardin comptait bien se voir confier une fonction officielle, une direction de ministère, un portefeuille, une charge à sa hauteur. Il intriguait, négociait ; Delphine y travaillait aussi de son côté, directement auprès de Lamartine. Les sollicitations allaient dans tous les sens, des places étaient à prendre, d'autres se perdaient. Lamartine était accablé de courriers, jusqu'à 1 500 dans la même journée. Du jour au lendemain, Musset n'est plus bibliothécaire du ministère de l'Intérieur, il doit trouver d'autres ressources en urgence. Balzac tente de caser son beau-frère, polytechnicien de la première promotion, républicain de la première heure ; il écrit à Lamartine et tant pis s'il s'est souvent moqué de ses grands airs de seigneur blanchi et échevelé. « Une des obligations de votre gouvernement est de chercher des “hommes spéciaux”, capables et honnêtes »... George Sand place aussi ses amis, le gouvernement l'a chargée de « républicaniser » partout où c'est possible, en préparation des élections de fin avril ; elle rédige pour Ledru-Rollin, ministre de l'Intérieur, les *Bulletins de la République*, qui sont adressés aux maires de toute la France. Son fils Maurice, s'amuse-t-elle, reçoit comme maire de Nohant des circulaires signées de sa mère.

Malgré les efforts de Delphine auprès de Ledru-Rollin, Girardin n'obtient rien d'autre qu'une proposition qu'elle décline à sa place dans une conversation assez véhémente avec le chef de gouvernement, car cela ressemble à un affront — la direction des Postes, quand on vise un ministère ! C'est une de ces étincelles qui, chez Girardin, rallument des cendres jamais vraiment éteintes. De nouveau, *La Presse* voit rouge. Les choses ne vont pas assez vite, il interpelle le gouvernement de Lamartine : « Vous êtes au 26 mars, le calme a-t-il ramené le travail, le travail a-t-il ramené l'aisance ? » Ce qui l'exaspère en premier lieu, c'est l'incompétence des nouveaux responsables — si seulement on l'avait choisi ! —, ce qu'il appelle les déplorables nominations : des hommes expérimentés remplacés par des agents « improvisés, inconsidérés et souvent même déconsidérés ». Le pays court à sa perte entre les mains d'incompétents qui pèchent par optimisme. Or Girardin a une certitude, « l'optimisme est le grain dont les révolutions sont l'épi » et tous les régimes précédents sont tombés par optimisme : « L'optimisme les a perdus, l'optimisme vous perdra. »

C'est fini. Girardin se considère dégagé de toute fidélité ; « nous n'étions pas vos amis, nous ne le sommes pas devenus ». Fermeture de la parenthèse quarante-huitarde. Retour à l'opposition. Le pays tombe dans la misère, même les plus riches — comme Girardin — sont menacés. Crime majeur ! « Il y a trois mois le banquier payait, le fabricant fabriquait, le travailleur travaillait, tous les ressorts enfin fonctionnaient. » Plus question de confiance, place à la résistance : « De la Résistance ! Et contre qui ? contre vous. » Quand *La Presse* tempête, les gouvernements s'inquiètent. Lamartine panique. Des manifestations dangereuses menacent l'ordre républicain, alors que des élections se préparent dans des conditions jamais vues. On passe de 250 000 à plus de 9 millions d'électeurs ! Et le journal le plus puissant attise les mécontentements. Chaque jour, rue Montmartre, une foule de lecteurs se tasse en attendant l'impression du jour ; on s'arrache les exemplaires, on les lit sur place.

Lamartine à sa nièce : « Girardin est atroce. Il se conduit en vrai fou dans un moment où nous couvrons seuls sa tête et celle de millions d'hommes. » Il faut le faire taire. À son tour, Lamartine passe par Delphine. Il lui envoie Marianne, sa femme, en mission de conciliation. Accueil glacial rue de Chaillot. Alors le poète adresse à Delphine une lettre brève, tendue par l'urgence : « Vous êtes injuste, et vous le saurez plus tard. M. de Girardin ne comprend pas le moment, cette opposition en termes cruels n'est pas à son heure. » Lamartine supplie la Muse au nom de leur amitié : que tout le monde tienne encore jusqu'aux élections et tout sera sauvé.

Peine perdue. Delphine prend le parti d'Émile, comme toujours quand il est en danger. Dans ses dernières chroniques, le vicomte de Launay s'agace lui aussi de la maladresse des gouvernants qui se coulent dans les habitudes de luxe de leurs prédécesseurs. Et il y a cette hypocrisie majeure des Républicains : le suffrage universel exclut les femmes. Scandale ! On affranchit les esclaves, mais pas les femmes, déplore l'une des *Lettres parisiennes* de Delphine. Pire que tout : le moindre de leurs serviteurs est au-dessus d'elles, puisqu'il peut aller voter... « Le crétin le plus abject, s'étouffe le Vicomte, si son imbécillité a l'honneur d'être masculine, compte plus que George Sand ; ô députés trop fiers de votre mâle obscurité ! »

✧

Girardin ne désarmait pas. Ses articles sonnaient comme des coups de canon, obstinés, périlleux. Il sentait des menaces peser sur lui, sur son journal. Lamartine au même moment dit recevoir quotidiennement des billets annonçant son assassinat. On a dissous l'armée royale, sans avoir encore mis sur pied une garde républicaine solide, équipée et formée. En ce printemps 1848, on va d'émeute en émeute.

Fin mars, Girardin aménage un appartement rue Montmartre, dans les locaux de *La Presse* ; au cas où il devrait tenir un siège. Il a vu juste : le 29, une foule hostile se forme devant l'imprimerie. Il y a des cris : « À bas *La Presse* ! Mort à Girardin ! » Personne n'y comprend plus rien ; le directeur de *La Presse* est-il pour ou contre les ouvriers et le travail pour tous ? Les salariés du journal n'ont pas à se plaindre de lui ; il a créé pour eux une caisse de secours mutuel, maintient toujours les appointements en cas d'accident du travail, verse même des pensions. Autour de Girardin, face au danger et à l'attaque, les compositeurs et les imprimeurs font front. Lui est prêt à couler avec le navire ; dans ces moments de crise, il s'exalte et devient meneur de troupe. Mais son courage est amer ; il en est sûr, c'est le gouvernement qui a lancé les manifestants contre lui. Pour lui donner un coup de semonce. La troupe hétéroclite stationne plusieurs jours devant le journal. Lamartine vient lui-même s'assurer que rien de plus dangereux n'est entrepris. Finalement, la Garde nationale intervient et disperse la foule. Pour cette fois-là, l'affaire est close.

✧

Girardin se démène avec l'époque. Les temps sont obscurs, on n'y voit plus très clair. Il a des éclairs de prescience, mais on dirait que deviner l'avenir lui donne le mauvais rôle : il est celui qui crée les drames en les ayant anticipés. Après le siège de la rue Montmartre, *La Presse* avait pris une sorte d'engagement : Girardin respecterait une trêve, le temps que soient organisées les élections pour l'Assemblée constituante. Les résultats du vote ont un air de triomphe pour le gouvernement provisoire : Lamartine est choisi dans dix départements à la fois et totalise un million et demi de voix. Les candidats les plus à gauche sont éliminés.

Girardin reprend la parole. Encore plus violemment, car très vite, les événements font craindre le pire : la République dérive vers sa droite, on a chassé Louis Blanc du gouvernement, il est même question de lui intenter un procès. De nouvelles journées d'insurrection effraient les élus. À l'Assemblée, Hugo assiste le 15 mai à une scène d'invasion qui lui laisse un souvenir épouvanté : des flots déguenillés ruisselant le long des couloirs, des monceaux d'hommes qui font disparaître les tribunes et les pupitres, des faces hurlantes, des cartons brandis sur des piques où on écrit les messages qu'on ne peut pas dire à haute voix, dans le vacarme. La faute aux promesses non tenues, diagnostique Girardin dans *La Presse* : on a fait miroiter travail et bien-être, au lieu de quoi, on ferme les Ateliers nationaux, jetant des milliers d'ouvriers dans la misère et le chômage. Des prolétaires, ces héros de la République, on a fait des sauvages, s'indigne Hugo à l'Assemblée. Ce n'est pas tout : la République nomme au ministère de la Guerre un militaire connu pour la cruauté de son action en

Algérie, Eugène Cavaignac. *La Presse* crie à la dictature. De plus en plus fort. Sans aucune prudence, ni retenue.

Fin juin 1848, c'est presque la guerre civile entre le peuple privé d'emploi et les partisans de l'ordre, notamment les élus de la bourgeoisie. « Du pain ou du plomb ! Du plomb ou du travail ! » entend-on dans les foules prolétaires réunies spontanément au Panthéon, place Saint-Sulpice, puis autour de la colonne de Juillet, place de la Bastille. Cavaignac laisse faire dans un premier temps, avant de profiter de l'état de siège pour devenir chef du pouvoir exécutif. Le 23 juin, des barricades gigantesques se dressent entre la porte Saint-Denis et la porte Saint-Martin ; boulevard du Temple, les immeubles neufs sont presque dépassés par les amoncellements de pavés, de briques et d'objets hétéroclites entassés par les insurgés. Lamartine fait le tour des lieux, monté sur sa jument Saphir. L'animal est blessé par un tir qui manque les tuer tous les deux ; à ses côtés, un autre de ses chevaux, monté par un député, s'écroule. Victor Hugo fait partie d'une délégation de soixante députés envoyés sur les barricades en mission de conciliation. Rue Jean-Pierre Timbaud, au coin du boulevard Beaumarchais, des balles sifflent autour de lui, déchiquettent les affiches sur les murs, dans son dos. De retour place des Vosges après trois jours et trois nuits au cœur de la mêlée, le poète trouve sa maison incendiée, sa famille réfugiée chez un artisan du voisinage ; une traînée de sang et quatorze impacts de balles prouvent qu'on s'est battu jusque dans sa cour.

La répression est terrible — 1 500 fusillés, 4 000 déportés en Algérie, des prisonniers innombrables. Les pleins pouvoirs sont donnés à Cavaignac, l'état d'urgence est proclamé. Pour la sécurité du pays, il faut encore faire taire Girardin : on vient l'arrêter rue Montmartre, où il passe désormais ses jours et ses nuits. Il n'oppose aucune résistance, malgré la volonté d'en découdre des employés de *La Presse*. Delphine traverse Paris, hagarde, depuis les Champs-Élysées, pour essayer d'avoir des nouvelles ; au milieu des émeutes, souffrante, elle renonce et regagne, folle d'inquiétude, l'hôtel de la rue de Chaillot. C'est Mme Brunetière, sa rivale et la mère d'Alexandre, qui lui apporte un billet envoyé par Girardin depuis la Conciergerie. Delphine se précipite chez Cavaignac, force sa porte et exige, en vain, la libération de son mari. Rue Montmartre, des scellés sont posés sur les presses, le journal cesse de paraître pendant plus d'un mois.

Depuis sa cellule, Girardin fait un raffut impressionnant. Sans décolérer, il passe ses journées à rédiger un texte vengeur, *Journal d'un journaliste au secret*. Cela commence très fort : « Je viens dénoncer à la France le plus farouche, le plus invraisemblable, le plus incroyable attentat à ces deux libertés pour le triomphe desquelles cependant nous en sommes à notre troisième révolution ! » *Le Charivari* répond : un homme lit *La Presse* d'une main, tenant de l'autre un immense mouchoir mouillé de larmes. À côté de lui, une enfant laisse sa poupée à terre pour enfouir son visage dans un mouchoir tout aussi démesuré ; un petit chien les accompagne, qui verse de grosses larmes également. Légende : « Un abonné de *La Presse* lisant le récit des dangers qu'aurait pu courir M. Émile Girardin. »

Comment a-t-on espéré réduire au silence celui dont la vie n'existait que criée à haute voix ?

16

NAPOLÉON PRÉSIDENT : FAUSSE BONNE IDÉE

Girardin sortit de prison dix jours plus tard, avec une obsession : éliminer Cavaignac. Même rage chez Delphine : quand le Vicomte reprend la plume dans *La Presse*, il attaque frontalement le responsable de la répression de juin. Daumier dans *Le Charivari* réinvente la figure de la Muse, version 1848 : les cheveux de Delphine ont l'air de serpents, sa lyre est posée derrière elle et elle trempe sa plume dans un encrier de vitriol, posé sur un numéro de *La Presse*.

L'élection présidentielle se prépare, la première au suffrage universel direct. Elle est prévue pour les 10 et 11 décembre 1848. Lamartine est au bout du rouleau. Perclus de rhumatismes et de dettes, le grand poète se dit, en privé, « démoralisé du gousset ». Sera-t-il candidat ? Aux journaux qui lui posent la question, il répond sur un mode assez énigmatique : « Je ne brigue pas les suffrages, je ne les désire pas ; mais il y a aussi loin de l'acte de se présenter à l'acte de s'effacer qu'il y a loin de l'ambition au dévouement. » Sa décision ressemble à un sacrifice : « Je déclare à mes amis que j'accepte la candidature. » Vision de Girardin : faire élire un troisième homme, entre Cavaignac et Lamartine. Quelqu'un qui lui ressemble un peu ; impulsif, stratège, obscur.

Le nom de Louis-Napoléon Bonaparte planait sur l'Assemblée depuis les premières journées de la république ; après avoir été congédié par Lamartine, le neveu de l'Empereur s'était présenté aux élections législatives partielles de juin, puis de septembre 1848 et avait été élu très largement à Paris, dans l'Yonne, en Corse, en Moselle. Hugo assiste à sa rentrée parlementaire ; on dirait qu'il ne sait pas vraiment quoi penser du personnage. L'homme est jeune, vêtu de noir, moustache noire, col boutonné, gants blancs ; quand il se lève à la tribune, c'est pour lire un papier chiffonné et prononcer avec un accent allemand le mot *compatriote*. Puis il se rassoit, sans dire un mot à ses voisins, l'air embarrassé. *La Presse* n'hésite pas longtemps ; cet homme qui avait publié en 1840 un genre de manifeste socialisant, *Extinction du paupérisme*, et dont on ne savait finalement pas grand-chose, était la seule solution pour sortir la France de la dictature incarnée par Cavaignac. Une page blanche, avec un nom qui rassemblait, et qui réunirait les suffrages de tous les hommes sensés et prévoyants. À la une de *La Presse* paraît cette déclaration : « Monsieur Louis-Napoléon Bonaparte, c'est l'avenir ».

On dit que ces articles ont été financés largement par le camp bonapartiste : plusieurs dizaines de milliers de francs versés directement au journal. *Le Charivari* imagine Girardin sur une estrade, montrant comme dans une foire un âne sur ses pattes arrière, en grandes bottes noires, coiffé d'un tricorne. « Ah ça ! mais c'est un âne ! s'esclaffe un badaud. — Mais non, lui répond un autre, puisque c'est le chapeau de l'Empereur. » Girardin tenait ici sa vengeance. Son journal avait été muselé et le pouvoir confisqué par ceux qui le détestaient depuis plus de quinze ans : les rédacteurs du *National* — Cavaignac, Marrast, Thiers. Mais il voyait aussi plus loin. Si Bonaparte était élu grâce à son soutien, son avenir ministériel serait assuré. *La Presse* l'écrit à demi-mot : le président de l'avenir aura « intérêt à choisir et à essayer les ministres qu'il croira les plus capables. Il pourra les passer tous en revue ». Le message est clair. Début décembre 1848, *La Presse* imprime presque deux millions de bulletins de vote portant le nom du candidat Louis-Napoléon Bonaparte.

Nouveau dessin de Daumier : Hugo et Girardin tiennent à bout de bras un bouclier où chancelle un petit homme presque noyé dans son bicorne, la moustache hérissée de frayeur. « MM. Victor Hugo et Émile Girardin cherchent à élever le prince Louis-Napoléon sur un pavois, ça n'est pas très solide ! »

✧

Le 10 décembre 1848, Louis-Napoléon Bonaparte est élu président de la République. Le résultat est écrasant ; plus de 5 millions de voix, contre un million et demi pour Cavaignac. Pour Lamartine, c'est un échec cuisant : 21 000 voix. Réaction du poète : « Une joie indicible ; je craignais la présidence comme la mort. » Il se replonge à temps plein dans la littérature, et publie coup sur coup le roman *Raphaël*, en volume, et *Les Confidences*, en feuilleton, chez Girardin.

Dans le salon des Girardin, aux Champs-Élysées, on sabre le champagne. La campagne de *La Presse* a porté ses fruits. Mais jusqu'où Girardin garde-t-il le contrôle ? En toute hâte, dans ces premiers jours après l'élection, il noircit des colonnes et des colonnes avec un programme politique qui doit donner le cap au tout nouveau président. Des idées assez extravagantes, qu'on s'arrache de toute façon, car *La Presse* a décroché une exclusivité hors du commun : les *Mémoires d'outre-tombe* paraissent en feuilleton — une publication négociée par Girardin bien avant la mort de Chateaubriand, avec montage d'une société ad hoc pour acheter les droits et embargo jusqu'à la disparition de l'auteur. Chateaubriand est mort fin juillet, le feuilleton a commencé à paraître en octobre ; on l'attendait depuis des années. En bas de page, chaque jour, un *memento mori* pour ceux qui croiraient trop à la gloire éphémère du présent. En haut de page, l'énergie incontrôlable de Girardin, qui propose des réformes radicales : réduire le gouvernement à trois ministres (cela rendra le pouvoir plus efficace) ; diminuer les investissements militaires (ils coûtent beaucoup trop cher et si le pouvoir est efficace, plus besoin d'armée pour imposer l'autorité par la force) ; et bien sûr assurer la liberté de la presse.

Mais cette fois encore, Girardin était le dindon de la farce : il n'était pas le seul à avoir porté la candidature de Louis-Napoléon Bonaparte, et tout de suite, les places se distribuent sans lui. Victor Hugo est invité au premier dîner de l'Élysée, le 24 décembre 1848 ; vaisselle médiocre, repas à l'avenant, le poète sort le ventre à moitié vide, consterné par un décor hors d'âge. Girardin n'y était pas. L'impression de Hugo est très claire : Thiers avait tout manigancé en arrière-plan, les ministères ont été définis avant l'élection, pas de place pour Girardin. Toutes les nominations, listes et promotions venaient directement de la place Saint-Georges, chez les Thiers. Le soir même de l'élection, le 10 décembre, Louis-Napoléon Bonaparte y fut reçu à dîner en grande pompe. Mme Dosne confirme dans ses mémoires ces tractations, en décrivant les allées et venues aussi discrètes qu'intenses entre l'Élysée et l'hôtel Thiers.

De nouveau, les hommes du *National* étaient aux premières loges. Dans les derniers jours de 1848, Hugo et Girardin dînent chez Lamartine. Le poète est souriant et triste, courbé par l'échec ; Girardin, lui, est monté sur des ressorts, scandalisé par la faute irréparable que représente la nomination d'un gouvernement chétif. À la place du président, explique-t-il à la cantonade au milieu du dîner, il aurait agi tout autrement ; il suffisait d'annoncer dans *Le Moniteur* le nom des ministres, sans même les consulter à l'avance, ils auraient été contraints d'accepter. Et on aurait ainsi pu réunir en un tour de main les noms des hommes les plus capables — Thiers et Barrot, certes, mais aussi Lamartine et Victor Hugo. Au *Charivari*, on ricane : Victor Hugo aurait voulu être nommé ministre de la Pensée, et Girardin ministre des Finances, en maître des combinaisons acrobatiques.

Mais ce qu'on propose à Girardin, une fois de plus, est inacceptable : une ambassade à Naples (histoire de l'éloigner), la direction des Postes (encore !), ou bien la préfecture de police. À l'Élysée, imagine *Le Charivari* en janvier 1849, le président reçoit la visite quotidienne de Girardin, « c'est un des fléaux attachés à la grandeur de sa fonction ». La scène imaginée est cocasse : le journaliste arrive comme un ouragan, les volets claquent, les rideaux s'envolent, les portes battent brutalement. Les huissiers s'affolent, le président tente de se cacher, en vain : y aurait-il de nouveau des barricades ? Girardin veut seulement s'assurer qu'on a bien lu ses trois articles de une, et qu'il sera rapidement nommé « seul ministre dirigeant, responsable de rien ». Les huissiers finissent par le saisir à bras-le-corps, en lui bandant les yeux et, pendant que le président s'esquive, Girardin est jeté dans sa propre voiture, s'éloignant en hurlant : « Vieux système ! vieux système ! habits, galons ! »

✧

Cette voiture qui l'emporte prend une direction imprévue : un coup de vent puissant propulse Girardin à l'extrême gauche, dans le camp socialiste. Dernier grand virage de sa vie publique et l'un de ses derniers mandats.

Au lendemain de l'élection présidentielle, Girardin observe, méfiant, les premiers pas de ce Bonaparte énigmatique. Depuis les colonnes de *La Presse*, il surveille le pouvoir comme une vigie irritable. Assez vite, il s'étouffe de colère : l'Assemblée législative est devenue nettement conservatrice, cléricale même. Sous l'influence rétrograde de la Chambre, l'expédition française envoyée à Rome par la République change soudain de politique : alors qu'ils devaient trouver une conciliation entre les républicains italiens et le pape, les émissaires français prennent parti pour le Saint-Siège, au mépris des engagements de l'année précédente. L'opposition de gauche organise une manifestation, avec un succès relatif. La répression est disproportionnée : Ledru-Rollin doit s'exiler, Proudhon est jeté en prison, on rétablit l'état d'urgence, des machines à imprimer sont cassées et la presse est de nouveau muselée. Girardin soutient les condamnés et tonne contre cet attentat à la liberté d'expression. Les abonnés de *La Presse* pourraient s'étonner : ce gouvernement est bien celui qu'ils ont contribué à faire désigner quelques mois plus tôt. Dans un dessin du *Charivari*, on voit les passagers d'une diligence affolés, cherchant à descendre en route. La voiture est couverte d'exemplaires de *La Presse* et Proudhon indique la direction à suivre. Légende : « Les abonnés de *La Presse* s'apercevant qu'on leur fait faire fausse route. »

Pendant quelque temps, Girardin pense pouvoir jouer les contre-pouvoirs depuis la rue Montmartre et les locaux de son journal, sans briguer de mandat électoral. Son influence ne faiblit pas malgré les aléas. Il bénéficie même du rayonnement grandiose de son ami Victor Hugo. Tous les deux font des étincelles lors d'un événement organisé pendant l'été 1849 par un ensemble de Sociétés de la paix d'Europe et des États-Unis d'Amérique : c'est le Congrès international de la paix universelle, qui se tient à Paris. Hugo est désigné président du congrès ; Girardin se tient à ses côtés et prend la parole à plusieurs reprises. *La Presse* restitue les plus beaux discours ; les articles sont rédigés par Charles Hugo, le fils de Victor. L'événement peut sembler anachronique, comme si l'esprit de conciliation de février 1848 survivait tant bien que mal, avec son rêve de paix entre les peuples et de progrès dans le respect des droits humains et des identités nationales. Dans son discours de clôture, Hugo annonce la création des États-Unis d'Europe, réunis par une assemblée commune, alliés aux États-Unis d'Amérique, se tendant la main par-dessus les mers, échangeant leurs richesses commerciales et leurs génies.

Une euphorie collective porte les participants : Richard Cobden, le grand libéral délégué par l'Angleterre, confie à Victor Hugo qu'il n'a jamais vu un congrès aussi bien présidé et pourtant il a assisté à des centaines de *meetings*. Le ministère des Affaires étrangères français reçoit toute la délégation, on fête le succès dans un grand dîner à la Maison dorée, boulevard des Italiens, puis les Girardin organisent une dernière réception dans leur hôtel, rue de Chaillot.

Rêver un avenir pacifié, d'accord. Girardin était lui aussi favorable à une fédération européenne, propice au libre-échange, au commerce et donc à ses revenus d'actionnaire. Mais en France, les choses n'allaient pas dans le bon sens. Ses visites à l'Élysée ne donnaient rien. Le président l'écoutait peu ; selon certaines rumeurs, on lui aurait enfin proposé un ministère, qu'il aurait refusé, car ce n'était pas celui qu'il aurait voulu. En rafale, il publiait des volumes de doctrine politique et administrative, qui continuaient de donner une feuille de route à ce gouvernement sans boussole : augmentation des salaires pour éradiquer la misère, réforme des impôts pour renforcer la puissance publique, simplification du système électoral.

Pendant ce temps, la glissade à droite du régime se poursuivait ; il n'y avait plus de place pour les républicains modérés à l'Assemblée. On annonçait une réforme du suffrage universel qui exclurait plusieurs millions d'électeurs, les plus pauvres. Karl Marx est à Paris. Il observe et, pour lui, cette loi est le premier coup d'État de la bourgeoisie. Des pétitions sont lancées dans tout le pays contre le projet de réforme, à signer dans les rédactions des journaux d'opposition, dans les cafés et cabarets et même à la sortie de la messe. Très vite, *La Presse* se distingue comme l'état-major de l'opposition : c'est la cohue rue Montmartre, on vient en masse y signer la pétition, il faut réimprimer le journal en centaines de milliers d'exemplaires, bloquer la circulation car la foule déborde sur les alentours. Il faut que cela se sache : « Faites valoir que sur 527 000 signatures de la pétition, 124 000 sont dues au rédacteur de *La Presse* », écrit Girardin à son secrétaire de rédaction.

Un mois plus tard, une nouvelle loi sur la presse rend obligatoire la signature de tous les articles et imagine une nouvelle taxe sur les romans-feuilletons. Girardin, c'est inévitable, doit reprendre un siège à l'Assemblée, pour agir de plus haut ; il n'y a plus de milieu, la majorité est conservatrice, il devient donc socialiste. On sait que depuis plusieurs mois, Girardin échange avec Proudhon, qui depuis sa prison écrit que le journaliste est l'homme de France dont il a le plus peur. *La Presse* publie les articles du théoricien socialiste et on s'étonne un peu de cette curieuse alliance. Mais, pour briguer un mandat, Girardin doit être investi par un parti. À deux reprises, il est désavoué par la gauche radicale qui se méfie de ses volte-face et lui préfère d'abord Eugène Sue, puis le journaliste Ferdinand Flocon. Un concours de circonstances assez retors lui fait choisir l'Alsace : dans le Bas-Rhin, le candidat de gauche sortant est compromis, les journaux d'opposition n'arrivent plus à survivre face à la persécution gouvernementale. Girardin se présente avec sa force de frappe médiatique et financière. Pour faire campagne, il ne se déplace même pas, mais délègue son secrétaire de rédaction, Auguste Nefftzer, originaire de Colmar, qui s'installe à Strasbourg et assume le travail ingrat que s'économise Girardin : recevoir les journalistes, proposer toutes sortes de services, inonder la presse locale de déclarations prometteuses. Il a beau être profondément dévoué au directeur de *La Presse*, Nefftzer dépérit loin de sa famille et de la vie parisienne et se plaint dans ses lettres de ce métier maussade qu'on lui impose. « J'écris presque toute la journée dans le mauvais petit bureau d'un mauvais petit journal et brochant des articles allemands et français avec des collaborateurs ineptes. »

Tout cela finit par payer : une dernière fois, Girardin est élu député. Au Parlement, on le désigne comme un orateur de la Montagne. Sa profession de foi a pu laisser songeurs ses électeurs du Bas-Rhin : « Si je suis républicain tardif, je suis républicain convaincu.

Sur des questions de réformes et d'organisation, j'ai changé souvent d'avis ; vraisemblablement j'en changerai souvent encore, car tant que je ne crois pas avoir trouvé, je cherche, je cherche, je cherche toujours. »

17

À L'ÉPREUVE DU COUP D'ÉTAT

En quelques mois, avant même le coup d'État du 2 décembre 1851, toutes les grandes plumes de *La Presse* et de *L'Événement* se retrouvent en prison. Nefftzer publie sous son nom les articles conçus par Girardin, qui en tant qu'élu n'a plus droit à la signature. Pour avoir dénoncé la trahison antisociale de Louis-Napoléon Bonaparte, il est condamné en janvier 1851 à un an d'emprisonnement et à une amende considérable, 2 000 francs. Charles et François-Victor Hugo écopent en juin de six et neuf mois de prison pour avoir défendu dans *L'Événement* l'abolition de la peine de mort et l'application du droit d'asile. À la Conciergerie, Nefftzer prend les choses avec philosophie ; il a droit aux visites, tous les jours sa femme lui apporte du linge propre, des bouteilles de bordeaux, Victor Hugo vient le voir régulièrement. Il noue une amitié très étroite avec Proudhon, un habitué des lieux. Les autres condamnés apprécient son indéfectible bonne humeur. Il fait des farces un peu particulières : tous les matins, il entre à six heures et demie chez Charles Hugo et saute sur son lit en criant : « Le coup d'État est fait ! » Charles lui répond invariablement : « Va-t'en au diable ! » Et puis un jour, il entre un peu plus pâle et ne rit plus : on est le 2 décembre et le coup d'État est fait.

Les choses sont assez confuses pour que tout le monde soit pris de court. Face à un gouvernement réactionnaire, le président Bonaparte semblait presque progressiste. À l'automne 1851, il décida de rétablir pleinement le suffrage universel, contre l'avis de ses ministres, lesquels furent brutalement destitués ; Girardin applaudit. Sans comprendre que c'était une préparation du plébiscite. À la Chambre, il perdit toute prudence. À peine élu, il explose contre Rouher, le ministre de la Justice, qui dans une sortie assez maladroite décrit la révolution de février comme une catastrophe. Sur les bancs de la gauche on proteste bruyamment et le président de l'Assemblée précipite la clôture de la séance. Mais soudain surgit Girardin, dans un état d'agitation qui effraie les observateurs les plus modérés ; « si le ministre ne revient pas sur cette insulte à la République, menace le journaliste, toute l'opposition démissionnera ». Stupeur et embarras à gauche : le lendemain, le groupe progressiste se réunit et décide de désavouer Girardin, qui ne représente que lui-même dans ses coups de sang intempestifs.

✧

N'avait-il pas vu venir le coup d'État, ou bien avait-il voulu laisser les choses suivre leur cours ? Girardin savait bien qu'une menace planait sur les libertés publiques et sur tous les opposants. Avant que Nefftzer ne soit envoyé en prison, il lui faisait des recommandations très précises : ne laisser entrer dans les locaux du journal que les membres de la rédaction. « Nous sommes traqués de telle façon que nous ne saurions exagérer la prudence, et il faut faire autour de nous *l'isolement.* » Malgré tout, Girardin crée un nouveau journal, pour la première fois depuis longtemps. *Le Bien-Être universel, « journal de la vie et du gouvernement à bon marché »*, paraît symboliquement le 24 février 1851, pour célébrer l'anniversaire de la révolution de février et rappeler les engagements qui sont un peu plus trahis chaque jour. Victor Hugo offre une lettre de soutien : « Ce que vous faites est bien. Vous créez une immense feuille nationale, un journal que les uns pourront lire comme un répertoire, les autres comme un évangile. » C'est un hebdomadaire, vingt-quatre pages grand format, qui se donne un vaste programme : lutter contre la misère pour accroître la consommation. Cette misère empêche le travailleur français de consommer, explique le premier éditorial. S'il consomme, il trouvera une augmentation de bien-être et le propriétaire, le fermier, le fabricant, le marchand, un accroissement de profit.

Girardin redevient entrepreneur, il attire sans difficulté les revenus publicitaires, recycle allègrement dans *Le Bien-Être universel* ses discours au Parlement, ceux de Victor Hugo et des articles parus dans le *Journal des connaissances utiles* presque vingt ans auparavant. De son côté, Delphine s'inquiète, et se confie à Lamartine : un espion rôde autour de l'hôtel des Champs-Élysées et à chaque instant vient demander si M. de Girardin se porte bien, et quand il doit revenir. Lamartine comprend très vite que la présidence républicaine vire au bonapartisme ; il en avertit Girardin, qui persiste à penser — ou bien est-ce une feinte ? — que Louis-Napoléon Bonaparte défend la République contre son propre gouvernement.

Dessin du *Charivari* : à l'Assemblée, Thiers, minuscule, tape sur le ventre de Girardin qui, lorgnon sur le nez et l'air pincé, le dépasse de deux têtes. « Vraiment, mon cher monsieur Girardin, votre nez devrait écrire ses mémoires ; ils ne pourraient manquer d'être fort curieux à lire. — Et pourquoi cela ? — Tant de choses ont passé devant ! »

Il y avait des signes clairs, pourtant. On cajolait les militaires, on remplaçait les fonctionnaires trop agités ; pour un oui ou pour un non, le président de la République organisait des visites en ville, avec tout un cortège qui l'accompagnait en criant « Vive Bonaparte » ! Depuis plusieurs mois, Hugo sait qu'on a dressé la liste des opposants pour les arrêter le moment venu. Une frégate serait même affrétée, au Havre, pour le jour où il serait déporté, avec Girardin et Cavaignac.

Dans la nuit du 1er au 2 décembre 1851, Paris se couvre d'affiches annonçant la dissolution de l'Assemblée, proclamant l'état de siège et appelant les soldats à l'obéissance. Deux cents élus de droite sont arrêtés au petit matin, dont Thiers et Cavaignac. Les journaux sont interdits, les imprimeries occupées par des soldats. À la Conciergerie, Nefftzer voit soudain les couloirs se remplir de prisonniers si nombreux qu'ils dorment à même le sol.

Victor Hugo est laissé libre, ce ne sont pas les poètes qui inquiètent en premier. En quelques jours, il s'impose comme le chef de file des opposants, court les réunions secrètes où s'organise un comité de résistance, avec Jules Grévy, Jules Simon et Jules Favre. Girardin, libre également, est à ses côtés : il faut sans cesse le calmer, car il est plus que jamais prêt à exploser.

✧

On ne sollicite pas Girardin pour organiser la résistance, il faut des comités très réduits pour déjouer la surveillance. En quelques jours, la répression s'est durcie. Toute tentative de barricade est réprimée par une fusillade aveugle et Victor Hugo peine à mobiliser le peuple lors de ses traversées clandestines des faubourgs parisiens. Près de la Bastille, il rencontre Proudhon, libéré pour quelques heures, qui n'y croit plus du tout : « Le peuple ne bougera pas, vous vous faites des illusions. » Marie d'Agoult, réfugiée dans le joli hôtel qu'elle vient d'acquérir près de l'Arc de triomphe, est du même avis : les ouvriers n'ont pas compris, explique-t-elle à un ami allemand ; ils ont l'impression de devoir choisir entre une Chambre royaliste et un despote qui leur apporte le suffrage universel, et préfèrent ne pas trancher.

Hugo plaide pour l'action immédiate, armée et radicale. Girardin a une proposition : la grève générale avec démission des fonctionnaires, ce qui paralyserait le pays. Personne n'y croit. *La Presse* donne l'exemple, se met en grève et cesse de paraître le 4 décembre 1851. Mais la résistance a besoin des machines du journal, miraculeusement préservées de la saisie. C'est là que l'opposition imprime une série de contre-décrets qui doivent rendre caduques les proclamations du coup d'État : dans une affiche signée de son nom, Hugo appelle l'armée à la rébellion, Jules Favre déclare l'état de siège annulé. Les événements se précipitent : le 4 décembre, Hugo apprend par un billet d'Alexandre Dumas que sa tête est mise à prix, 25 000 francs. Il y a des massacres dans Paris, l'armée tire sur une foule pacifique boulevard des Italiens et boulevard Montmartre. Un ancien journaliste de *L'Événement* emmène Hugo rue Tiquetonne. Là, un enfant de sept ans est en train de mourir dans les bras de sa grand-mère qui vit seule avec lui : c'est une victime des barricades, dont le sort dramatique hantera *Les Châtiments*.

La traque s'intensifiait contre les opposants. Hugo savait qu'on perquisitionnait tous les logements où il avait trouvé refuge. Girardin, lui, n'est pas vraiment inquiété ; on peut s'en étonner. Hugo doit quitter la France. On lui prête un passeport et, sous une fausse identité, il embarque gare du Nord dans un train qui l'emmène en Belgique. Des gendarmes le contrôlent vaguement à la frontière, sans insister ; comme si on voulait le laisser s'éloigner. Girardin continue à s'agiter à Paris, au milieu de revirements vertigineux : Thiers est libéré au bout d'un jour, puis quitte la France quelques mois ; Guizot se déclare dès le 8 décembre favorable à un ralliement de la droite, on croit bien trop vite que la crise est passée. Les gens d'affaires sont très contents, constate Marie d'Agoult fin décembre, le commerce et l'industrie donnent des signes de reprise.

✧

Nouveau retournement de situation le 7 janvier 1852 quand paraît un décret listant les noms de dix-huit élus à éloigner. Girardin fait partie des proscrits, avec Thiers, Rémusat, Edgar Quinet ; il part aussitôt pour Bruxelles. Quelque chose a mis fin à la protection dont il avait jusque-là bénéficié. Morny s'était chargé d'empêcher son arrestation, à plusieurs reprises, au moment du coup d'État. Les deux hommes s'étaient longtemps détestés, mais ils étaient maintenant liés en affaires, avec des investissements communs dans le secteur des chemins de fer notamment. Girardin du reste se tenait sage : *La Presse* avait recommencé à paraître, après trois semaines de grève, sur l'insistance des actionnaires ; mais le journal était bien plat, s'en tenant aux actes officiels, aux cours de la Bourse et au feuilleton. Ses ventes avaient chuté drastiquement et on n'y lisait plus rien de Girardin, qui certifiait n'avoir plus aucun lien avec la rédaction du journal, confiée à son administrateur Rouy.

Delphine était restée seule à Paris ; Girardin lui écrivit de Bruxelles, dès son arrivée. La séparation était douloureuse. Il comptait les jours, son alliée de plume et de combat lui manquait dans l'épreuve de l'exil ; à distance, il s'inquiétait aussi pour la santé de Delphine, qui donnait des signes de plus en plus alarmants. Elle n'avait pas le droit de renoncer au travail, l'encourageait-il, car sa nouvelle pièce de théâtre, *Lady Tartuffe*, était attendue à la Comédie-Française. « Pourquoi faudrait-il que ta santé s'oppose à ce que tu travailles ? Si tu n'étais bonne à rien tu aurais le droit d'être malade. »

C'est toute sa vie que Girardin doit reconsidérer, matériellement, intellectuellement, politiquement aussi. Comment assurer son train de vie, et celui de Delphine, à Paris ? À Bruxelles, il s'installe confortablement à l'hôtel Bellevue ; une chambre magnifique avec vue sur la place Royale. Or il n'a plus de revenus réguliers ; *La Presse* ne lui rapporte qu'un traitement mensuel bien trop faible, ses parts dans diverses industries ont été laminées par la crise politique. L'urgence, c'est de vendre tout ce qui peut l'être, car on ne sait combien de temps cet exil va se prolonger. Tout doit être envisagé : céder l'hôtel des Champs-Élysées, céder aussi *La Presse*, dont les actions ont tellement chuté qu'on ne peut plus en attendre aucun bénéfice, aller vivre avec Delphine dans un chalet en Suisse ou dans un cottage en Angleterre.

Dans l'immédiat, la mort dans l'âme, Girardin commence par mettre en vente à un prix bradé son cher Boby, un cheval dont l'avoine, écrit-il à Delphine, est autant de pain qu'on lui ôte de la bouche. Puis il cherche à organiser le rachat du *Bien-Être universel* ; Lamartine pourrait l'acquérir en plus de son nouveau journal, *Le Civilisateur*. Pour la première fois depuis ses débuts dans le journalisme, on sent Girardin réellement découragé : « Je porte maintenant un poids d'expérience trop lourd pour entreprendre de refaire ma fortune détruite. La fortune est un ballon dont le gaz est formé d'illusions ; plus d'illusions, point de ballon. » Puis la colère le reprend et l'énergie avec elle. Louis-Napoléon, en le condamnant à l'exil, a cru l'enterrer ; en fait, fulmine Girardin dans une lettre, il est son terrassier — il a creusé lui-même le sol où va se fonder l'édifice nouveau, ce livre définitif qu'il prépare et dont il a déjà le titre : *La Politique universelle*.

Fin janvier 1852, Girardin dîne à Bruxelles avec Victor Hugo, qui s'effraie un peu de le voir préparer un livre socialiste. À Paris, on perçoit les choses autrement.

✧

Le bruit courut très vite. Girardin allait revenir en France, il s'était déjà rallié au régime. Hugo était parfois incertain : au détour d'une conversation, il lui trouve « un certain côté sceptique et bonapartiste », et l'incite à clarifier sa position — « soyez proscrit le plus possible ». Au bout de quelques semaines, à force de remuer le passé dans ses longues journées d'écriture, Girardin avait fini par se fixer sur un diagnostic de la situation assez étrange et qui autorisait toutes les volte-face. Le désastre du coup d'État, estime-t-il, lui a donné raison contre tous : il a confirmé que les plus grandes fautes avaient été commises par l'opposition bourgeoise. Les possédants se sont cabrés dans la réaction en se mettant à dos à la fois le peuple et Bonaparte. Si on ne l'avait pas empêché d'agir, lui, à coup sûr, aurait su éviter cette catastrophe. Mais voilà, la réalité étant ce qu'elle est, il fallait faire avec. S'opposer au régime en place, c'était aggraver la crise. Et à ses yeux, on ne pouvait faire confiance à tous ces rêveurs qu'il côtoyait à Bruxelles ; ils n'avaient aucun sens des réalités politiques. On doit finalement souhaiter que la situation présente dure assez longtemps, réfléchit-il tout haut dans une lettre à Delphine ; sinon ce sera un bain de sang révolutionnaire, ou un retour à la monarchie. En ce qui les concerne, Delphine et lui, il y avait deux possibilités : renoncer à tout ce qu'ils possédaient et vivre à l'étranger une vie modeste, rurale et studieuse ; ou bien reprendre en France le cours de leur existence antérieure. Girardin se dit prêt à l'une comme à l'autre de ces éventualités. « Je te laisse toute liberté de choisir entre les deux existences : une vie pensive ou une vie bouillante. Je suis comme l'eau ; sur le feu, je bous ; loin du feu, je suis calme. Je n'ai nulle préférence. Mais ce qui ne m'est pas donné, c'est ne pas bouillir sur le feu. »

Les réponses de Delphine sont perdues ; on les devine franchement réticentes, scandalisées même sans doute par l'idée d'un retour en France de Girardin. Mais l'autre option qu'est l'exil se greffe sur une situation de plus en plus difficile pour elle. Elle affronte, seule, l'agonie puis la mort de sa mère, Sophie Gay, le 5 mars 1852. L'enterrement réunit très peu d'amis, tous partis au loin ou cachés ; Lamartine était là, mais se dissimula derrière un arbre pour abriter sa tristesse et sa propre décrépitude. Ce deuil bouleversa Girardin, d'autant qu'il avait lui-même, quelques mois auparavant, perdu sa mère, Mme Dupuy. La mort de Sophie Gay constituait aussi un motif raisonnable pour demander par dérogation le droit de rentrer à Paris. Il revenait à Delphine elle-même de transmettre cette requête à la présidence, aidée dans cette démarche par le prince Jérôme. Pour la Muse de 1848, c'était ajouter le déshonneur à la souffrance.

Girardin patientait, et répétait sa détermination à changer de vie s'il le fallait : tout ce dont il avait besoin, c'était d'une robe de chambre, avec du feu, de l'encre, une lampe. On serait presque tenté de le croire. Car en ce printemps douloureux de 1852, une tristesse ancienne s'ajoutait aux deuils récents : alors que les Girardin recevaient de toutes parts messages d'amitié et de condoléances pour les pertes qu'ils venaient de subir l'un et l'autre, une voix manquait encore et toujours. Alexandre, le père d'Émile, « n'a pas fait dire un mot d'encre, bonne ou mauvaise, et de regret sincère ou non ».

18

LA VIE PARISIENNE

Fin mars 1852, Girardin était de retour à Paris. À l'hôtel Choiseul-Gouffier, la vie recommence. Mais plus rien ne sera vraiment comme avant. Premier impératif pour Girardin : reprendre le gouvernail de *La Presse*. Le journal périclite. Or c'est l'œuvre de sa vie et son principal capital. Du reste, il doit prendre la parole : l'évolution des choses le met en rage. De nouveau, il est sur le feu, et il bout. Dix jours à peine après son retour d'exil, il signe la une de *La Presse*. Quatre articles coup sur coup, un titre : « Conservons la république ». La formule avait été cyniquement employée par Louis-Napoléon Bonaparte lors de l'ouverture du Sénat pour sa nouvelle session, dans une mascarade de jeu parlementaire : « Conservons la république, elle ne menace personne. Elle peut rassurer tout le monde. »

Au meilleur de sa forme, Girardin remet les pendules à l'heure. Depuis quatre mois qu'il n'a rien fait paraître, commence-t-il, la presse est mutilée et ressemble à une lanterne éteinte : « Oui ou non, est-il possible de la rallumer ? » On n'a pas oublié qu'il n'avait pas l'habitude de se taire, espère-t-il. Et donc, sur des dizaines de colonnes, il dresse le bilan des derniers événements : assassinat de la liberté, certes ; division des républicains, peuple uni dans l'immobilité, bien sûr. Indécision générale. Mais aussi : rétablissement du suffrage universel, redémarrage des affaires, en particulier des chantiers de chemins de fer. Le conservateur progressiste persiste dans ses paradoxes habituels. Il faut faire confiance au nouveau régime et au vote populaire, estime-t-il, car le peuple est en apprentissage : « C'est en votant qu'on apprend à voter. » Évidemment, la république est menacée par les rêves impériaux du président. Mais Girardin en est sûr : « Si l'Empire est fait, il ne durera pas. » On l'a connu plus clairvoyant.

Double erreur de diagnostic : l'Empire durera presque vingt ans. Et ces tribunes qui veulent manifester un ralliement raisonnable sont immédiatement visées par la censure. Le journal est victime de deux avertissements coup sur coup et Girardin est condamné nommément. Mais c'est aussi un succès phénoménal. Une fois de plus, les exemplaires du journal s'arrachent, le tirage est multiplié par trois.

Parmi les lecteurs harponnés par ces harangues, il y a George Sand, retranchée à Nohant depuis le coup d'État. Elle est littéralement éblouie, c'est comme un coup de foudre intellectuel et amical. « J'ai eu longtemps des préventions invincibles contre vous, écrit-elle à Girardin, mais j'ai besoin de vous dire, et je vous dis, que vous seul voyez clair en ce temps-ci. Vous n'êtes pas seulement un esprit brillant, fécond, ingénieux. Vous êtes le prisme éclairé de tous côtés, le constatateur le plus lucide et le démonstrateur le plus logique qui existe. » Girardin est touché au cœur ; ce n'est pas tous les jours qu'on le complimente aussi chaudement, et qu'on l'encourage ainsi : « Asseyez-vous donc bien dans votre puissance », lui recommande George Sand. Pour lui aussi, quelque chose se déclenche, qui signe le début d'une amitié fervente : « la communication magnétique, électrique » s'est établie entre eux, répond-il, il en est heureux et désormais il faudra s'écrire souvent. On sent une émotion inhabituelle, mal contenue dans la prose contournée qui clôt cette réponse : « Toute effusion sincère veut qu'on s'embrasse, et je vous embrasse, et comme le dernier mot de cette réponse ne s'accorderait plus avec le premier, je raye le premier et je maintiens le dernier. Le premier est Madame. Le dernier est je vous embrasse. »

Le 2 décembre 1852, le président est proclamé empereur ; la presse était bien une lanterne éteinte, et la censure faisait tout pour éviter qu'on ne la ranime. Girardin laisse peu à peu la plume, et bientôt il cédera même son journal. Les actions de *La Presse* auront alors retrouvé un niveau extraordinaire et il sera de nouveau confortablement millionnaire. De quoi repenser sa position dans le grand monde.

✧

À l'hôtel des Champs-Élysées, les jeudis avaient repris. Delphine recevait toujours brillamment et son aura de muse avait trouvé un nouvel éclat dans une série de pièces de théâtre assez hardies. L'actrice Rachel interprète *Lady Tartuffe* ; un immense succès, qui s'exporte à Londres. Un mot circule méchamment parmi ceux qui n'ont pas aimé la pièce : *Lady Tartuffe*, c'est *Tartuffe* enlaidi… Puis Delphine envisage de transformer le jardin de l'hôtel Choiseul-Gouffier en y installant un petit théâtre. Finalement, ce n'est pas nécessaire, car la Comédie-Française lui ouvre ses portes ; son directeur, Arsène Houssaye, est un ami, et il accueille sa pièce suivante, *La joie fait peur*, qui est aussi une grande réussite.

Ce n'était plus tout à fait le même monde qui se réunissait chez les Girardin. Balzac était mort en 1850 et ses derniers jours avaient été poignants : enfin marié à la belle étrangère Mme Hanska, l'écrivain s'était installé magnifiquement non loin des Champs-Élysées, dans l'hôtel Beaujon. Il vivait rue Fortunée ! Quelle triste ironie… Dès son emménagement, une hypertrophie du cœur se déclara et les médecins ne lui donnèrent que quelques semaines pour profiter de ce bonheur tardif. Hugo est l'un des derniers à l'avoir vu vivant et en garde un souvenir navré. Le grand écrivain était déjà en décomposition. Il expirait entouré de ce luxe qu'il aimait tant. Au milieu du salon trônait son buste colossal sculpté dans le marbre par David d'Angers, mais le visage de Balzac était déjà méconnaissable et le mal avait progressé si vite qu'on ne pourrait réaliser de masque mortuaire.

Son grand rire manquait aux soirées des Girardin ; on n'y croisait plus non plus, bien sûr, Victor Hugo, exilé pour vingt ans, ni Lamartine, qui avait quitté Paris et vivait la plupart du temps sur ses terres, en Bourgogne. Mais de nouveaux hôtes s'y retrouvaient et le salon redevint très vite l'un des centres de la vie mondaine impériale. Arsène Houssaye et sa jeune épouse Stéphanie étaient des habitués, ils vivaient eux aussi aux Champs-Élysées et venaient en voisins. Le prince Jérôme, oncle de l'empereur, et la princesse Mathilde, sa fille, garantissaient qu'on pensait bien, désormais, chez les Girardin ; du reste, se félicitait le directeur de la Comédie-Française, on évitait les sujets politiques. George Sand était aussi une fidèle quand elle passait à Paris, trop rarement selon Girardin, qui regrettait que Nohant la retienne en otage. Elle fut impressionnée, à sa première visite, par Delphine, qu'elle connaissait à peine. « On passerait sa vie à l'écouter comme à vous lire, écrit-elle à Girardin, dites à madame Girardin que je l'aime beaucoup, beaucoup. Je la charge de vous en dire autant de ma part, et elle le dira bien mieux que moi. »

Pourtant, Delphine allait de plus en plus mal. Sans doute était-elle atteinte depuis plusieurs années par une maladie douloureuse qu'on ne savait pas soigner ; comment expliquer, sinon, qu'elle ait rédigé son testament si tôt, alors qu'elle avait à peine cinquante ans ? Ceux qui la croisent en ce début du Second Empire sont effarés par sa métamorphose physique ; la souffrance se lit sur son visage, tout son corps est transformé sous l'effet de ce qui ressemble à un cancer de l'estomac. Le docteur Cabarrus veille sur elle mais son impuissance est évidente, il ne peut que soulager la douleur. Girardin s'inquiète, l'entoure du mieux qu'il peut, à sa façon si particulière : absent et présent à la fois. Il est là lors des soirées de la rue de Chaillot, furtivement ; il est ailleurs aussi et Delphine ne peut l'ignorer. Girardin pousse très loin l'art de la dissimulation, mais parfois il perd un peu le contrôle.

19

SOUS LE CHARME DE RACHEL

Dans ses vies parallèles, Girardin ne manquait pas de fidélité. Ses affections s'ajoutaient les unes aux autres, dans des conjugaisons parfois hasardeuses. Il y avait toujours Esther Guimont qui, en maîtresse officielle, se donnait des droits de plus en plus tyranniques. La Lionne veillait à conserver sa place et la menace vint cette fois d'une rivale particulièrement sérieuse. Une femme dont le couple Girardin semble presque être tombé amoureux en même temps.

Delphine est la première à subir l'attraction exercée par la comédienne Élisa-Rachel Félix, qui se faisait appeler Rachel. Sous la plume du vicomte de Launay, elle prend très tôt, sans la connaître, la défense de l'actrice dans une chronique de *La Presse*. Rachel avait dix-sept ans, elle était déjà sociétaire de la Comédie-Française et triomphait en tragédienne. Sa réussite était phénoménale, presque féerique : un ancien régisseur de l'Opéra l'avait remarquée dans une rue de Lyon, alors qu'elle mendiait avec sa sœur Sarah, en chantant et déclamant des poèmes pour attirer l'attention. Les deux fillettes n'avaient pas dix ans. Après quelques mois de leçons, Rachel est lancée sur les planches, et passe comme par un coup de baguette magique de la misère à la gloire. Ce qui alimente inévitablement des commentaires antisémites. Les jours où Rachel joue, raconte-t-on, toutes les places non louées à l'année sont occupées par des Juifs. C'est vrai, répond le vicomte de Launay, et c'est admirable : il y a là « l'union de tout un peuple qui sait aller en foule applaudir un de ses enfants qui se distingue par son génie ». De toute façon, poursuit la chronique, les triomphes factices ne durent pas et Rachel triomphe obstinément ; et puis le Vicomte entend chaque soir vanter la jeune tragédienne par de vieux amateurs de tragédie, qui ont vu Talma, « et ne sont pas juifs du tout ».

Rachel rend visite à Delphine pour la remercier de cet article. Puis leurs rencontres se multiplient : elles s'admirent mutuellement, s'imaginent associées plutôt que rivales. La comédienne devient la muse de la Muse. Dès leur première entrevue, Delphine est saisie par son charme finalement si peu exotique. « Elle a grand air, on ne dirait jamais la fille de bohémiens », écrit-elle à Lamartine qui succombera peu après à son tour. On voit souvent Rachel rue de Chaillot. Du moins quand sa carrière lui en laisse le temps, car elle se produit partout en France et même à l'étranger. À Windsor, alors qu'elle n'a que vingt ans, elle joue *Athalie* et *Marie Stuart* pour la reine Victoria. On fait donner en son honneur un immense banquet, plus de cent couverts, deux cents candélabres, quatre cents becs de lumière — tant d'éclat éblouit jusqu'à Paris.

✧

Peut-être Rachel, en venant voir Delphine, a-t-elle croisé un peu trop souvent la silhouette furtive de Girardin. Leur liaison se noue dans les coulisses de *Judith*, première pièce écrite par Delphine pour la comédienne. Un amour parmi d'autres, car Rachel venait de donner naissance à un enfant dont le père était le comte Walewski, fils naturel de Napoléon Ier. Le fils de Rachel est l'unique petit-fils de l'Empereur ! Il y a aussi eu dans sa vie le docteur Véron, Musset, un fils de Louis-Philippe, le prince Jérôme ; il y aura Emmanuel Arago, Théophile Gautier, l'éditeur Michel Lévy et même Napoléon III.

Rachel était, selon Jules Janin, petite, sans poitrine, une enfant ; sa taille n'était pas plus grosse que le bras de l'actrice Mlle George, se souvient Musset, qui a pu mesurer de près. Mais elle avait l'élégance d'une princesse, et quand elle déclamait, un courant électrique traversait le public. Un jour, chez le duc de Morny, devant cinquante invités triés sur le volet, Rachel expliqua comment elle avait décidé de devenir belle. Elle était encore enfant et commençait tout juste à jouer la tragédie, quand elle fut conduite au Louvre par son père qui voulait lui donner des modèles d'héroïnes classiques. La peinture la laissa indifférente. Mais au milieu des marbres antiques se produisit en elle une révélation : ces somptueuses statues lui montraient qu'il était beau d'être beau, raconte-t-elle, et désormais, elle s'étudiait chaque jour, s'appliquait à ne plus être laide. Dieu l'aidait à se retoucher, assure Rachel, et avec son aide, elle commandait à ses dents, à son front bombé, à son regard, de se conformer à la gravité idéale de la beauté tragique.

On a beaucoup de portraits d'elle. Sous l'épaisse chevelure d'un noir de jais, son regard sombre transperce l'image ; elle ne sourit pas, son tout petit visage aux traits délicats est d'une densité énigmatique — un petit démon, disait Musset. À la Comédie-Française, chacune de ses apparitions multiplie par cinq ou six les recettes de la représentation. Les places se vendent en quelques instants, on est parfois au bord de l'émeute.

Quelque chose chez Girardin a séduit cette toute jeune diva. Avant lui, Dumas avait tenté sa chance, sans succès. Il avait rendu les armes, et envoyé au comte Walewski cette capitulation d'une élégance rare : « J'ai voulu faire le siège d'une ville dont vous êtes le gouverneur et j'ai été battu à plate couture. Recevez tous mes compliments. » Pendant plusieurs mois, Rachel et Girardin parviennent à se retrouver discrètement, au cœur de l'après-midi le plus souvent. Au moindre moment de liberté, Rachel rédige à la hâte de courts billets, d'une écriture hésitante. On la sent assaillie, heureuse de ces poursuites assidues : « Je ne sais quand je pourrai vous voir, mais croyez que je ferai beaucoup pour que cela soit bientôt », « À quatre heures je serai chez moi, j'ai tout aménagé, mon enfant sera ailleurs ». Il faut trouver le temps et le lieu pour ces rendez-vous clandestins : chez Rachel, il y a son petit garçon, l'une de ses sœurs parfois. L'idylle s'épanouit brièvement, la comédienne est prête à braver W. (le comte Walewski) : « Son arrivée me donne une inquiétude que je ne puis m'expliquer et pourtant comme toi je désire cette venue pour bientôt te prouver combien je crois que je puis t'aimer. » Rachel n'est pas loin de rêver fiançailles, bonheur durable, toutes sortes de contes de fées, et elle a beau se raisonner, le désir de romance revient la tarauder. « Le bonheur n'est pas fait pour nous, vous me l'écriviez il n'y a pas longtemps encore, mais je t'aime tant que je saurai attendre car je suis déjà à toi par le cœur. »

En fait de romance, c'est un vaudeville qui se prépare.

✧

L'orage avait grondé aux Champs-Élysées. Un soir, Rachel affronta la colère de Delphine qui avait deviné une trahison et sortit de ses gonds. Rachel adressa le lendemain à Girardin un long courrier d'apaisement. Il y avait très probablement derrière cette lettre l'intervention de l'avocat Adolphe Crémieux, le protecteur de Rachel, à qui elle avait toujours fait lire les brouillons de ses courriers un peu délicats. Rachel s'adressait à Émile en l'appelant « Cher Monsieur de Girardin », et tentait de réparer les morceaux, au cas où Delphine intercepterait le courrier. Tout cela était un malentendu, expliquait la comédienne, la pauvre Delphine se faisait des idées, mais c'était parce qu'elle aimait trop fort son mari. On ne pouvait pas lui en vouloir : « Dites-lui surtout combien je suis innocente de ce que sa pauvre tête a pu me croire capable de machiner, que j'oublie sa folie d'un instant et que je serais heureuse même de serrer la main d'une femme qui montre tant de cœur qu'elle en a montré hier au soir. Aimez-la bien cher monsieur de Girardin, vous avez assez bien souffert pour mériter le bonheur que donne un amour aussi vif aussi sincère que celui que cette femme a pour vous. » Beaucoup d'efforts et de détours pour finir par un sauf-conduit : « J'espère qu'elle ne me privera pas du plaisir de vous voir comme auparavant si elle est persuadée comme vous et moi que notre amitié est toute désintéressée. »

Les choses auraient pu en rester là. Mais voilà qu'Esther Guimont s'en mêle. À son tour elle prend la plume, et la lettre qu'elle envoie à Rachel est pleine de menaces. Si la comédienne ne renonce pas immédiatement aux « coquineries » qu'elle pratique avec M. de Girardin, alors Delphine saura tout. Esther était bien informée : depuis six semaines, détaille-t-elle, elle avait suivi l'avancée de « l'intimité » nouée avec M. Émile de Girardin — souper à deux heures du matin, traversées nocturnes en fiacre dans Paris, parties de campagne en pleine semaine… La Lionne a toutes les dates. Elle sait aussi que Girardin a « tendrement proposé une rupture », refusée par Rachel. Tout cela trouble la sécurité de la Guimont ; aussi Girardin lui a-t-il juré de ne plus voir Rachel. En échange de cette promesse, Esther s'engage à ne rien dire à Delphine. Mais si Rachel cherche à revoir Girardin, alors plus rien ne l'empêchera de parler. Bien malgré elle, car ces scandales ne sont pas de son goût, et lui « sont interdits à jamais » par ses sentiments pour M. de Girardin. Rachel ne veut même pas conserver chez elle ce brûlot infamant ; elle le fait porter à Girardin, pour qu'il le renvoie à son expéditrice : « Cette lettre n'a pu arriver à me blesser, lui écrit-elle, je n'ai rien fait qui puisse justifier la manière d'être de cette dame. »

Trop surveillée pour conserver son charme, l'idylle tourne court et laisse place à une tendre amitié. Rachel meurt jeune, consumée par la tuberculose. Elle n'a cessé d'écrire à Girardin, dont on a perdu les réponses. Peu à peu, les mauvais souvenirs se sont estompés : la comédienne invite Girardin à la rejoindre dans sa propriété campagnarde de Melan, et quand il ne répond pas, elle écrit à Esther Guimont — « après tout, n'est-elle pas plus que votre moitié ? ». Plus question de séduction entre eux — vraiment ? Du Caire, où le pacha l'accueillait dans son palais, d'Ems, où elle prenait les eaux, Rachel adressait à celui qu'elle appelait « son vieil amant » des lettres mélancoliques. Elle semblait rêver parfois de rallumer la flamme, même si, assurait-elle, c'était d'un tout autre feu qu'il s'agissait, qui restait vivace même sous la cendre. Une amitié où l'on n'était plus ni femme ni homme, mais comme deux enfants.

Il y avait aussi, comme toujours avec Girardin, un enjeu d'écriture. Il encourageait Rachel dans ses essais littéraires — qui n'ont pas laissé beaucoup de traces. De son côté, elle le lisait, admirait les aventures de ce qu'elle appelait son grand journal, se faisait prier puis envoyait ses « petits chefs-d'œuvres de philosophie et d'exquise ironie », parce que Girardin insistait. Une histoire de scène et de plumes : Rachel n'avait pas fréquenté l'école et apprivoisait l'écriture à mesure qu'elle se produisait dans le monde. Son amant journaliste compléta son éducation. On en trouve dans le testament de la comédienne ce témoignage émouvant, un écrin de cuir, où on lit en lettres d'or : « 8 janvier 1858, plume léguée par Rachel à Émile de Girardin ». Rachel meurt au Cannet, le 11 janvier 1858 ; elle avait trente-sept ans.

20

UNE MUSE S'ÉTEINT

Avec sa fureur de vivre, Girardin épuisait ses proches, quand il ne les terrifiait pas. Outre ses démêlés paraconjugaux, on le voyait dans les dîners en ville parler à l'oreille de jolies princesses ou d'actrices débutantes. À ses côtés, Delphine dépérissait. L'hôtel des Champs-Élysées ne convenait plus à leur vie désaccordée. Girardin décida de le mettre en vente et de chercher un lieu plus aéré, où la Muse pourrait reprendre des forces, marcher au bord d'un lac ou déambuler au milieu des arbres. C'était un peu tard. Sur un coup de tête, Girardin vend tout de même la rue de Chaillot à la comtesse de Montijo, la mère de l'impératrice Eugénie, pour un prix qui dépasse ses espérances. L'acheteuse leur laisse le temps de trouver un nouveau point de chute. Delphine est presque déjà ailleurs. George Sand l'invite à Nohant, insiste, suggère à Girardin de procéder à un enlèvement en l'amenant dans le Berry où le docteur Cabarrus cherche lui aussi à acquérir un domaine. En vain. Delphine semble concentrée sur l'écriture de courtes pièces qui se succèdent sur les théâtres parisiens, comme un dérivatif contre la douleur. Et puis elle prend le large.

Depuis Jersey, Victor Hugo l'appelait, lui adressant des lettres irrésistibles. Le voyage est ce qu'il y a de plus simple au monde, assurait-il, trois heures de mer par Saint-Malo, deux heures par Granville. « On voit à l'horizon la France comme un nuage et l'avenir comme un rêve. Soyez la figure qui sort du rêve et l'étoile qui sort du nuage. Venez ! » Quelques mois plus tard, au printemps : « On me dit que dans un mois Jersey sera un bouquet. Je vous l'offre. Oui, venez. » Delphine débarque à Jersey début septembre 1853. C'est un choc pour Victor Hugo ; il peine à la reconnaître mais n'en laisse rien paraître. Son fils Charles, qui est devenu photographe pendant ces années d'exil, a fixé cette métamorphose : face à l'objectif, Delphine ne sourit pas. Son visage est sévère, empâté, elle a l'air sombre, les yeux cernés. La lassitude se lit dans les épaules tombantes et le bras posé sur l'estomac, où se concentre le mal.

Delphine ne vient pas tout à fait seule. Elle est accompagnée à Jersey par une cohorte invisible, qu'elle propose de révéler aux habitants de Marine Terrace, la maison des Hugo. À Paris, la « science nouvelle » occupait ses soirées dans les salons, on faisait tourner les tables. Girardin était sceptique. Il avait assisté à quelques séances, mais on imagine ce qu'un matérialiste comme lui pouvait penser de ce folklore spirite. Le soir même de son arrivée à Jersey, Delphine organise une première séance. Elle ne donne rien. La faute à la table, explique Delphine, qui est rectangulaire. Les tables rondes tournent bien mieux. Le lendemain, elle fait l'acquisition dans un bazar de l'île d'une nouvelle table, un genre de guéridon. Il faut encore plusieurs essais avant que les esprits ne se manifestent. Delphine conduit les échanges ; autour de la table, les participants doivent déplacer leurs chaises, car ils forment un losange et le premier message est pour exiger une autre disposition. En quelques minutes, tous sont bouleversés. Ils sont dix autour de la table : Hugo, sa femme, sa fille Adèle, ses deux fils, Charles et François-Victor, et quatre autres proscrits, le journaliste Auguste Vacquerie, le général Le Flô, son épouse, et le comte Henri de Tréveneuc. Delphine pressent une grande apparition, mais il faut d'abord déplacer encore les chaises, car un incrédule blond perturbe les messages : c'est le comte de Tréveneuc. Enfin la table s'agite et les coups frappés identifient l'esprit : *Ame soror*, une fille, morte, en France, qui vit désormais dans la lumière. C'est Léopoldine, noyée à Villequier. Vacquerie note dans le procès-verbal : « Nous sentons tous la présence de la morte, tout le monde pleure. »

En larmes, Hugo interroge :

— Vois-tu la souffrance de ceux qui t'aiment ?

La voix répond :

— Oui.

— Rentreront-ils bientôt en France ?

La table ne répond pas.

— Reviendras-tu ?

— Oui.

— Bientôt ?

— Oui.

✧

En une semaine, Delphine fait comparaître tout un monde. Il y a même des vivants. Lors de la troisième séance, autour de deux heures du matin, l'esprit de Napoléon III fait son apparition ; les coups sur la table épellent son nom, B.O.N.A.P.A.R.T.E. Tous frissonnent, la femme de Victor Hugo accourt, les mains jointes. La table bondit dans tous les sens et manque de s'échapper. « Ah ! scélérat, je te tiens ! » crie Hugo. L'esprit vient chercher son châtiment, sur ordre de son oncle. Napoléon le Petit sait ce qui l'attend, car il a lu le texte vengeur du poète, qui est encore sous presse :

— Je lis mes devoirs dans tes *Châtiments*.

— Pourquoi venir au-devant de moi que tu crains tant ? demande Hugo.

— Condamné à toi.

La séance est finalement rassurante : à deux reprises, la table annonce que l'Empire ne durera pas plus de deux ans, et que la république apportera la délivrance de l'Europe entière. « L'Europe t'attend (l'esprit de l'empereur s'adresse au poète). Tu seras le cerveau, je le sens à ma couronne. »

Au milieu de la nuit, Delphine quitte la salle réconfortée. Hugo a demandé à l'empereur s'il la connaissait : « Oui » ; et son mari, Girardin ? « Oui ». A-t-il de la haine pour lui ? « Non ». Pense-t-il, dans les jours de désespoir, à l'appeler ? « Non ».

« Tant mieux », conclut Delphine avant d'aller dormir.

✧

De retour à Paris, Delphine continue son dialogue avec l'au-delà. Elle fait aussi fabriquer pour ses amis de Jersey une table plus sophistiquée qui transcrit les coups à l'aide d'un cadran, d'une aiguille et d'un crayon. George Sand participe à quelques séances aux Champs-Élysées ; un soir, l'esprit de Balzac fait son apparition et donne des nouvelles de son compagnon d'outre-tombe Alfred de Musset. Que fait-il ? demande l'assemblée : « Il lit les romans que George Sand et Louise Colet écrivent sur lui. » Le prince Napoléon reste sceptique, mais il fait de tels cauchemars après cette soirée qu'il finit par rendre les armes et se convertir aux esprits.

✧

Peut-être Delphine se préparait-elle à passer le pas. Elle semblait s'accrocher à la vie, de toutes les forces qui lui restaient. On la croisait encore dans les soirées littéraires ; elle ne mangeait plus rien, et ses yeux brillaient d'un éclat étrange. Lamartine la trouve plus belle, Gautier admire sa pâleur presque transparente. Au printemps 1855, Girardin la voit s'affaiblir ; elle s'est évanouie en pleine représentation, au théâtre du Gymnase. Il l'emmène à Saint-Germain-en-Laye, au château du Val, chez le banquier Fould. Cela ne va pas mieux.

Une semaine plus tard, le couple revient à Paris. L'hôtel est en travaux, on installe Delphine dans une pièce du rez-de-chaussée.

Lamartine se souvient l'avoir rencontrée là, pour la dernière fois. On a ouvert la porte-fenêtre, le bruit d'une fontaine et la fraîcheur du jardin aident Delphine à respirer, car l'air lui manque. Il tombe une pluie fine : comme un frisson du ciel qui se conjugue au frisson de l'âme, note le poète. Au chevet de Delphine se tiennent Paulin Limayrac, son ami feuilletoniste de *La Presse*, et George Sand. Une conversation s'engage à mi-voix, la malade sourit, son esprit garde sa souplesse et son élasticité. Elle n'a jamais été aussi belle, se souviendra Sand, svelte, pâle, sans âge, illuminée par la transparence de l'immortalité. La rencontre avec Lamartine est glaciale. Lamartine en s'en souvenant décrira Sand comme « cette femme qui a perdu son sexe dans la mêlée du génie ». Puis les trois invités s'éclipsent discrètement, pour laisser la malade se reposer.

Delphine meurt dans la nuit du 29 juin 1855. La nouvelle abasourdit ses proches, à qui elle avait si bien donné le change. « Cher Cabarrus, est-ce vrai ? » écrit Alexandre Dumas au fidèle médecin. Gautier pleure dans son feuilleton du *Moniteur universel* ; Jules Janin sanglote dans *Le Journal des débats*. Le feuilleton de *La Presse*, le 1er juillet, paraît en forme de faire-part : l'hommage signé Paul de Saint-Victor est encadré d'un épais filet noir. À Jersey, on était persuadé de son retour prochain. Hugo reprend en toute hâte les épreuves des *Contemplations*, qui sont sur le point de paraître, et retouche le poème qu'il lui avait dédié, « À Madame D. G. de G. ». Ces vers rédigés une première fois plus de quinze ans auparavant prennent soudain la forme d'un tombeau, comme une stèle dressée par-delà l'océan.

« Jadis, je vous disais : — Vivez, régnez, madame ! / Le salon vous attend ! le succès vous réclame ! / (...) Maintenant vous voilà pâle, grave, muette, / Morte, et transfigurée, et je vous dis : — Poète ! / Viens me chercher ! Archange ! Être mystérieux ! »

✧

Girardin est dévasté. Toute son énergie se concentre dans l'organisation des obsèques. L'avis paraît dans les journaux ; pas d'invitation, précise le billet, car tout le monde est convié, sans distinction. Il y aura foule au cimetière Montmartre. Le testament de Delphine décrit sa tombe : une stèle très simple, ornée d'une croix de pierre pour seul ornement. On trouve aussi dans ses dernières volontés un vœu qui date de sa jeunesse et qui concerne Lamartine. La lettre jointe au testament invoque cet ami « si gracieux mais aussi jamais complètement dévoué » : « Sa froideur a été mon premier désillusionnement dans la vie. » Le poète devra achever *La Madeleine*, un poème auquel Delphine attache la plus grande importance pour faire survivre sa mémoire d'écrivain. « Quand je serai morte, il ne refusera pas d'exaucer le dernier vœu de mon cœur. » Informé de ce souhait, Lamartine refuse ; tout comme il décline la demande de Girardin, qui le prie de prononcer sur la tombe de Delphine le seul hommage prévu en dehors du discours du prêtre. Il ne serait pas convenable de prendre la parole sur la tombe d'une femme, prétend Lamartine.

Les funérailles sont mémorables et désolées. Il n'y a presque que des hommes, c'est la règle, les femmes n'assistent pas aux obsèques. Même si la femme qu'on enterre est un grand homme de lettres. Rachel aurait enfreint la règle, mais elle joue à l'étranger ; George Sand est à Nohant et se désole à distance. Tous les grands noms des lettres sont là, au milieu d'une foule d'anonymes : Vigny, Lamartine, les Dumas père et fils, Gautier, et puis aussi le prince Napoléon, les frères Pereire, toute la troupe de la Comédie-Française — actrices comprises.

Devant la tombe, sans aucune préparation, Jules Janin prend soudain la parole. Son discours vibre d'émotion, l'assemblée frémit à l'unisson. Girardin lui en sera reconnaissant jusqu'à la fin de ses jours, se souvenant toujours de cette voix émue qui brisa le silence. Un jour où George Sand aura maille à partir avec Janin et voudra embarquer *La Presse* dans le conflit, Girardin s'y opposera fermement : pas un mot qui puisse blesser Janin ne paraîtra dans son journal. La mort de Delphine endeuille toute la presse ; on célèbre l'écrivain, la journaliste, l'amie, la femme, la poète. À la une des journaux, ce nom de Girardin est pour une fois honoré sans ambiguïté. Une vague de mélancolie s'empare des plumes les plus féroces. « Amour, gloire, beauté, respect, sympathie, tout est maintenant enseveli » : *Le Figaro* n'a plus l'âme à la plaisanterie ; « si tout finit avec ce peu que nous sommes sur terre, ce n'était pas la peine de commencer ».

Pour Girardin, l'hommage posthume ne fait que commencer. Rien ne sera de trop pour célébrer la mémoire de Delphine : des portraits commandés sous toutes les formes, un buste pour la Comédie-Française, des éditions successives d'œuvres complètes. Il tente de convaincre les théâtres de monter enfin *L'École des journalistes*, mais personne ne veut s'y risquer. Un peu plus tard, il fera représenter au Gymnase une pièce retrouvée dans les papiers de Delphine ; le titre sonne curieusement : *Une femme qui déteste son mari*... Un an après la mort de Delphine, il éditera en volume l'ensemble des hommages parus depuis sa disparition, et le titre est encore un tombeau, *29 juin 1855-29 juin 1856*.

À mesure que les semaines passaient, la perte semblait de plus en plus cruelle. Au lendemain des obsèques, Girardin était encore capable d'expliquer à George Sand qu'il ne fallait pas le plaindre. Il ne serait pas si malheureux s'il n'avait pas été aussi heureux de connaître une femme comme Delphine. On croirait lire une de ses tartines politiques : « Bonheur et malheur sont les deux oscillations corollaires de ce pendule qu'on nomme le cœur », « Raisonner avec son affliction, c'est se la donner pour amie, c'est encore être deux ». Un mois plus tard, on dirait qu'il perd pied. « Quelle place Elle tenait autour de moi, écrit-il à Sand, quel vide Elle y a laissé ! Je l'aimais tant et ni Elle ni moi nous ne le savions ! »

Girardin quitte Paris. Il traite ses affaires à distance. On perd un peu sa trace. Où trouve-t-il refuge ? Sans doute dans le château d'une de ses amies de cœur, ou chez Fould, à Saint-Germain-en-Laye. Il revient le moins possible dans la ville où il a vécu avec Delphine et, s'il traverse Paris, c'est pour prendre la route de Nohant, au cœur de l'été. Puis l'automne le ramène en ville. La vie continue. Il ne remet plus les pieds au théâtre, c'est trop douloureux, mais reçoit chez lui à dîner car les affaires sont les affaires. Le tourbillon reprend ; plus effréné peut-être encore, car Girardin a perdu sa boussole. Sa vie sans Delphine est un roman très différent.

✧

Il fallait tourner la page. Girardin menait grande vie aux Champs-Élysées. Six mois après la mort de Delphine, il organise de nouveau dîner sur dîner, fait campagne pour son amie George Sand : il lui obtient une prime gouvernementale et accueille les lectures publiques de sa nouvelle pièce, une adaptation de Shakespeare, *Comme il vous plaira*. À sa table, il réunit Sand et son fils Maurice, son compagnon Manceau, ainsi que Gautier, Dumas fils, Marie d'Agoult parfois, Delacroix en nouveau venu et presque toujours le prince Jérôme. Girardin semble avoir une nouvelle toquade : l'actrice Sylvanie Arnould-Plessy, qui joue pour Sand et éblouit le public de la Comédie-Française. Dans le fond, pourtant, le veuvage ne lui va pas du tout. Parfois, il envoie à George Sand des billets désespérés, l'enviant de son activité débordante entre deux théâtres à la fois. « Que vous êtes heureuse d'être dans un coup de feu… C'est vivre. » Lui sombre sans prévenir dans des tristesses sans fond et Sand s'inquiète de le voir si *gloomy*. Son cœur, écrit Girardin, n'est plus sensible qu'au regret, lui ne fait rien, ne devient rien, n'oublie pas. Aurait-il rompu avec cette actrice qui lui plaisait tant ? Ou bien est-ce parce que, une année étant passée, il a replongé dans le deuil en organisant une cérémonie pour l'anniversaire de la disparition de Delphine ? On se presse de nouveau à l'église Saint-Pierre de Chaillot, les journaux se souviennent à leur tour, la mémoire de Delphine est encore si vive.

Des indiscrétions font circuler le bruit d'un remariage ; *Le Figaro* note qu'en ville, on croise pendant l'été Girardin débordant d'une gaieté folle. Fausse nouvelle. Trop d'hésitation, cette Mlle S. évoquée ici ou là en épouse un autre. Girardin replonge. Il ne parvient même plus à écrire, hésitant à chaque ligne. Comme si l'énergie l'avait quitté pour de bon : il s'accroupit dans l'inertie, note-t-il dans une lettre à Sand, il faut l'appeler « cher inerte » et non cher ami. On ne l'aurait pas imaginé aquoiboniste ; son amie le secoue depuis Nohant, lui reproche ce découragement qui ne lui ressemble pas.

✧

Coup de théâtre : à l'automne 1856, Girardin se remarie. On ne comprend pas bien la raison de cette alliance, sinon qu'il fallait à tout prix mettre fin à ces mois de tristesse et de solitude. La seconde Mme de Girardin n'a rien en commun avec la première. C'est une aristocrate prussienne du meilleur monde, bien plus jeune que Girardin. Elle n'a que vingt-deux ans (il a dépassé la cinquantaine) et sa mère est l'épouse du prince de Nassau ; elle s'appelle Wilhelmine Rudolphine Brunold von Tiefenbach, mais on l'appelle Mina. Elle est réputée très riche et très jolie. Girardin lui apporte une dot absolument spectaculaire, et le banquier Mirès, si l'on en croit *Le Figaro*, offre 10 000 francs en guise de corbeille de noces.

Pour ces secondes noces, moins de deux ans après la mort de Delphine, Girardin a droit à la Madeleine. Le mariage est célébré fin octobre, à la mairie du 1er arrondissement, puis la messe nuptiale est donnée à minuit : l'église, neuve et pompeuse, est à la hauteur des personnages. Girardin en sort triomphal, à la façon de Duroy dans *Bel-Ami*, cette femme trophée à son bras. Pas de foule parisienne en bas des marches ; il n'y a pour toute assistance que les témoins, Cabarrus et Lesseps du côté de Girardin, deux vicomtes du côté de Mina. Quelques jours plus tard, Girardin abandonne la rédaction en chef de *La Presse* et vend toutes ses parts ; en tout cas c'est ce qu'il fait annoncer partout, et surtout dans les pages du quotidien. Il est temps pour lui de se consacrer à ce qui compte vraiment, explique-t-il à George Sand : la littérature. Cette vente lui rapporte presque un million de francs. Deux banquiers se partagent les actions du journal, Mirès et Millaud ; majoritaire, Millaud est désigné comme propriétaire, Nefftzer est rédacteur en chef.

Girardin commence une nouvelle vie. Après ce mariage éclair, il s'interroge, en privé : « Aurai-je raison, aurai-je tort ? » L'avenir lui donnera tort : l'union est calamiteuse.

21

UNE INTRANQUILLE MATURITÉ

On l'aurait cru impossible, mais Girardin finit par atteindre la maturité. Aux abords de la soixantaine, il n'avait plus du tout l'air juvénile et ressemblait de plus en plus à Napoléon. Il avait quitté le journalisme depuis quelques années. Le temps de partir en voyage de noces tout un été en Italie et de changer de monde. Mina de Tiefenbach n'avait rien d'une muse, on disait qu'elle n'aimait pas recevoir les roturiers et son salon était réservé aux porteurs de particules. George Sand n'y mettait plus les pieds. Girardin dut insister pour que Lamartine soit invité à dîner, Mina trouvait qu'il avait l'air d'un clochard et le cacha au bout de la table.

La priorité pour Girardin, alors qu'il refait surface, est de ne pas se faire oublier. Il inonde les libraires de dizaines de livres signés de son nom, confiés en série à l'éditeur Michel Lévy. Toutes les questions du jour y sont : la politique européenne, la colonisation de l'Algérie, la paix et le désarmement. Ce n'est pas tout : il y a aussi les douze tomes des *Questions de mon temps*, 10 000 pages ! En fait, beaucoup de réchauffé, des articles parus longtemps auparavant. On doit faire travailler les imprimeurs et les éditeurs, se justifie Girardin, car la censure rend leur quotidien difficile.

Puis l'envie le prend de tenter sa chance au théâtre : un four, malgré une claque bien organisée. On se souviendra longtemps, ricane *Le*

Figaro, de *La Fille du millionnaire*, comédie en trois actes signée Girardin. Le soir de la première, à Reims, le rideau se lève et la salle plonge dans un sommeil cataleptique. Tout le monde ronfle. On entend l'auteur quitter la salle en marmonnant : « Confiance ! Confiance ! Le sommeil, c'est le passé. Le réveil, c'est l'avenir. » Girardin récidive quelques années plus tard. La pièce s'appelle *Les Deux Sœurs* — la première à peine passée, paraissent *Les Deux Sueurs,* « par les deux sœurs de M. Émile de Girardin, archidrame vengeur en quatre éclats joué sur tous les théâtres du monde, signé par M. Gagne, avocat ».

Mais la grande affaire de Girardin, arrivé à cet âge mûr, c'est de faire des affaires. On l'entend moins, on le voit moins : il s'agite en coulisses où les transactions sont les plus fructueuses. Sa fortune devient gigantesque. Il a au moins un million, on l'a dit, à placer après la vente de ses parts dans *La Presse*. Le couple déménage. Girardin a de nouveau vu juste et investit au bon moment au bon endroit. Ce n'est pas très loin des Champs-Élysées : juste de l'autre côté de la place de l'Étoile, plus près du bois de Boulogne, là où on vient de tracer de nouvelles avenues, selon le grand plan d'Haussmann. Girardin acquiert un grand terrain dans une rue tellement récente que George Sand ne parvint jamais à retenir son nom : la rue Pauquet-de-Villejust. L'hôtel est sévère et somptueux à la fois ; il occupe tout un pâté de maisons au coin du boulevard de Passy — future avenue Kléber. Pas de fantaisies néoclassiques cette fois ; un luxe raisonnable et bien compris. Une grille en fonte blanchie, une cour carrée, un perron de quelques marches orné d'une marquise ; puis à l'intérieur, un escalier monumental qui conduit aux appartements de Mme de Girardin. Au rez-de-chaussée, une immense pièce de réception, salle des fêtes tout en longueur inspirée de la galerie d'Apollon, au Louvre, et une imposante bibliothèque. Uniquement des livres utiles, à portée de main, bien classés. Le bureau de Girardin est dans l'enfilade, installé dans ce qui aurait dû être une chambre à coucher ; le journaliste y a fait déplacer sa table en acajou qui partage l'espace avec un immense cartonnier où sont conservés des milliers de documents précieux — on en donnerait bien 100 000 francs, commente Jules Lecomte, qui a visité le lieu pour un reportage dans *Le Monde illustré* : on dit que M. de Girardin n'a ni déchiré ni brûlé une seule lettre depuis qu'il est mêlé à la vie politique, littéraire ou industrielle, et que bien des mains voudraient reprendre ou même racheter ce qui est fixé là ! En plus de cet hôtel parisien il y a une résidence à Baden-Baden ; on imagine mal Girardin, avec son agitation permanente, supporter de prendre les eaux, mais il y fréquente assidûment Morny et toute une société impériale franco-prussienne. C'est là, raconte-t-on, qu'il a rencontré Mina ; ils y séjournent en attendant la fin des travaux dans leur hôtel parisien.

S'y ajoutent les maisons d'Enghien. Girardin a acheté d'un coup trois petits châteaux sur le bord du lac, à une dizaine de kilomètres au nord de Paris : un genre de manoir écossais, un autre inspiré des cottages anglais, un troisième, le château Léon, réservé aux réceptions. Les affaires sont les affaires : Girardin se fait élire conseiller municipal d'Enghien et travaille à faire monter la cote de la ville pour valoriser ses investissements. Le directeur du *Figaro*, Hippolyte de Villemessant, a son propre manoir juste à côté et s'occupe du casino et des installations thermales. En face, de l'autre côté du lac, la princesse Mathilde reçoit à Saint-Gratien dans son propre château. Elle donne pour Napoléon III, son cousin, une fête vénitienne mémorable : tout le lac est illuminé par des flots de lumière électrique, l'effet est féerique. On rivalise de réceptions fastueuses, tout Paris se précipite. D'autant que le chemin de fer dessert idéalement la ville, on peut y arriver par Saint-Lazare et bientôt ce sera par la gare du Nord, encore en chantier. Girardin, qui a des capitaux dans le secteur ferroviaire, le dit tout net dans un genre de prospectus publicitaire qu'il publie avec d'autres notabilités locales : « Saint-Gratien est comme un compas dont les deux pointes seraient tournées vers Paris. »

Mina est dure en affaires. Girardin doit sans cesse justifier ses dépenses, faire le point sur ses avoirs. Elle s'inquiète surtout à propos d'Alexandre, cet enfant né de la liaison avec Thérésa Cabarrus et qui approche la trentaine : aura-t-il droit à une part de l'héritage ? Le garçon fait des frasques, Mina préférerait ne plus du tout l'avoir dans les parages. Girardin la rassure, il a largement de quoi assurer l'avenir, même avec ce fils qu'elle n'aime pas. Et dans ses lettres, il donne quelques gages : il y a les actions dans les mines de schiste d'Autun, sa participation aux fours à chaux de Châteauroux, sans oublier la direction générale des Douanes. Et il y a tout ce qu'il ne mentionne pas : chemins de fer, banques, participations dissimulées à des journaux à succès. L'industrie Girardin est un capital en soi.

✧

L'argent s'accumulait, mais l'atmosphère du journal, l'effervescence des salles de rédaction, la bataille au quotidien, tout cela manquait à Girardin. *La Presse*, sans lui, va mal. La censure l'étouffe et il faut une énergie de tête brûlée pour faire vivre un journal dans ces conditions. Girardin reprend donc les rênes de *La Presse* et une fois de plus, il la relève en pratiquant cet art des contradictions qui est sa marque de fabrique. Il est au cœur de la fête impériale, on le voit chez l'empereur, au château de Compiègne ou aux Tuileries, quand l'impératrice donne des réceptions. Mais dès que les circonstances évoluent et qu'une fenêtre s'ouvre pour une alternance politique, il redevient leader de l'opposition, en éternel chef d'état-major. Au tournant des années 1860, alors qu'on commence à parler d'empire libéral, la jeune garde s'adresse à lui, pleine d'espoir : Jules Ferry, Jules Favre lui demandent son appui. Il revient à la politique et de nouveau, Sand s'exalte : « Enfin, vous voilà revenu ! On se sent plus vivant quand vous vivez ! »

Avec l'âge, Girardin parvient à dompter ses coups de folie. Sa doctrine se recentre : c'est ce qu'il appelle « l'hypothèse de Girardin » — oui, explique-t-il sans rougir, il y a bien l'hypothèse de Ptolémée ou l'hypothèse d'Archimède ! L'hypothèse de Girardin, c'est cette équation : la liberté d'expression n'affaiblit que ceux qui la compriment. Les partis d'opposition se neutralisent en se faisant concurrence, et le pouvoir en place sort toujours gagnant de leur rivalité. La leçon n'est pas vraiment entendue au ministère de l'Intérieur, ni chez l'empereur : *La Presse* reçoit avertissement sur avertissement, ce qui coûte cher et effraie les abonnés. Les actionnaires se lassent des tribunes incendiaires de Girardin et le poussent vers la sortie. Il rachète aussitôt un journal réactionnaire, un quotidien obscur qui vivote péniblement un an après sa création, *La Liberté* : c'était évidemment le titre qu'il lui fallait. En un an, Girardin fait de cette feuille confidentielle un journal incontournable : les tirages sont multipliés par vingt en quelques mois. On retrouve le Girardin des années 1830, celui qui lance les formules et crée les modes. *La Liberté* invente un système de rubriques jamais vu, qui classe l'actualité en « mondes » — il y a même, pour la première fois dans la presse, une rubrique sur « le monde sportique », une autre sur « le monde gastronomique ». Il faut aussi rentabiliser la production ; Girardin rappelle Marinoni, qui avait développé pour lui la première presse à réaction. Toujours plus loin, toujours plus vite : Marinoni lui offre cette fois la première presse rotative de France.

Succès total. Pourquoi alors, sur tous les portraits de ces années-là, Girardin a-t-il l'air aussi sinistre ? Il semble aussi puissant qu'accablé. Jules Vallès en garde un souvenir épouvanté. Il est un jeune apprenti écrivain, tout juste monté du sombre Massif central, quand il commence à démarcher les directeurs de rédaction. On l'envoie vers Villemessant, le directeur du *Figaro*, qui l'adresse à Girardin. Rue Pauquet, Vallès attend deux heures dans la bibliothèque. Il force alors la consigne et décide de faire irruption dans le cabinet du journaliste. Spectacle effroyable, qu'il raconte dans *L'Insurgé* : Girardin est en train de brutaliser quatre individus, dont certains aux cheveux blancs, qui baissent la tête sous les reproches, comme une valetaille effrayée. C'est la rédaction du journal, de vrais laquais. Girardin lance à Vallès, en le regardant à peine : « Tous les matins, à sept heures, je suis visible ; demain, si vous voulez. » Le lendemain, à sept heures, Girardin est visible, en effet. Mais quelle vision ! « Une face exsangue de coquette surannée ou d'enfant vieillot, émaillée de pâleur et piquée d'yeux qui ont le reflet cru des verres de vitres ! » Une tête de mort, posée sur une robe de chambre : « Nul ne croirait qu'il y a un personnage là-dedans ! » Vallès ressort grelottant : « Il m'a laissé de son spleen dans l'âme, de sa neige dans les artères. »

Prix : DIX CENTIMES le Numéro.

LA LIBERTÉ

Rue d'Aboukir, 9.

BOURSE DE PARIS

3 0/0

4 1/2 0/0

La question mexicaine

✧

Toujours ce mélange de fièvre et de glace. Bien sûr, on se pressait rue Pauquet pour parler affaires, médias, politique. On pouvait y prendre le café avec Abdelkader, un soir d'été, et croiser le baron Haussmann, les banquiers Pereire, et toujours Sainte-Beuve. Aucun journal important ne se crée dans ces années-là sans que Girardin y ait placé ses intérêts. Il est derrière le lancement du *Petit Journal*, qui va révolutionner la presse en atteignant pour la première fois un public populaire, grâce aux faits divers et aux articles à sensation. Il est encore là, même quand il claironne son départ : à *La Presse*, puis à *La Liberté*, Girardin place des hommes de confiance, et quand il vend le journal, il continue à le piloter de loin. Sa fortune ne cesse de croître, c'est vertigineux ; il est aussi capable, dans un élan d'émotion, de lancer une souscription à la mort de Proudhon pour soutenir sa famille laissée dans la misère. Tout cela anime le rez-de-chaussée de l'hôtel Girardin.

À l'étage, la vie du ménage tourne au drame. Avec Mina, Girardin n'avait jamais vraiment formé un couple. Lui passait toujours d'une comédienne à l'autre, hantant les salons les plus amusants de Paris. Mina racontera plus tard, quand les choses tourneront encore plus mal, leur non-nuit de noces. Girardin avait cru pourtant pouvoir fonder une famille ; ces conditions bancales, c'était pour lui la vie normale. Trois ans après leur mariage, Mina donne naissance à une fille, Clothilde. Un grand bonheur, pour Girardin : il peut enfin transmettre quasiment dans les règles ce nom qui lui a été refusé à sa naissance. Tout le monde sait qu'il n'est pas le père. Cela ne change rien ; il est fou de cette petite fille, elle répare son passé, il lui donne des gages pour l'avenir : le prince Napoléon est son parrain et l'impératrice sa marraine. Pendant quelques années, la vie mondaine des Girardin s'enrichit de l'attrait exercé par cette jolie enfant blonde ;

elle est la coqueluche de la famille impériale, surtout lors des étés passés sur la côte basque, à Biarritz. Et puis, de nouveau, le destin s'acharne. Dans les premiers jours d'octobre 1865, Clothilde tombe malade ; c'est une angine infectieuse, fulgurante. Plusieurs médecins quittent Paris pour Biarritz où l'enfant, qui n'a que cinq ans, est entourée de ses parents et de l'impératrice elle-même — la presse encense son courage, car la maladie est très contagieuse. Malgré une opération pratiquée en urgence, Clothilde s'éteint en quelques jours.

Le chagrin de Girardin est immense. Pas au point de lui faire perdre le sens des hiérarchies, ironisent les frères Goncourt. Ils sont à Saint-Gratien, dans le potager de la princesse Mathilde quand elle reçoit le télégramme lui annonçant la nouvelle. Émue, les yeux rouges, la princesse leur lit les dernières lignes du message de Girardin : « L'angélique enfant ne dira plus "Comme j'aime la princesse !" » Mais on ne peut pas en douter, la mort de Clothilde déclenche chez Girardin une de ces crises qui l'abattaient brutalement, emportant tout sur leur passage. Les télégrammes et les lettres de condoléances s'accumulent ; Girardin répond, brisé, ému de cette compassion inattendue. Il faut plaindre surtout les mères, qui n'ont pas la diversion du travail, écrit-il à son ami Nefftzer, qui lui aussi a perdu un enfant. Mais à George Sand, son amie, il peut l'avouer : il ne croit plus vraiment non plus au travail. S'absorber dans ce présent perpétuel qu'est le journal, quel sens cela peut-il avoir, quand on a perdu ce qu'on aimait ? « À quoi sert l'arbre qui a besoin de soleil pour fructifier à l'ombre ? Je travaillerai ; mais c'est à peine pour le présent que je travaille ; vous, c'est pour la postérité ! Quelle différence ! » Plusieurs mois plus tard, Girardin n'était encore que l'ombre de lui-même. Les Goncourt le croisent au théâtre en décembre. Ils sont saisis, c'est un fantôme : Girardin est maigre, décharné même, vêtu d'un manteau misérable ; une tête de mort à pince-nez. « Ah ! qu'il y a donc peut-être d'hommes dans un homme ! » commentent-ils.

22

LA PIEUVRE GIRARDIN

Girardin n'avait pas fini de renaître de ses cendres. Regardons-le s'agiter encore, dans les dix dernières années de sa vie. Il a un peu de plomb dans l'aile, évidemment. Dans un tableau de 1877 signé par un peintre à la mode, Georges Clairin, il a l'air presque doux ; ses joues sont roses et, chose incroyable, on devine l'amorce d'un sourire. Il a même pris de l'embonpoint. Les régimes passent, Girardin est toujours là. Le Second Empire est tombé, la défaite contre la Prusse est un désastre : Girardin est encore d'attaque. Il avait voulu le conflit et ses journaux étaient ardemment antiprussiens ; un soir d'été 1870, à l'Opéra, il se lève exalté en entendant jouer *La Marseillaise* et hurle « Vive l'armée ! ». Toute la salle se tourne vers lui et reprend le cri de guerre. Pendant la guerre, il s'est même imaginé grand stratège, inondant le neveu de Delphine, Léonce Détroyat, militaire chargé du camp de La Rochelle, de longues lettres détaillant les manœuvres à prévoir en urgence — avec prière de transmettre à Gambetta.

Arrive la Commune, la dernière révolution du XIXᵉ siècle. Alors qu'on se bat à Paris, à Marseille et à Lyon, alors que bientôt Thiers va écraser l'insurrection lors de l'effroyable Semaine sanglante, Girardin, lui, crée encore deux nouveaux journaux : *Le Bonhomme Franklin*, pour rêver de l'indépendance américaine, et *L'Union française*, pour plaider la réconciliation, en pleine guerre civile. On le surveille de près, personne ne sait très bien dans quel camp il se range. Est-il avec le pouvoir, du côté des Versaillais comme on appelle le gouvernement provisoire dirigé par Thiers et réfugié avec l'Assemblée dans cette ville symbole de l'Ancien Régime ? Girardin semble séduit par le principe fédéraliste et défend à sa façon désordonnée les idées « communalistes ». Mais ce n'est pas assez clair et ses journaux sont suspendus par la Commune : un bataillon de communards finit par faire irruption dans ses locaux et casse les presses.

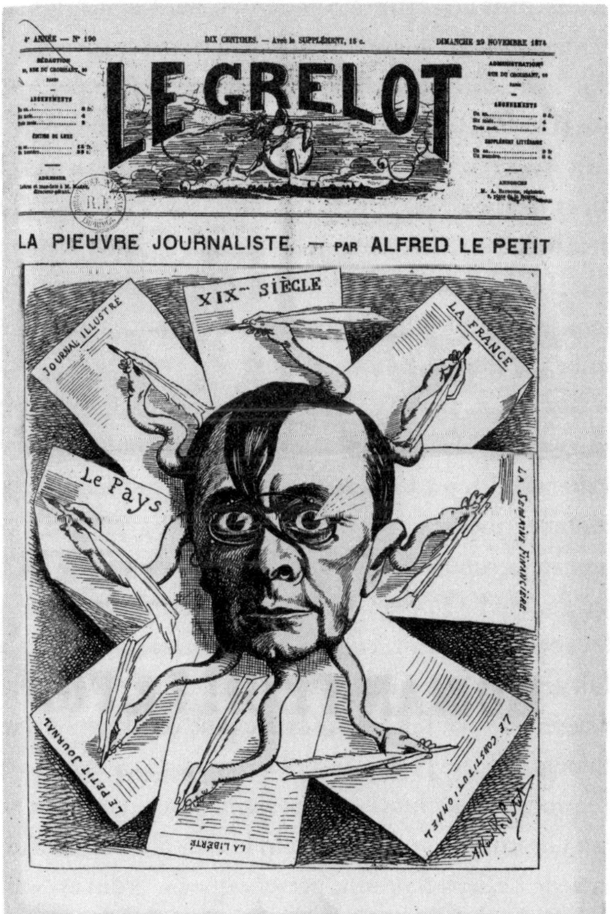

Quel que soit le régime, le système Girardin avait quasiment pris le pays en otage. On ne pouvait plus se passer de lui. Un journal de caricatures le représente en première page, tête énorme d'où surgissent dix mains tenant une plume : « la pieuvre journaliste ». Thiers lui-même, son rival de toujours, devenu chef du gouvernement provisoire de la IIIe République, est contraint de faire appel à lui au printemps 1871. Pas comme ministre, bien sûr. Entre eux, le passif est lourd ; ils se détestent depuis presque quarante ans et Thiers a tout fait, assidûment, sous tous les régimes, pour empêcher Girardin d'accéder au gouvernement. Mais l'heure est grave, le pays est divisé, la réaction monarchique attend au tournant, la France est occupée, on a perdu l'Alsace et la Lorraine. Il n'y a qu'un homme capable de faire basculer l'opinion vers la république. Girardin a toute la presse dans la main : il crée sur la demande de Thiers l'Union parisienne de la presse, un syndicat de journaux, qui soutient les candidats républicains modérés. Pari gagné : Thiers est élu président de la République en août 1871. On imagine que Girardin a négocié quelque contrepartie, sans doute l'acquisition du *Journal officiel*.

Sa vie devient démesurée. Son influence dépasse les frontières de la France, et même de l'Europe. Le gouvernement russe lui verse une pension de 6 000 francs par mois pour qu'il soutienne sa politique anti-ottomane ; même chose avec le pacha d'Égypte qui a besoin de soutien contre la tutelle de Constantinople et vient dîner de temps en temps rue Pauquet. Quand Girardin publie *La Honte de l'Europe*, un pamphlet antiturc, le ministre russe des Affaires étrangères a, dit-on, lu et validé les épreuves en amont. Le livre est une prophétie hardie : « Financièrement, la Turquie n'existe plus comme gouvernement ; politiquement, elle ne saurait tarder à être rayée de la carte d'Europe comme nation. » Le couple de Lesseps fait aussi partie de ses invités habituels ; Girardin abonde largement le capital de la Société du canal de Panama, de Lesseps claironne partout que Girardin est son meilleur ami. Il manie désormais les millions. Flaubert le croise un jour où il est de mauvaise humeur ; cela s'explique, écrit-il à sa nièce Caroline : Girardin a perdu d'un coup 5 millions en Bourse ! Les deux hommes ont fréquenté les mêmes salons pendant l'Empire et ont même partagé une maîtresse ; mais pour le romancier, le journaliste fait clairement partie des calamités du siècle — ces hommes de pouvoir qui n'entendent rien à l'art, dit-il à ses proches, « des pestes qui ont fait verser plus de larmes que Waterloo et Sedan ».

Girardin était devenu un septuagénaire omnipotent. Son rêve aurait été de régner aussi en patriarche sur une famille nombreuse. Sur ce plan, la réalité lui résistait, et il dut imaginer des aménagements. L'hôtel de la rue Pauquet est vendu, il y avait trop de mauvais souvenirs derrière la marquise de verre qui avait vu Clothilde faire ses premiers pas. Une rue plus loin, encore plus près de l'Arc de triomphe, Girardin fait construire un nouvel hôtel rue La Pérouse, où il occupe tout un bloc donnant sur l'avenue d'Iéna. Aujourd'hui, on y trouve un palace, l'hôtel Raphaël. Il y a rue La Pérouse plus de place et de décorum pour les parties fines qui occupent les dernières années de Girardin. Le neveu de Delphine, Léonce Détroyat, est devenu son plus fidèle associé dans cette double vie frénétique : le jour, Girardin mène la danse de la presse, avec ses hommes liges à la manœuvre. Détroyat dirige *La Liberté* ; Arthur de La Guéronnière, allié de longue date, a pris la tête de *La Presse* ; Millaud, le directeur du *Petit Journal*, est mort et Girardin rachète le titre. Il prend aussi la direction de *La France*, vénérable quotidien politique qu'il avait fait racheter sous l'Empire par ses associés. Le soir, la fête commence ; Girardin est au mieux avec les directeurs de théâtres et c'est un véritable défilé d'actrices et de cantatrices, à croire qu'il traite avec des agences spécialisées. Lourd travail d'organisation : réserver les soirées des uns et des autres, éviter les situations délicates, assurer les morceaux chantés — la correspondance de Girardin ne parle que de cela.

Reste Mina. Chapitre noir.

23

UNE TÉNÉBREUSE AFFAIRE

Après la mort de Clothilde, Girardin avait tenté de faire renaître le couple qu'il formait avec Mina. Il prenait soin d'elle, l'envoyait en vacances, ou prendre les eaux. Resté seul, il lui adressait des lettres pleines de promesses : il faisait amende honorable, prêt à reconnaître ses torts, complimentant sa femme d'avoir gagné en courage et en droiture. « Tu aurais gagné beaucoup plus encore avec un mari moins occupé, moins crispé, moins impatient, plus jeune et plus confiant. Je ne redeviendrai pas plus jeune mais je deviendrai moins impatient et plus aimant. » Cela n'a pas suffi à recoller les morceaux. Quand la guerre éclate, en 1870, Mina quitte la France et s'installe à Londres. Elle ne revient à Paris que deux ans plus tard. Il y a une chambre pour elle, rue La Pérouse : rien de plus joli, raconte Edmond de Goncourt ; un tissu extraordinaire tapisse les murs, en satin brodé par Worth, pour un coût extravagant — 60 000 francs. La maîtresse n'en sort pas beaucoup, note Goncourt, elle est toujours couchée, « sans doute par la suite de la confection d'un petit Girardin ». Car voilà : Mina est rentrée de Londres avec un enfant né loin de son mari, et elle est de nouveau enceinte ! Girardin est encore foudroyé. L'affront est insupportable : comment peut-il accepter sous son toit deux enfants conçus de toute évidence hors mariage ? Clothilde pouvait passer pour sa fille. Mais cette fois-ci c'est impossible ; Mina revient de deux années passées ailleurs. La vieille blessure se rouvre, et le passé se rejoue en farce.

La fureur de Girardin est titanesque. Il demande la séparation de corps, faute de pouvoir envisager le divorce, qui n'a toujours pas été rétabli avec la République. Mina résiste. Elle a toujours calculé son intérêt au plus près et veut tirer de cette affaire ce qui lui revient, au moins le montant de sa dot. Et puis Girardin n'a jamais été l'époux idéal. La procédure s'enclenche, et prend tout de suite des proportions quasi nationales. Girardin devant la justice, cela vire à l'affaire d'État ; il y a de quoi impliquer des intérêts industriels et même politiques au plus haut niveau. Mina le sait très bien, elle fait levier de son côté avec ses relations aristocratiques ; le père de ses enfants est sans doute le prince de Chimay qui est ministre en Belgique. À moins que ce ne soit le prince de Galles. À Londres, elle a aussi côtoyé le comte de Paris, fils de Louis-Philippe et prétendant au trône. En France, elle peut compter sur les ennemis de Girardin, et ils sont nombreux.

✧

À partir de janvier 1872, la police des mœurs fait surveiller les Girardin. La république n'est pas encore bien consolidée, toute menace sur l'ordre public doit être anticipée ; et quand un homme aussi puissant que Girardin défraie la chronique, en impliquant plusieurs figures du demi-monde, cela peut susciter des scandales désastreux pour l'image du régime. D'ailleurs, la surveillance est aussi politique : on guette les fréquentations et les alliances. Chaque jour, un ou deux indics sont plantés rue La Pérouse. Ils consignent les allées et venues du couple, rédigent des notes, parfois plusieurs par jour. Le travail est payé au feuillet ; on sent que les mouchards sont tentés de broder. De quoi nourrir d'imposants dossiers d'archives qu'on peut encore consulter à la préfecture de police de Paris ;

« un océan de renseignements qui dort, immobile, profond et calme comme la mer », écrivait Balzac en son temps. Mina collabore avec enthousiasme ; elle donne des lettres, fournit des détails inutiles mais qui suffiraient à faire chanter Girardin, en cas de besoin. Elle promet de livrer « toutes sortes de renseignements sur l'existence intime de certains personnages du grand monde ». Ses menaces sont explicites, transcrit un mouchard : « Si l'on veut faire du scandale, que l'on en fasse, ce n'est pas moi qui serai la plus compromise car si l'on a des armes contre moi j'en ai aussi contre ceux qui me veulent du mal. »

L'histoire est plus qu'emmêlée, mais si l'on s'en tient à la version de la police, Girardin dans cette affaire s'est comporté comme un véritable monstre. Pour brusquer la séparation, il a mobilisé autour de lui toute une brigade de femmes dévouées à son service, qui persécutent Mina. D'abord, on la séquestre dans sa chambre rue La Pérouse. Elle est souffrante, la grossesse se passe mal. L'enfant né à Londres lui est enlevé, soi-disant pour lui permettre de se reposer. C'est une petite fille, qui est confiée à une femme louche, « une Mme Jack ». Esther Guimont, la fameuse Lionne, se charge du kidnapping. Mina décide de s'enfuir ; elle quitte la rue La Pérouse, s'installe sous un faux nom à l'hôtel du Palais-Royal. Intervient alors Mme Asselin, autre affidée de Girardin. On découvre qu'il a donc pour amie, ou pour amante, « la belle créole », comme on appelle dans la presse de faits divers cette femme qui défraie la chronique depuis plus de vingt ans, en reine des grands bals donnés par les industriels du Second Empire, beauté célébrée par plus d'un peintre impérial. Et pour cause : elle a longtemps été la maîtresse d'Eugène Schneider, le maître des forges du Creusot, vice-président des chemins de fer PLM et président du corps législatif à la fin du régime. Rien d'officiel, mais l'une de ses deux filles épouse le fils Schneider ; Mme Asselin est donc la belle-mère du fils de son amant. Et fera en sorte de rester dans la famille à la mort de sa première fille : car c'est alors sa cadette que le jeune Schneider épouse, après un court veuvage.

D'après les notes de police, Girardin perdait parfois le contrôle de ses femmes de main. Ou c'est ce que voulait faire croire Mina, qui décrit complaisamment aux indics l'interrogeant des scènes tragi-comiques. Mme Asselin était venue chercher Mina dans son hôtel et, contre l'engagement de lui rendre son enfant, l'avait installée chez elle : un pavillon luxueux dans le quartier tout neuf du parc des Princes, près du bois de Boulogne. C'était encore un trafic entre maîtresses de Girardin : l'hôtel particulier où logeait Mme Asselin lui avait été prêté par une autre bonne amie du journaliste, Jeanne de Tourbey — elle-même l'avait reçu en cadeau du prince Napoléon, son amant en chef. Mina s'installe. Elle fait venir ses meubles et encore une fois dépense des sommes folles en tapisseries. Selon les indics, le tapissier était un espion à la solde de Girardin. Après quelques semaines, Mina retrouve sa fille, qui lui est enfin rendue. Tout cela dure plusieurs mois. Les avocats de part et d'autre tentent de trouver des compromis, au milieu des allées et venues des notaires et des maîtresses femmes de Girardin. Un arrangement finit par être trouvé.

✧

La presse annonce la nouvelle en décembre 1872 : la séparation de corps des époux Girardin a été prononcée. Les coulisses de cet accord sont effrayantes, mais rien n'a percé au-delà des notes conservées aux archives. On doit donc s'en tenir aux récits des indics. À les en croire, Girardin avait embarqué dans ses démêlés conjugaux tout un monde qui allait jusqu'à la famille impériale ; et les intrigues avaient commencé dès les débuts du mariage, dix ans plus tôt. Le récit des tractations ayant abouti à la séparation s'accompagne de révélations plus sordides les unes que les autres ; ces quinze années de mariage s'éclairent d'un jour lugubre. D'abord, la naissance de Clothilde : Mina révèle en effet dans ses confidences à la police que sa première fille lui avait déjà été quasiment enlevée pour être confiée à l'impératrice, dans des conditions vaudevillesques et sinistres ; sans doute parce que Girardin n'était pas le père, et le savait. Ici intervient le récit de la nuit de noces : il ne s'est strictement rien passé ce soir-là. L'innocente Mina s'était étonnée auprès de sa mère, la princesse de Nassau : pourquoi toutes ses amies avaient-elles des enfants et pas elle ?

La suite ressemble à un mauvais feuilleton. Quatre ans après le mariage, lors d'une réception donnée chez les Girardin, Mina aurait été acculée par un aristocrate espagnol, le riche comte de Comar, parent par alliance de l'impératrice Eugénie, née Montijo. La conversation s'était animée, puis Comar avait entraîné Mina dans un salon vide, fermé les portes, et « obtenu ses faveurs ». La jeune femme est enceinte. Sa mère lui enjoint de faire en sorte que Girardin pense pouvoir être le père, et les époux consomment leur mariage... Mina mène la grossesse à terme dans les meilleures conditions. Si ce n'est que l'impératrice s'éprend de Clothilde : elle est le portrait du comte de Comar, il y a donc plus qu'un air de famille. L'enfant est élevée par une nourrice, passe le plus de temps possible à Biarritz. Et meurt bien trop tôt. Le chagrin de l'impératrice aurait été tel, révèlent les rapports de police, qu'on aurait été obligé d'éloigner les domestiques « pour qu'ils ne saisissent pas les paroles incohérentes de leur maîtresse ».

Mina avait voulu retenter sa chance en donnant le nom de Girardin à un autre enfant. Selon les mouchards, Mme Asselin s'était procuré l'extrait de naissance enregistré à Londres : la petite fille est déclarée sous le nom de Girardin, « publiciste et propriétaire à Paris ». C'est ce document qui a mis le feu aux poudres. Dans un premier temps, Girardin pense étouffer l'affaire en quittant la France. Il prévoit d'aller vivre en Italie avec la Guimont et ordonne à Mina de disparaître également ; il se dit prêt à lui verser une rente confortable — 20 000 francs — qui s'ajoutera au remboursement de la dot (150 000 francs !) si elle part s'installer deux ans en Égypte ou aux Amériques ; il fermera alors les yeux sur le passé et se contentera de désavouer la paternité. Il a d'autres arguments : des lettres compromettantes du prince de Chimay, le père présumé de l'enfant à naître ; « un grand et beau garçon très considéré dans le monde, note l'indic, un jeune homme à succès auprès des grandes dames ». On dit que le prince s'apprête à épouser une riche héritière polonaise ; et l'alliance est menacée par les conséquences de sa liaison avec Mme de Girardin. Mais Mina refuse de s'éloigner ; elle est trop enceinte et trop faible et a de quoi assurer ses soutiens à Paris. D'ailleurs, elle a commencé une série de notes sur « la situation de certains personnages du grand monde » ; les indics sont confiants : elle leur en a promis communication au plus tôt. Et puis pourquoi pas, une fois sur pied, ouvrir un salon politique, où elle recevrait l'opposition monarchique ?

Girardin envisage alors d'autres possibilités, même la plus infamante : il songerait à faire établir un certificat d'impuissance ! Ce qui réglerait mécaniquement le problème de la reconnaissance en paternité ; et permettrait de faire d'Alexandre le seul héritier légitime.

Finalement personne ne quitte Paris et le certificat n'est pas établi. La rumeur d'impuissance court toutefois et aura la peau dure quand il faudra rabaisser le grand publiciste. La situation entre les époux Girardin se retrouve au point mort et Mina va bientôt accoucher, toujours en proie au chantage. Elle menace de prévenir la presse et prend contact avec un ancien associé de Girardin, qui lui en veut mortellement. Girardin de son côté fait intervenir Détroyat, son neveu par alliance, qui rend visite à Mina et selon elle se montre franchement terrifiant. Elle en dit le plus grand mal : il serait un vrai pourvoyeur de femmes pour Alexandre, le fils de Girardin, lui procurant des actrices à la morale facile. De fait, Girardin essaye de hâter le mariage d'Alexandre, qui se mêle à tout cela. Les choses étaient très avancées avec une nièce du banquier Fould, Mlle de Sourdeval — ce serait tellement simple de pouvoir passer ensemble les mois d'été au château du Val, près de Saint-Germain-en-Laye, puisque Girardin est si proche d'Héléna Fould. Et puis le projet s'écroule : toujours ce nom illégitime, qu'Alexandre ne porte que par raccroc, et qui fait échouer l'alliance.

En septembre 1872, Mina donne finalement naissance à une petite fille, la troisième, donc. Dans la foulée, les époux se rencontrent et l'accord de séparation est signé. Si les mouchards disent vrai, c'est tout simplement diabolique : Mina peut s'installer avec son nouveau-né dans une des propriétés de Girardin, au choix, et recevra une pension en plus de sa dot qu'elle récupère enfin. Quant à son autre enfant, qui a deux ans, on la lui enlève : par l'entremise d'Héléna Fould, la petite fille est confiée à une princesse polonaise en mal d'enfant, Marceline Czartoryska, pianiste virtuose qui avait été une proche amie de Chopin. La princesse est nommée marraine et le parrain est le prince d'Orléans. Mina aura le droit d'aller voir sa fille, qui sera élevée dans une jolie propriété près de Compiègne achetée tout exprès.

Ce n'est pas tout. Le jour même où cet accord est signé, le 19 septembre 1872, on annonce le mariage d'Alexandre. Il épouse Nina de Vimercati, une très jolie jeune femme, dix-neuf ans au moment du mariage, dont les origines ne sont pas très claires : le comte de Vimercati l'a adoptée enfant, mais on raconte que sa mère est la princesse Mathilde… On dit aussi que le comte de Vimercati obtient subitement des parts dans le *Journal officiel*.

✧

Girardin s'était tiré de ce mauvais pas. Il lui restait à calmer ses encombrantes alliées. La Guimont surtout est incontrôlable. Alors que l'accord a été trouvé, elle fait irruption chez Mina, hors d'elle, toute vêtue de noir et demande à voir l'enfant qu'il lui reste. Mina refuse, elles en viennent presque aux mains et la Guimont explose, effrayante : « Mais regardez-vous donc, madame, vous avez la mort sur les lèvres, vous avez à peine le souffle et vous prétendez lutter avec moi, essayez ! »

24

LA FIN D'UN LION

La crise était passée. Girardin pouvait reprendre sa posture de notable. Ses cheveux avaient blanchi, il portait un lorgnon et commanda à Carolus Durand son portrait grand format, qu'on peut voir au musée des Beaux-Arts de Lille : assis à sa table, la plume à la main, le vieux journaliste regarde le spectateur, comme surpris dans la rédaction d'une œuvre définitive.

Rue La Pérouse se réorganisait une sorte de vie de famille. Alexandre et sa jeune épouse Nina avaient un étage à eux ; la jeune mariée avait conquis Girardin, qui l'appelait Ninette. Eux aussi se font tirer le portrait : un photographe passe à l'hôtel Girardin, et on envoie à tous les proches un tirage cartonné et dédicacé. Nina est accoudée, souriante, en robe de soie sombre, sur le fauteuil où Alexandre est assis ; il porte la moustache et il faut bien regarder son implantation, sur le front, pour deviner une amorce de mèche qui évoquerait son père. C'est un ménage tout à fait bonhomme et ils donneront à Girardin la joie de devenir grand-père, avec la naissance de Charles-Émile de Girardin. Au ministère de l'Intérieur, on n'est pas dupe ; les indicateurs continuent leur filature et le dossier Girardin change de service. Il quitte la police des mœurs et passe directement au cabinet du ministre ; il faut maintenant plusieurs boîtes pour contenir les chemises de notes.

La question que se posaient mouchards et indics était toujours la même : pour qui roule Girardin ? Qui soutient-il, qui fera-t-il tomber ? Sa puissance ne fait pas de doute, mais l'homme est indéchiffrable. Il reste proche de la famille impériale, parfois on croit qu'il va soutenir un coup de force bonapartiste ; une confidence d'Alexandre impressionne un consciencieux espion : « Le fin mot de tout cela, c'est que mon père n'a pas changé, il est ce qu'il a toujours été, c'est-à-dire bonapartiste et s'il peut aujourd'hui défendre le septennat (républicain) ce n'est que pour mieux tenir au courant le parti bonapartiste de ce que fera le parti orléaniste. »

Les nouveaux projets de Girardin ont de quoi faire peur. Avec deux acolytes, Gibiat et Jenty — qui ont aussi leur dossier aux archives de police —, il crée en 1879 la Banque nationale, un genre de holding qui se spécialise dans le financement des médias. La banque rachète des participations dans la presse, investit par le système de la commandite pour des clients qui souhaitent faire de bons placements ; surtout, l'entreprise cumule gestion des journaux et publicité financière. D'une main, Girardin achète des actions dans des compagnies ferroviaires ou d'autres sociétés en expansion. De l'autre, il commande aux journaux qu'il contrôle la publication d'articles encensant ces entreprises, ainsi que des tableaux de cotation invariablement favorables, ce qui fait monter les cours. Des conventions sont signées avec des centaines de journaux partout en France, qui s'engagent à ne publier aucune autre information financière que celle qui leur est fournie par la Banque nationale. Et cela fonctionne jusqu'au plus haut sommet du pouvoir : la troïka Girardin-Gibiat-Jenty décroche auprès du ministre Freycinet l'exécution du plus gros programme jamais vu en matière de construction ferroviaire. « Il y a là une affaire superbe qui fait bien des envieux », note l'indic, impressionné.

Cela n'est pas gratuit. En échange, Girardin et ses associés acceptent de mettre fin à toute ambiguïté : leurs journaux feront campagne pour la république. Presque du jour au lendemain, en septembre 1877, *Le Petit Journal*, organe bonapartiste, devient républicain ; *La France* lui emboîte le pas et avec eux tous les titres de la galaxie Girardin. *Le Figaro* imagine la scène, sous le titre « Notre polichinelle » : Girardin est à sa table, l'œil éteint, très avachi. Son valet essaye de donner à ses six ou huit cheveux la forme conquérante de sa mèche d'autrefois, mais ne parvient qu'à un misérable médaillon. Girardin se fait apporter l'un de ses trente-six râteliers, car il n'a plus de dents, et attaque son éditorial, son secrétaire à ses côtés :

— Le gouvernement a agi avec force et sait ce qu'il doit à son pays.

Le secrétaire :

— Pardon, maître, vous ne défendez pas le gouvernement, vous l'attaquez.

— C'est juste, se reprend Émile : Cette faute, l'empereur Napoléon III se repentira de l'avoir commise.

Le secrétaire, doucement :

— Maître, vous voulez dire le Maréchal (Mac-Mahon).

— C'est juste ! (*dictant*)... le roi Louis-Philippe se repentira de l'avoir commise.

— Signez : Émile Delamothe.

Le secrétaire :

— Vous voulez dire de Girardin.

— C'est juste ! (*il remet son râtelier*).

✧

Apothéose ou décrépitude ? Fin 1877, Girardin a quelque chose d'un survivant. Son meilleur ennemi, Thiers, est mort en septembre. Les funérailles sont un événement national et Girardin s'y montre particulièrement affligé. Mais pour lui, c'est aussi un siège qui se libère à la Chambre : en décembre 1877, il est élu député à la place de Thiers, dans le 9e arrondissement, sur la liste de la Gauche républicaine. Dans la presse, on entonne un air connu : « Il est élu pour représenter les idées républicaines ; espérons que, suivant sa vieille habitude, M. de Girardin tournera et représentera les idées monarchiques. »

On le dit affaibli et malade ; les espions du ministre de l'Intérieur rapportent qu'il perd la raison. Dans les réceptions données rue La Pérouse, il fait des apparitions effrayantes. Edmond de Goncourt est assis tout près de lui lors d'un dîner chez Agénor Bardoux, le ministre de l'Instruction publique ; il est stupéfait par sa tête simiesque, par l'air absent avec lequel il broie sa nourriture, à vide. « C'est une sorte d'affaiblissement des facultés mentales, note un indic nommé Hilarius dans un rapport détaillé, il entre en enfance pour tout ce qui est la vie ordinaire mais reste l'homme qu'il est, dès qu'on souffre qu'il se replace sur le terrain du journalisme ou des affaires. »

Même vieilli, Girardin aborde son dernier mandat de député avec une obsession inchangée : laisser une trace. Il est aussi repris par ses lubies ministérielles. Est-ce pour l'apaiser qu'on lui confie une mission parlementaire ? Ce sera son dernier acte de bravoure. En 1878, Girardin est nommé président d'une commission chargée de refonder totalement la législation sur la presse. C'est le combat de sa vie, peut-être le seul sur lequel il n'a jamais changé d'avis : la liberté de la presse. On ne sait pas dans quel état il a animé le travail des députés ; sans doute n'est-il pas si décrépit qu'on veut bien le dire, car le résultat est historique. La loi est déposée en 1880 ; elle est votée un an plus tard et porte le nom de *Loi du 29 juillet 1881*, mais elle aurait aussi pu s'appeler loi Girardin. Car cette loi c'est tout lui : libération totale des journaux, de l'affichage, de l'édition, de l'impression, du colportage ; absence complète de contrôle sur les enjeux financiers et les conflits d'intérêts. On lâche la bride aux journaux, on ferme les yeux sur les manœuvres économiques. En patron hégémonique, Girardin sait l'intérêt qu'on peut tirer de journaux qui dépassent le million d'exemplaires. Mais il a aussi gain de cause sur ce point, qui est sa doctrine depuis toujours : la liberté de la presse, c'est une force pour le pouvoir, parce que la presse est moins malfaisante quand elle est plus libre. D'ailleurs, Girardin offre gracieusement aux vingt-deux membres de la commission une réédition d'un de ses livres, *L'Impuissance de la presse*. Le débat autour de la loi dure quatre mois. Girardin intervient peu à la Chambre ; mais il se manifeste vigoureusement quand les parlementaires sont trop dissipés. « C'est une liberté pour laquelle on a fait quatre révolutions, explose-t-il un jour où les bavardages l'exaspèrent, on pourrait bien écouter pendant un quart d'heure ! »

Au printemps 1881, il manque plusieurs fois à l'appel. Le président de séance le dit indisposé. Fin avril, Girardin assiste à une représentation au théâtre du Gymnase et tout d'un coup se sent mal. Des fourmillements dans la jambe, un violent mal de cœur, rapporte *Le Figaro*. Il s'éclipse à l'entracte, sans prévenir personne. Dans la nuit, tout son côté gauche est gagné par la paralysie. Il attend le matin pour prévenir son valet de chambre, qui fait venir un médecin. Les traitements administrés lui redonnent un peu d'énergie, suffisamment pour masquer son état aux visiteurs ; la paralysie disparaît peu à peu et Girardin reçoit dans son fauteuil. Il a encore tant à faire ! Dumas fils, Jenty, Détroyat défilent rue La Pérouse. Les rédacteurs de *La France* viennent lui soumettre leurs articles, il convoque même un conseil d'administration.

Et puis un étouffement le gagne, les administrateurs de *La France* tout juste arrivés pour leur réunion rue La Pérouse doivent rebrousser chemin. Girardin fait ouvrir les fenêtres, cela ne suffit pas, il se sent tomber dans son fauteuil. Jenty le porte jusqu'à son lit. Le médecin lui donne quelques heures : la paralysie a gagné le pharynx et la poitrine, les poumons s'engorgent inexorablement.

« Voilà une rude attaque ! » commente Girardin. Quelques heures plus tard, étouffant : « J'aurais préféré mourir tout d'un coup. » Son dernier mot est pour l'abbé qui vient l'assister : « Merci. » Il meurt le 27 avril 1881, au matin.

✧

Son faire-part de décès lui aurait fait plaisir : le nom de Girardin y est porté très haut, avec la particule ; en plus d'Alexandre et de son fils Charles-Émile y figurent le comte et le marquis de Girardin. Il aurait aimé aussi, sûrement, l'hommage unanime dans la presse, son nom en capitales, en première page de tous les journaux, plusieurs jours de suite. *La France* paraît bordée de noir ; *La Presse* a une idée émouvante : elle offre aux lecteurs un fac-similé de ce premier numéro, en juillet 1836, qui a fait entrer les journaux dans la modernité. Les funérailles sont fastueuses, plusieurs ministres, tous les députés de Paris, des centaines de rédacteurs et d'ouvriers imprimeurs, une foule qui déborde de l'église Saint-Pierre de Chaillot. Puis le cortège parcourt les extérieurs jusqu'au cimetière de Montmartre, où Girardin va retrouver Delphine. Trois discours sont prononcés devant la tombe, dont celui d'un typographe ému qui, au nom des vétérans de *La Presse*, rend hommage au courage du journaliste, qui a toujours voulu faire imprimer coûte que coûte, pour soutenir les ouvriers malgré les menaces de répression politique.

✧

Girardin laisse une fortune immense (plus de 10 millions de francs), une œuvre pléthorique ; à sa mort, deux enfants portent son nom. En quelques années, tout cela va s'évaporer.

Alexandre doit affronter un mois après la disparition de son père un procès qui courait depuis longtemps : comme héritier, il est condamné à verser plusieurs millions de francs aux actionnaires des Chemins de fer de Vendée, qui ont été floués dans un obscur tour de passe-passe orchestré par le trio Girardin-Jenty-Gibiat. Un an plus tard, le krach de l'Union générale entraîne dans sa chute une bonne partie de la Banque nationale, et l'essentiel de la fortune restante d'Alexandre. Charles-Émile, son fils, meurt encore enfant. La seule fille de Mina autorisée à porter le nom de Girardin succombe à son tour à une maladie infantile.

Que reste-t-il, alors, de tout cela ? Un stock d'idées pour l'avenir ; peut-être pas une par jour, mais un bon nombre, dont on n'a pas fini de faire le tour : les fictions en rations quotidiennes, le double marché, le jeu trouble de la concentration médiatique — et même : le droit à la recherche en paternité, la reconnaissance des enfants nés hors mariage, la promotion du matriarcat. Le nom de Girardin s'est effacé des mémoires, comme sur sa pierre tombale au cimetière Montmartre ; il a, le premier, fait l'épreuve d'un pouvoir qui ne dure pas, une puissance qui ne triomphe que pour se faire oublier. Mais nombreux sont ceux, aujourd'hui, qui lui doivent tant sans le savoir.

APPENDICES

NOTES BIBLIOGRAPHIQUES

UN DÉBUT DANS LA VIE

Marie d'AGOULT, *Portrait d'Émile de Girardin*, publié par Jacques Vier dans *Émile de Girardin inconnu. Lettres inédites à la comtesse d'Agoult*, Paris, Éditions du Cèdre, 1949.

Marie d'AGOULT, *Mémoires, souvenirs et journaux* [Calmann-Lévy, 1877], édition établie par Charles Dupêchez, Paris, Mercure de France, 2007.

Edmond d'ALTON-SHÉE, *Mes mémoires*, Paris, Librairie internationale, 2e édition, 1869.

Philibert AUDEBRAND, *Un café de journalistes sous Napoléon III*, Paris, Dentu, 1888.

Hippolyte CASTILLE, *Émile de Girardin. Portraits historiques du XIXe siècle*, Paris, Sartorius, 1858.

Émile de GIRARDIN, *Émile (fragments)*, Paris, V. Desauge, 1828.

Jules LECOMTE, *Le Perron de Tortoni*, Paris, Dentu, 1863.

Pierre PELLISSIER, *Émile de Girardin, prince de la presse*, Paris, Denoël, 1985.

Charles-Augustin SAINTE-BEUVE, *Nouveaux lundis*, https://bibnum.institutdefrance.fr/ark:/61562/bi24321 (folio 252).

DELPHINE OU LA GLOIRE À DEUX

Jean-Jacques COULMANN, *Réminiscences*, Paris, Michel Lévy frères, 1862-1869.

Théophile GAUTIER, *Portraits et souvenirs littéraires*, Paris, Michel Lévy frères, 1875.

Sophie GAY, *Théobald. Épisode de la guerre en Russie*, Paris, Ponthieu, 1828.

Delphine de GIRARDIN, *Poésies complètes*, Paris, Librairie nouvelle, 1856.

Joseph d'HAUSSONVILLE, *Ma jeunesse 1814-1830. Souvenirs*, Paris, Calmann-Lévy, 1885.

Alphonse de LAMARTINE, « Mme de Girardin », in *Souvenirs et portraits*, Paris, Hachette & Cie, 1871.

Madeline LASSÈRE, *Delphine de Girardin. Journaliste et femme de lettres au temps du romantisme*, Paris, Perrin, 2003.

BALZAC, LE FRÈRE ENNEMI

Hippolyte AUGER, *Mémoires (1810-1859)*, Paris, Aux bureaux de la Revue rétrospective, 1891.

Honoré de BALZAC, *Correspondance*, t. I, 1809-1835, Paris, Gallimard, « Bibliothèque de la Pléiade », 2006.

Honoré de BALZAC, « Les mots à la mode », *La Mode*, 22 mai 1830, dans *Balzac journaliste*, Paris, Flammarion/GF, 2014, p. 89-97.

Jules CHAMPFLEURY, *Henry Monnier, sa vie, son œuvre*, Paris, Dentu, 1879.

Roland CHOLLET, *Balzac journaliste. Le tournant de 1830*, Paris, Classiques Garnier, 2016.

Gérard de CONTADES, *Portraits et fantaisies*, Paris, Maison Quantin, 1887.

Gabriel FERRY, *Balzac et ses amies*, Paris, Calmann-Lévy, 1888.

Paul LAFOND, *L'Aube romantique. Jules de Rességuier et ses amis*, Paris, Mercure de France, 1910.

Alphonse de LAMARTINE, *Cours familier de littérature*, Paris, 1856-1869.

Alfred de VIGNY, « Lettres inédites », *Revue des Deux Mondes*, 1er janvier 1897.

Correspondance entre Girardin et Balzac, conservée à la bibliothèque de l'Institut de France, fonds Lovenjoul, MSLovA262.

LE MOMENT 1830

Honoré de BALZAC, *Correspondance*, *op. cit.*

Jean-Louis BORY, *La Révolution de Juillet*, Paris, Gallimard, coll. « Trente journées qui ont fait la France », 1972.

Delphine de GIRARDIN, *Lettres parisiennes du vicomte de Launay*, Paris, Mercure de France, 1986.

Émile de GIRARDIN, Lettre au général Gérard, bibliothèque de l'Institut, MSLovD718.

Alphonse de LAMARTINE, *Correspondance (1830-1867)*, Paris, Champion, 2000.

Madeleine LASSÈRE, *Delphine de Girardin*, *op. cit.*

Henri MALO, *Une muse et sa mère*, Paris, Émile-Paul frères, 1924.

Henri MALO, *La Gloire du vicomte de Launay*, Paris, Émile-Paul frères, 1925.

UN BEAU MARIAGE

Jean-Jacques COULMANN, *Réminiscences*, *op. cit.*

Gilles FEYEL, « La diffusion des quotidiens parisiens en 1832 », *Revue d'histoire moderne et contemporaine*, janvier-mars 1987.

Madeleine LASSÈRE, *Delphine de Girardin*, *op. cit.*

Henri MALO, *Une muse et sa mère*, *op. cit.*

George SAND, *Histoire de ma vie* [1854-1856], Paris, Flammarion/GF, 2001.

UN SALON DE LA RIVE DROITE

Rodolphe APPONYI, *Journal du comte Rodolphe Apponyi, attaché de l'ambassade d'Autriche-Hongrie à Paris. Vingt-cinq ans à Paris (1826-1850)*, t. II, 1831-1834, Paris, Plon-Nourrit, 1913-1926.

Honoré de BALZAC, *Correspondance*, *op. cit.*

Adeline DAUMARD, *La Bourgeoisie parisienne de 1815 à 1848* [1963], Paris, Albin Michel, 1996.

Alphonse de LAMARTINE, *Correspondance (1830-1867)*, *op. cit.*

Madeleine LASSÈRE, *Delphine de Girardin*, *op. cit.*

Henri MALO, *La Gloire du vicomte de Launay*, *op. cit.*

Louis VÉRON, *Mémoires d'un bourgeois de Paris*, Paris, Librairie nouvelle, 1857.

L'ÉTERNEL CANDIDAT

Honoré de BALZAC, *Correspondance*, *op. cit.*

Delphine de GIRARDIN, *Napoline. Poème*, Paris, Librairie de Charles Gosselin, 1834.

Alphonse de LAMARTINE, *Correspondance (1830-1867)*, *op. cit.*

Madeleine LASSÈRE, *Delphine de Girardin*, *op. cit.*

Charles de RÉMUSAT, *Mémoires de ma vie*, Paris, Plon, 1958-1967.

Léon SÉCHÉ, *Delphine Gay. Mme de Girardin*, Paris, Mercure de France, 1910.

« LA PRESSE » OU LE COUP DE MAÎTRE

Rodolphe APPONYI, *Journal*, t. II, *op. cit.*

Honoré de BALZAC, *Correspondance*, *op. cit.*

Louis BLANC, *Histoire de dix ans*, Paris, Pagnerre, 1842.

Madeleine LASSÈRE, *Delphine de Girardin*, *op. cit.*

Pierre PELLISSIER, *Émile de Girardin, prince de la presse*, *op. cit.*

LE DUEL DE TROP

Edmond d'ALTON-SHÉE, *Mes mémoires*, *op. cit.*

Rodolphe APPONYI, *Journal*, t. II, *op. cit.*

Louis BLANC, *Histoire de dix ans*, *op. cit.*

Arsène HOUSSAYE, *Les Confessions. Souvenirs d'un demi-siècle (1830-1880)*, Paris, Dentu, 1885.

Henri MALO, *La Gloire du vicomte de Launay*, *op. cit.*

Charles VIRMAÎTRE, *Les Maisons comiques*, Paris, Lebigre-Duquesne, 1868.

DE LA LITTÉRATURE INDUSTRIELLE

Théophile GAUTIER, *Portraits et souvenirs littéraires*, *op. cit.*

Delphine de GIRARDIN, *Lettres parisiennes du vicomte de Launay*, *op. cit.*

Victor HUGO, *Œuvres complètes. Correspondance*, t. I, Paris, Ollendorf et Albin Michel, 1947.

Jules JANIN, *Critique. Portraits et caractères contemporains*, Paris, Librairie Hachette, 1854.

Eugène de MIRECOURT, *Émile de Girardin*, Paris, Roret, 1854.

Charles de RÉMUSAT, *Mémoires de ma vie*, *op. cit.*

Louis VÉRON, *Mémoires d'un bourgeois de Paris*, *op. cit.*

LE PLAFOND DE VERRE MINISTÉRIEL

Eurydice DOSNE, *Mémoires de Mme Dosne, l'égérie de M. Thiers*, édition d'Henri Malo, Paris, Plon, 1928.

Théophile GAUTIER, *Portraits et souvenirs littéraires*, *op. cit.*

Arsène HOUSSAYE, *Les Confessions*, *op. cit.*

Alphonse de LAMARTINE, *Correspondance (1830-1867)*, *op. cit.*

Henri MALO, *La Gloire du vicomte de Launay*, *op. cit.*

Henri MALO, *Thiers (1797-1877)*, Paris, Payot, 1932.

Charles de RÉMUSAT, *Mémoires de ma vie*, *op. cit.*

Louis VÉRON, *Mémoires d'un bourgeois de Paris*, *op. cit.*

THIERS, LE MEILLEUR ENNEMI

Marie d'AGOULT, *Correspondance générale*, édition établie et annotée par Charles Dupêchez, Paris, Honoré Champion, 2003.

Théophile GAUTIER, *Portraits et souvenirs littéraires*, *op. cit.*

Delphine de GIRARDIN, *L'École des journalistes*, 2e édition, Paris, Dumont/Desrez, 1839.

Delphine de GIRARDIN, « Le vote du 13 avril 1839 », *Poésies complètes*, *op. cit.*

Alphonse de LAMARTINE, *Correspondance (1830-1867)*, *op. cit.*

Henri MALO, *La Gloire du vicomte de Launay*, *op. cit.*

Eugène de MIRECOURT, *Émile de Girardin*, *op. cit.*

Auguste VACQUERIE, *Les Miettes de l'histoire*, Paris, Pagnerre, 1863.

UN GRAND AMOUR : MARIE D'AGOULT

Charles DUPÊCHEZ, *Marie d'Agoult (1805-1876)*, Paris, Perrin, 1989.

Marie d'AGOULT, *Correspondance générale*, *op. cit.*

Marie d'AGOULT, *Mémoires, souvenirs et journaux*, Paris, Mercure de France, 2007.

Jacques VIER, *Émile de Girardin inconnu. Lettres inédites à la comtesse d'Agoult*, Paris, Éditions du Cèdre, 1949.

PLUTÔT HUGO QUE GUIZOT

Alphonse de LAMARTINE, *Correspondance (1830-1867)*, *op. cit.*

Jules LECOMTE, *Le Perron de Tortoni*, *op. cit.*

Eugène de MIRECOURT, *Fabrique de romans. Maison Alexandre Dumas et compagnie*, Paris, Chez tous les marchands de nouveautés, 1845.

Pierre PELLISSIER, *Émile de Girardin, prince de la presse*, *op. cit.*

Charles de RÉMUSAT, *Mémoires de ma vie*, *op. cit.*

FÉVRIER 1848

Eurydice DOSNE, *Mémoires de Mme Dosne*, *op. cit.*

Marie d'AGOULT, *Mémoires, souvenirs et journaux*, *op. cit.*

Victor HUGO, *Choses vues (1886-1893)*, Paris, Le Livre de Poche, 2013.

Alphonse de LAMARTINE, *Correspondance (1830-1867)*, *op. cit.*

Madeleine LASSÈRE, *Delphine de Girardin*, *op. cit.*

Henri MALO, *Thiers (1797-1877)*, *op. cit.*

George SAND, *Correspondance*, édition critique par Georges Lubin, Paris, Garnier, 1964-1991.

NAPOLÉON PRÉSIDENT : FAUSSE BONNE IDÉE

Eurydice DOSNE, *Mémoires de Mme Dosne*, *op. cit.*

Jean-Marc HOVASSE, *Victor Hugo*, Paris, Fayard, 2001-2008.

Victor HUGO, *Choses vues, op. cit.*

Alphonse de LAMARTINE, *Correspondance (1830-1867), op. cit.*

René MARTIN, *La Vie d'un grand journaliste. Auguste Nefftzer*, Besançon, L. Camponovo, 2 vol., 1948-1953.

À L'ÉPREUVE DU COUP D'ÉTAT

Marie d'AGOULT, *Correspondance générale, op. cit.*

Jean-Marc HOVASSE, *Victor Hugo, op. cit.*

Victor HUGO, *Correspondance*, dans *Œuvres complètes*, Paris, Albin-Michel, 1947-1952.

LA VIE PARISIENNE

Arsène HOUSSAYE, *Les Confessions, op. cit.*

Jules JANIN, *Rachel et la tragédie*, Paris, Amyot, 1859.

Anne MARTIN-FUGIER, *Comédiennes. Les actrices en France au XIXe siècle*, Paris, Seuil, 2001.

Jean-Yves MOLLIER, *Michel et Calmann Lévy ou la naissance de l'édition moderne*, Paris, Calmann-Lévy, 1984.

George SAND, *Correspondance, op. cit.*

Léon SÉCHÉ, *Delphine Gay, op. cit.*

SOUS LE CHARME DE RACHEL

René BAILLY et Claude FOURNIER, « Rachel “la grande” », *Revue des Deux Mondes*, mai 1971, p. 337-350.

Edmond et Jules de GONCOURT, *Journal*, Paris, Robert Laffont, « Bouquins », 1989.

Anne Hélène HOOG, « La marge, l'exemple et l'exception. Le parcours d'Élisa Félix dite Mademoiselle Rachel », *Romantisme*, 2004, n° 125, « Juifs, judéité à Paris au début du XIXe siècle », p. 91-101.

Anne MARTIN-FUGIER, *Comédiennes, op. cit.*

Jean-Yves MOLLIER, *Michel et Calmann Lévy...*, *op. cit.*

Léon SÉCHÉ, *Delphine Gay*, *op. cit.*

UNE MUSE S'ÉTEINT

Théophile GAUTIER, *Portraits et souvenirs littéraires*, *op. cit.*

Victor HUGO, *Le Livre des tables. Les séances spirites de Jersey*, Paris, Gallimard, « Folio classique », 2014.

Alphonse de LAMARTINE, « Mme de Girardin », *op. cit.*

Madeleine LASSÈRE, *Delphine de Girardin*, *op. cit.*

Henri MALO, *La Gloire du vicomte de Launay*, *op. cit.*

George SAND, *Correspondance*, *op. cit.*

UNE INTRANQUILLE MATURITÉ

Edmond et Jules de GONCOURT, *Journal*, *op. cit.*

Jules LECOMTE, *Le Perron de Tortoni*, *op. cit.*

Jules VALLÈS, *L'Insurgé* [1886], Paris, Flammarion/GF, 1970.

LA PIEUVRE GIRARDIN

Gustave FLAUBERT, *Correspondance*, édition complète en ligne sur le site Flaubert de l'université de Rouen, https://flaubert.univ-rouen.fr/correspondance/

Edmond et Jules de GONCOURT, *Journal*, *op. cit.*

UNE TÉNÉBREUSE AFFAIRE

Honoré de BALZAC, *Splendeurs et misères des courtisanes*, *La Comédie humaine*, t. V, Paris, Gallimard, « Bibliothèque de la Pléiade », 1948.

Dossiers « Affaire Girardin » et « Girardin contre sa deuxième femme, année 1872 », EA 30, Archives de la préfecture de police, Le Pré-Saint-Gervais.

LA FIN D'UN LION

Dossiers « Girardin », « Jenty » et « Gibiat », EA 30, Archives de la préfecture de police, Le Pré-Saint-Gervais.

INDEX

REMERCIEMENTS

Cet ouvrage n'aurait pu exister sans mon amie Joëlle Menrath. C'est par elle que tout a commencé ; elle a su convaincre Jean-Pierre Mabille, le grand-père de ses enfants, de me donner accès à la correspondance d'Émile de Girardin, son aïeul, qu'il conservait à Dijon. Je ne saurais la remercier assez pour ce geste initial, comme pour le soutien constant qu'elle m'a apporté ensuite, lectrice régulière et fidèle, enthousiaste et inspirante. Je remercie Bertrand Mabille de m'avoir laissée organiser le don de ce fonds Girardin à la bibliothèque de l'Institut de France. Et bien sûr j'adresse toute ma reconnaissance à Jean-Pierre Mabille, descendant de Léonce Détroyat et dépositaire de ce fonds, pour me l'avoir confié si généreusement ; je n'aurai pas fait assez vite pour qu'il puisse lire le fruit de cette confiance.

Mes remerciements vont aussi à Olivia Burton, qui a lu les premières versions, au fil de l'écriture ; ses fines remarques et son regard si créatif m'ont aidée plus qu'elle ne l'imagine. Olivier Szulzynger a, le premier, cru en ce livre, et je l'en remercie. Je n'oublie pas les lectures averties et amicales de Juliette Charbonneaux, Gilles Siouffi, Marie-Anne Dujarier (qui a trouvé dans ces pages la trace possible d'un ancêtre fantasque), ni celle, si encourageante et affectueuse, de ma mère, Rachelle Wrona. Anne Bresson-Lucas a pris le temps d'annoter le manuscrit et je la remercie pour la précision de ses généreux retours. Dominique et Philippe Mons m'ont offert leur hospitalité pour quelques jours de calme inspirant à Audinghen, merci à eux. Laurie Fabry a rêvé le film tiré de ce livre : je ne l'oublie pas.

Derrière cet ouvrage que je signe, il y a tout un groupe de chercheuses et de chercheurs et je les remercie vivement pour ce compagnonnage. Tout d'abord, je salue la virtuosité de Pierre-Carl Langlais, qui a développé pour le programme « Giranium » un site aujourd'hui encore en activité, ainsi

que différents outils de numérisation, d'archivage, d'exploration. Émile de Girardin est ainsi devenu un pionnier de l'intelligence artificielle !
Je remercie toute l'équipe « Giranium » : Léa Andolfi, Ambre Abid-Dalençon, Karine Berthelot-Guiet, Lisa Bolz, Juliette Charbonneaux, Sophie Corbillé, Emmanuelle Fantin, Junghwan Lee, Florence de Talhouët. Je remercie aussi plus particulièrement Laura Barraud, qui a mis au service de la correspondance de Girardin avec Marie d'Agoult et George Sand ses talents de documentaliste. Kenza Benabdelouhab a par sa ténacité et ses intuitions mis au jour les amours de Girardin et de plusieurs actrices ; les lettres de Girardin à Rachel, en particulier, n'attendaient qu'une lectrice perspicace pour révéler leurs secrets.
Merci à Michel Wiener pour m'avoir donné accès à son mémoire de maîtrise consacré à Émile de Girardin et mise sur la piste des dossiers de la préfecture de police, au Pré-Saint-Gervais. Dominique Kalifa m'a aidée à traiter ces sources avec la prudence nécessaire. Je remercie aussi Marie-Ève Thérenty pour sa confiance et sa générosité intellectuelle, infaillibles l'une comme l'autre, et Sarah Mombert pour m'avoir fait bénéficier à plusieurs reprises de son érudition si spirituelle.
Le travail mené collectivement autour de Girardin a reçu le soutien de différents organismes et institutions que je remercie ici — le programme IDEX de Sorbonne Université, le Labex Obvil, l'ANR Numapresse, le GRIPIC ; la bibliothèque de l'Institut de France, la Bibliothèque nationale de France, la bibliothèque Jacques-Seebacher, le service Culture et communication de la mairie de Bourganeuf, les Amis de la Creuse.
Un jour de printemps, Charlotte von Essen en m'écoutant raconter les aventures de Girardin me suggéra d'écrire un livre dont il serait le personnage principal. C'était l'étincelle qu'il me fallait pour sauter le pas, et je la remercie de l'avoir allumée pour moi. Marie Darrieussecq, quelques années plus tard, m'a généreusement ouvert son carnet d'adresses. Je lui dois d'avoir été lue par Jean-Marie Laclavetine, chez Gallimard, qui a confié le manuscrit à Ran Halévi : comment ne pas remercier cet éditeur au regard acéré et au jugement si sûr ? Je n'aurais pu rêver plus belle destination pour accueillir les frasques de Girardin qu'une collection telle que l'a pensée Ran Halévi, biographique et littéraire à la fois.
Enfin je souhaite adresser mes derniers remerciements à Emmanuel, Ida et Léandre, qui n'auraient pas forcément imaginé devoir cohabiter si longtemps avec un personnage aussi envahissant et suspect qu'Émile de Girardin.

APPENDICES

Composition : Nord Compo.
Achevé d'imprimer par Normandie-roto impression sas
À Lonrai, en décembre 2024.
Dépôt légal : décembre 20224.
Numéro d'imprimeur : 2405280

ISBN : 978-2-07-304994-0/ Imprimé en France.

621154